KB191109

경제의 역설

경제의 역설
감정에 흔들리다

유효상 지음

The Paradox of The Economy

경제는 예측이 불가능하고 인간 통찰이 필요하다

"가장 위험한 건 자기가 모른다는 사실을 모르는 것이다."

왜 경제 예측은 자주 틀릴까? 경제는 정답이 있는 수학 문제도 아니고 비가 올 때까지 기우제를 지내는 호피Hopi 인디언도 아니다. 경제는 그야말로 복잡계Complex System다. 따라서 아무리 유능한 경제학자나 경제연구소라도 부동산, 주식, 환율, 금리, 무역, 국내 경제, 세계 경제를 정확하게 예측한다는 것은 불가능하다.

경제학을 비롯한 사회과학의 연구에서 활용되는 라틴어 '세트리스 파리부스cetris paribus'라는 말이 있다. '다른 모든 조건이 동일하다면'이라는 뜻이다. 이론적으로는 의미가 있지만 실제 세상에 적용하기에는 무리가 있다. 세상은 불확실성의 연속이다. 언제 블랙 스완이 날아들지 모른다. 신냉전 시대의 도래, 코로나19, 우크라이나 전쟁, 지진, 금융위기 등 끊임없이 예기치 못한 일들이 발생한다.

그럼에도 불구하고 전문가들은 주가나 환율이 상승하거나 하락했을 때 '왜 그랬는지' 이유를 그럴듯하게 설명해야 한다는 강박관념에 사로잡혀 있다. 그래서 제대로 설명이 안 되면 답답하고 불안하다. 무언가 모르는 게 있을 수 있다는 것이 도저히 용납되지 않는 것이다. 하지만 시장을 완벽하게 이해한다는 건 불가능하고 예상과는 전혀 다른 양상으로 흘러가기도 한다. 그러나 전문가들은 이 모든 것을 이미 다 알고 있었던 것처럼 나타난 결과를 보고 그럴싸하게 스토리를 만든다.

세계에서 가장 큰 영향력을 가지고 있다는 미국경제학회AEA 2025년 연례총회에서 '합리적 기대에 대한 합리적 태도'라는 주제로 에미 나카무라Emi Nakamura UC버클리대학교 경제학과 교수의 발표가 있었다. 왜 세계 최고 석학들의 미래 예측이 계속해서 빗나가는가에 대한 자성의 목소리가 담긴 내용이다.

2008년 세계 금융위기 당시 금리는 급격히 하락해 역사적으로 가장 낮은 수준을 기록했다. 그러자 경제 전문가들은 곧 금리가 상승해 정상 수준으로 돌아가리라 전망했다. 그러나 금리는 예상과는 달리 0%에 가까운 수준을 오랜 기간 유지했다. 또한 1980년대 초반 경기 침체 상황에서 미국 연방준비제도Fed는 금리를 급격히 인하해 경제를 안정시키고자 했다. 그때도 학계와 월가는 금리가 곧 상승하리라 예측했지만 금리는 훨씬 더 오랜 기간 낮은 수준을 유지했다. 이러한 반복적 오류는 과거 경기 침체 패턴에 지나치게 의존하며 현재 상황의 독특한 점을 반영하지 못한 결과다. 전문가들은 금리가 단기적 충격, 즉 급격한 변화를 겪은 뒤 단기간 내에 정상 수준으로 다시 돌아갈 것으로 판단하는 '경향 회귀 성향'을 지니고 있기 때문이라는 것이다.

전문가는 일반인보다 조직화된 지식을 가지고 있어 외부에 드러난 현상을 원리와 경험을 통해서 관찰하고 문제를 빨리 해결한다. 그래서 그들의 전문성을 인정하고 많은 돈을 지불한다. 그러나 전문가가 비전문가보다 항상 뛰어난 결과를 내는 것은 아니다. 사실

전문가의 능력은 그들의 축적된 지식과 특성이 발휘될 수 있는 상황, 즉 예측이 가능한 상황에서만 작동된다. 그러나 빠르게 변화하는 익숙하지 않은 환경이 나타나면 과거의 전문성은 소용이 없으며 오히려 비전문가보다 못한 결과를 나타낸다. 이러한 현상을 스탠퍼드대학교 파멜라 힌즈Pamela J. Hinds 교수는 '전문가의 저주'라 명명했으며 동명의 논문으로 발표했다.

고든 올포트 전 하버드대학교 심리학과 교수는 저서 『편견』에서 인류 역사에서 편견이 없던 시대는 없었다고 주장하며 편견의 문제를 개인의 성격, 희생양 만들기, 사회 규범, 종교, 경제 등 다양한 측면에서 다루고 있다. 편견의 지배를 받는 인간은 흑백 논리로 판단하고, 모든 관계를 친구가 아니면 적으로 여기고, 예의범절과 형식적 도덕에 집착하고 모호한 상황을 참지 못하며 해결책이 필요할 때면 검증된 습관에 매달린다는 것이다. 그래서 많은 사건을 단순히 몇 가지 형태로 '유형화'하여 그에 따라 행동하게 된다고 강조했다.

데이비드 윌리엄스 하버드대학교 사회학과 교수는 "편견이 전혀 없다."라고 강조하는 사람일수록 편견으로 가득 찬 사람일 가능성이 매우 크다며 무의식적으로 작동하는 편견은 스스로에 대한 경계를 풀 때 더 쉽게 나타난다고 했다.

프로젝트를 진행할 때 현실성이 없는 최적의 상황만을 고려하여 소요 기간과 예산을 추정하여 궁극적으로 아주 잘못된 결과를 가져오는 현상을 계획 오류Planning Fallacy라 한다. 계획 오류는 지나친 과신과 낙관주의 편향Optimism bias의 결과물이다. 실패와 위험 요소들을 무시하거나 지나치게 과소평가하는 것이다. 그러나 사실은 자신이 모르는 것이 있을 수 있다는 생각을 전혀 하지 못하는 것이 더 큰 문제다. 모를 수 있다는 사실을 모르는 것이다. 그렇기 때문에 전문가나 리더는 두려운 것이 없고 결과에 대한 자신감이 충만해지는 것이다.

브라운대학교 심리학 교수인 스티븐 슬로먼은 사람들은 대부분 자신이 실제로 아는 것보다 더 많이 안다는 '지식 착각' 속에 살고 있으나 실제로 인간은 생각보다 더 무지하고 더더욱 개인의 지식은 보잘것없다고 했다. 사람들은 어떤 주제를 인터넷에 검색해 보는 행위만으로도 자신이 그것에 대해서 어느 정도 안다고 생각한다. 그리고 그 주제와 관련된 지식이 세상에 존재하고 주변 사람들이 그것을 알고 있으면 자신도 그것을 이해했으며 알고 있다고 느낀다는 것이다. 그러나 안타깝게도 그것은 단지 느낌일 뿐이다.

모른다는 사실을 모르면 자신이 알고 있는 것에 관해 강한 확신을 하게 된다. 이러한 인지 편향을 '더닝 크루거 효과Dunning-Kruger effect'라 한다. 능력이 없는 사람은 자신의 잘못된 결정으로 실패를 해도 이러한 결과에 대한 판단 능력이 없기 때문에 자신의 실수를 인정하지 않는다는 것이다. 그래서 오히려 '환영적 우월감'에 사로잡혀 자신의 실력을 실제보다 굉장히 과대평가한다는 것이다. 결국 실력이 없고 무지할수록 자신감이 더 커지는 것이다. 그러나 흔히 사람들은 이러한 자신감을 능력으로 착각하는 경우가 많다. 무지하다는 생각을 하지 못하기 때문에 늘 자신의 의견이 옳다고 주장한다.

객관적인 사실을 해석할 때도 사람들의 편향성이 드러난다. 자신이 원하는 방향으로 해석하려고 하기 때문이다. 이를 심리학 용어로 '동기적 추론motivated reasoning'이라고 한다. 즉 믿고 싶지 않은 근거는 무시하고 믿고 싶은 근거만 채택해 결론에 유리하게 사용하는 것이다. 그렇지만 스스로는 객관적이고 합리적인 사고를 했다고 착각한다. 시오노 나나미는 '인간은 세상을 사실과는 달리 자신만의 관점으로 해석하는 편향성을 지닌 존재'라 했다.

'자기 객관화'가 되지 않은 과도한 자신감은 자칫 국가의 시스템을 망가뜨리고 잘나가던 기업의 문을 닫게 하거나 회복하기 어려운 재해를 일으키는 등 막대한 폐해로 나타난다. 그 결과의 비용은 불행히도 모두의 몫이 된다. 그래서 자신의 능력을 냉정하게 판단하고 타인을 진심으로 이해할 수 있는 메타인지를 키워야 한다.

자신도 모를 수도 있고 틀릴 수 있다는 사실을 인정하고 지속적으로 지식 기반을 강화해 나가야 한다. 비즈니스에서의 행복한 결말은 초기부터 미리 고민하고 준비했을 때 이룰 확률이 높다. 세계적인 경영 구루guru들이 이구동성으로 "사업의 성공은 끝에서 시작된다."라고 말하는 이유다. 그러나 성공을 위해 무엇보다 중요한 것은 인간에 대한 이해다. 세계적으로 성공한 유니콘 기업들을 연구해 보면 의외로 뛰어난 비즈니스 모델이나 훌륭한 경영 기법보다는 고객의 마음을 움직인 경우가 대부분이다. 결국 위대한 업적은 어느 한 명의 영웅에 의해 만들어지는 것이 아니고 그를 둘러싼 공동체의 노력으로 이루어지는 것이다.

성공의 지름길이 인간에 대한 진정한 이해인 이유다.

이 책은 최근 「머니투데이」의 '유효상 칼럼', 「파이낸셜뉴스」의 '유효상 리더의 오판', 「조선 비즈」의 '유니콘 돋보기'에 실린 칼럼 중에서 시의적절하고 세상 돌아가는 현상을 이해하는 데 도움이 될 만한 글들을 모은 것이다. 주로 갑론을박이 벌어지는 경제 상황에 대한 객관적 평가나 숨은그림찾기, 비이성적인 인간들의 판단과 선택, 그러한 심리를 활용한 혁신기업의 성공 전략을 다루고 있다.

언제나 그랬듯이 이 책을 출간하는 데 물심양면으로 도움을 주신 클라우드나인 안현주 대표님께 감사드린다.

2024. 4

유효상

| 차례 |

1장

우리는 왜 숫자와
통계에 쉽게 속는가

1
경제는 정답이 딱 떨어지는
수학 문제가 아니다

"사람들은 그럴듯한 해석을 붙이고 결과에 맞춘
후행성 스토리를 만든다."

나심 탈레브가 쓴 『블랙 스완』에는 2004년 '붉은 여명'으로 명명된 사담 후세인 체포 작전 성공으로 인한 증권시장과 언론 반응 사례가 실려 있다. 증권시장에서는 후세인이 생포되면 테러의 공포에서 벗어날 수 있는 엄청난 호재로 안전자산인 채권가격은 폭락하고 주가는 급등할 것으로 예측했다. 그러나 전문가의 예상과 달리 채권 가격은 올랐다. 그러자 『블룸버그』는 '비록 후세인은 생포됐지만 테러는 계속될 거라는 불안감으로 미국 국채 강세'라는 기사를 내보냈다. 그러나 불과 30분 후 채권 가격이 하락하자 급하게 기사 제목을 '후세인 체포로 위험자산 선호, 미국 국채 약세'로 수정했다.

『블룸버그』의 상반된 기사 제목은 전문가들이 얼마나 '억지로' 시장을 해석하려 하는지 그 실상을 보여준다. 전문가들은 주가나 환율이 상승하거나 하락했을 때 '왜 그랬는지' 이유를 그럴듯하게 설명해야 한다는 강박관념에 사로잡혀 있다. 그래서 제대로 설명이 안 되면 답답하고 불안하다. 무언가 모르는 게 있을 수 있다는 것이 도저히 용납되지 않는 것이다. 하지만 시장을 완벽하게 이해한다는 건 불가능하고 예상과는 전혀 다른 양상으로 흘러가기도 한다. 그러나 전문가들은 이 모든 것을 이미 다 알고 있었던 것처럼 행동하지만 사실은 나타난 결과를 보고 그럴싸하게 스토리를 만드는 것이다.

시장은 정답이 있는 수학 문제도 아니고 비가 올 때까지 기우제를 지내는 호피 인디언도 아니다. 그야말로 복잡계다. 아무리 유능한 경제학자라도 부동산, 주식, 환율, 금리, 무역, 세계 경제를 정확하게 예측한다는 것은 불가능하다. 그러나 전문가들은 이 모든 것을 이미 다 알고 있었던 것처럼 나타난 결과를 보고 사후에 그럴싸하게 스토리를 만들어낸다.

결과 편향에 빠져 선악을 판단한다

스탠퍼드대학교 MBA 교수였던 짐 콜린스가 쓴 『좋은 기업을 넘어 위대한 기업으로』는 21세기 최고의 경영 고전 가운데 하나다. 위대한 기업의 DNA를 분석한 이 책은 나오자마자 경영학 분야에 엄청난 반향을 일으켰다. 하지만 불과 몇 년 만에 이 책에 등장한 위대한 기업의 대부분이 망했다. 그래서 그는 『위대한 기업은 다 어디로 갔을까』라는 책을 내고 위대한 기업이 망할 수밖에 없었던 이유를 설명하고 있다. 성공하면 성공할 수밖에 없는 이유가 있고 망하면 망할 수밖에 없는 이유가 있었다는 것이다. 전형적인 '결과 편향Outcome Bias'이다. 결과 편향은 과거의 판단과 선택이 옳았는지를 평가할 때 당시의 상황이나 맥락을 이해하기보다는 나타난 결과만으로 단정해 버리는 심리적 오류다. 조직에서 이런 일은 비일비재하다. 회사 전체를 위험에 빠트릴 수 있는 프로젝트를 무모하게 추진한 것인지, 회사의 미래를 위해 반드시 진행해야 하는 어려운 신규사업을 솔선수범하여 진행했는지 등은 따지지 않고 단지 최종 결과만으로 쉽게 선과 악을 판정하는 것이다. 그래서 결과만 좋으면 영웅이 되고 결과가 나쁘면 악당이 되고 만다.

목적이 수단을 정당화할 수 없다

몇 년 전 미국 보건복지부가 병원별로 수술 후 사망률을 공개하기로 했다. 이렇게 되면 의료진과 병원이 사망률을 낮추기 위해 의료 기술 향상에 매진할 거란 기대를 한 것이다. 그러나 기대와 달리 병원들은 사망률을 낮추기 위해 의술 향상에 노력하기보다는 수술이 어려운 중환자를 거부하고 생존율이 높고 비교적 수술이 쉬운 환자만 받는 선택을 했다. 사망률을 낮추는 데만 신경을 쓴 것이다. 결과적으로 병원들의 수술로 인한 사망률은 획기적으로 낮아졌다.

결과 편향이 지배하는 상황에서는 무엇보다 결과를 우선으로 생각할 수밖에 없다. 성과가 재임 기간을 결정하는 데 큰 영향을 미치는 고위 임원의 경우는 특히 그렇다. 결과가 좋아야 정당성을 얻을 수 있고 능력도 인정받기 때문에 심지어 불법이나 편법을 써서라도 원하는 결과를 얻으려 한다. 발각되지 않으면 속임수도 경쟁력으로 인정되는 암묵적인 관행이 만들어지기도 한다. 결국 능력이 있어야 이기는 것이 아니라 이기면 능력이 있는 것으로 둔갑하게 된다. '숫자가 인격'이란 조직문화가 만들어지는 이유다.

결과가 나쁘면 무조건 과정과 노력을 깎아내리고 좋은 결과는 과정도 옳다는 식으로 보상한다면 공정하게 평가받고 싶어 하는 우수 인재는 조직을 떠나게 된다. 결국 '목적이 수단을 정당화'하는 조직의 미래는 없다.

2
'왕'이 아닌 '나'와 비슷한 사람과 비교하고 질투한다

"남들이 가는 길을 벗어나는 용기와 작은 '아니오'가
진짜 나를 지킨다."

2024년 1년 동안 주가가 340% 급등한 엔비디아로 인해 많은 사람이 '포모 증후군'에 빠져 있다. 그런데 이번에는 '트럼프 트레이드'로 관련 자산들이 폭등하면서 또다시 상대적 박탈감을 느끼는 사람들이 늘어나고 있다. 트럼프 트레이드는 트럼프 당선으로 수혜를 입을 거라 예상되는 자산에 투자하는 움직임을 말한다. 방산, 건설, 에너지, 원자력, 조선 업종 주식들이 대표적인 수혜주로 꼽힌다. 특히 자율주행 규제 단일화와 미국을 세계 암호화폐 수도로 키우겠다는 공약으로 단기간에 테슬라와 비트코인 가격이 많이 올랐다. 기업 중에서 가장 많은 비트코인을 보유한 것으로 알려진 마이크로스트래티지의 주가는 무려 150% 급등했다.

트럼프로 인한 '코인 불장'에 국내 가상자산 거래소로도 돈이 몰리고 있다. 비트코인 가격이 연일 최고가를 경신하면서 3년 만에 찾아온 불장에서 소외될 것을 두려워하는 포모족들이 늘어나고 있

는 것이다. 이런 현상을 반영하듯 서학개미들의 미국 주식 보유액
이 2024년 11월 기준 무려 143조 원을 넘어서며 역대 최대 기록
을 세웠다. 증가 속도도 심상치 않다. 1년 전에 비해 60%나 증가했
고 최근 한 달 동안 10% 넘게 늘었다. 국내 투자자들이 가장 많이
보유 중인 종목은 테슬라, 엔비디아, 애플 순이다.

소외되는 것에 대한 두려움을 가진다

포모Fear Of Missing Out는 '소외되는 것에 대한 두려움'이라는 의미인
데 남들은 다 돈을 많이 벌고 있는데 자신만 그렇지 못한 것 같다
고 느끼는 불안감을 뜻한다. 실제로 자신의 자산이 줄어들진 않았
지만 다른 사람들과 비교하면서 생기는 심리적 불안감이다. 그래
서 포모에 빠지면 논리적 판단보다 군중심리에 휩싸인 비이성적
투자 행태를 보인다. 대표적으로 나타나는 현상은 소위 '빚투'의 증
가다. 리스크는 철저히 무시한 채 자신도 짧은 시간에 많은 돈을
벌겠다는 생각으로 빚을 내서라도 그 대열에 합류하려고 하기 때
문이다. 이런 상황이 되면 이성적인 투자가 아니라 한탕주의 도박
이 될 수밖에 없다.

포모 증후군은 단순히 불안감에서 끝나지 않는다. 끊임없이 타
인의 삶과 비교하게 한다. 주식, 부동산, 가상자산 투자 열풍 속에
서 '남들은 투자해서 돈을 버는데 나만 소외되면서 벼락 거지가 되
고 있다.'라는 자괴감에 빠지게 하는 것이다. 결국 심리적 압박을
견디지 못하고 무모하게 투자의 광풍 속으로 뛰어들게 한다.

알랭 드 보통은 저서 『불안』에서 현대 사회는 과거 계급사회와
는 달리 경제적 성취 정도에 따라, 즉 돈을 얼마나 벌었는가에 의

해 자연스럽게 사회적 지위가 구분된다고 했다. 그래서 사람들은 자신의 존재감을 드러내기 위해 돈을 추구하면서 불안을 느낀다. 돈의 유무에 따라 자신이 현재 처한 모습이 아닌 전혀 다른 위치에 있을 수도 있다는 생각이 불안의 원천이라는 것이다. 그런데 이 과정에서 중요한 것이 '나와 비슷하다고 여기는 사람'과만 비교하기 때문에 왕족처럼 엄청난 것을 누리고 사는 사람은 부러워하지 않고 바로 옆에 있는 친구의 성공은 질투한다고 했다.

이러한 현상은 기업도 예외는 아니다. 롯데그룹의 공격적인 인수합병 후폭풍이 그룹 전체 재무 건전성에 영향을 주고 있는 것으로 알려졌다. 2023년에 롯데케미칼이 막판까지 인도 아디트야벌라그룹과 치열한 경합을 벌이며 힘들게 인수한 동박업체 일진머티리얼즈로 인해 자금 경색이 심화되고 있다는 것이다. 2조 7,000억 원이라는 천문학적인 돈을 투자했지만 2022년 848억 원 영업이익이 2023년에는 118억 원으로 줄었고 2024년에는 수백억 원의 영업손실이 예상되고 있기 때문이다. 인수 검토 당시에는 흑자였지만 인수하자마자 적자로 돌아섰으며 더욱이 배터리 시장이 장기적 침체 국면으로 들어서고 있어 향후 전망도 좋지 않으리라 예상되고 있다. 또한 인수 과정에서 조달한 7,000억 원 규모의 자금도 2025년에 만기가 도래하게 돼 어려움이 가중되고 있다는 것이다.

이처럼 그룹의 핵심역량과 거리가 먼 사업에 자금 사정을 고려하지 않고 급하게 거액을 투자한 것은 전형적인 포모의 덫에 빠진 것으로 보인다. 다른 그룹에 비해 상대적으로 뒤처진다고 느낀 경영진이 무리수를 둔 것으로 평가되는 이유다.

소외되는 것에 대한 즐거움을 느낀다

최근에는 이러한 포모 증후군에서 벗어나 스스로 아웃사이더가 되려는 사람들이 늘어나고 있다. '조모족'이다. 조모JOMO, Joy of Missing out는 '소외되는 것에 대한 즐거움'이라는 의미로 더 이상 포모에 갇혀서 다른 사람과 비교하지 않고 현재에 집중하며 진정한 자신의 삶에서 즐거움을 추구한다는 것이다. 타인의 시선을 지나치게 의식하는 강박증에서 벗어나려는 일종의 해독제다.

과학의 발달로 감당할 수 없을 정도의 과도한 정보와 불필요한 인간관계에 피로감을 느껴 자신만의 시간을 우선시하고 소셜미디어로 넓어진 커뮤니케이션을 과감하게 대폭 줄이고 불요불급한 관계를 정리한다는 개념이 녹아 있다. 하루 종일 '좋아요'와 댓글을 달면서 회의를 느끼게 된 것이다. 이러한 디지털 환경의 역기능이 주는 피곤함에 지친 사람들이 조모족으로 변신했다. 투자에서 낭패를 본 뒤 뒤늦게 조모족이 됐다는 사례도 적지 않다. 인터넷상에는 코인 불장에서 남들 따라 투자했다가 거액의 손실을 보고 단타로 만회하려다 오히려 손실 금액은 커지고 업무에도 막대한 지장을 주게 되자 과감하게 손절하고 조모족이 됐다는 종류의 스토리가 많이 떠돈다.

실제로 포모족이 주식시장으로 몰려든 2024년 3분기에 개인투자자들은 삼성전자 8조 원, SK하이닉스 2조 6,000억 원 등 매수 상위 10개 종목에 13조 원을 투자했으나 평균수익률은 -9%의 저조한 성적을 거뒀다. 반면 외국인 투자자는 14% 가까운 수익을 내며 개인과는 커다란 차이를 보였다. 10월에도 외국인은 21%가 넘는 수익을 창출했지만 개미는 또다시 -8%를 기록했다. 이는 단순히 '밴드웨건 효과Band Wagon Effect'에 편승하는 것만으로는 수익을 내기 어렵다는 것을 보여준다.

심리학자인 수잔 알버스 박사는 조모는 새로운 개념이 아니며 남들이 하니까 부화뇌동해서 참여해야만 할 것 같은 강박관념에서 벗어나 자신이 진정으로 원하는 것을 선택하는 것에서 느끼는 기쁨이라고 설명한다. 예를 들어 가고 싶지 않지만 의무감 때문에 참석해야 하는 모임에 빠지고도 약간 두렵긴 하지만 죄책감을 느끼지 않으면서 친한 친구와 식사하는 것에서 즐거움을 깨닫는 것과 같다는 것이다. 스스로를 소중히 여기고 자신에게 충실하라는 것이다. 물론 알버스 박사도 말하기는 쉽지만 실천하기는 어렵다고 인정한다.

덴마크 알보르그대학교 심리학과 스벤 브링크만은 저서 『절제의 기술』에서 "행복은 인생에서 불필요한 것들을 덜어내는 데 달렸다."며 사람들을 행복으로 인도하는 것은 욕망이 아니라 절제라고 강조했다. 지금은 풍요로움의 시대다. 그 어느 때보다 물질은 물론 지식, 수명, 기회 등 많은 부분에서 부족함이 없다. 하지만 동시에 불안의 수준도 높아졌다. 실제적 궁핍은 줄었지만 역설적이게도 궁핍감에 대한 공포는 오히려 늘어난 것이다. 번아웃 증후군과 소외 공포증이 난무하는 피로사회에 등장한 자발적 아웃사이더들의 '아니오'를 응원한다.

3
진실은 인지 편향과 심리적 착각에
따라 왜곡될 수 있다

"숫자는 거짓말을 하지 않지만 인간은 직관을 통해
편향된 해석을 하고 얼마든지 착각한다."

다국적 제약사 화이자는 2008년 8월 「메이요 클리닉 초록」에 자사가 개발한 뇌졸중약이 '2형 당뇨와 심장병 위험 요인이 있는 환자의 뇌졸중 발병률을 48% 낮춘다.'라는 연구결과를 실었다. 48%라는 수치만 보면 엄청난 효과의 신약이 개발됐다고 생각할 수 있다. 그런데 이는 위험 요인을 가진 사람 100명 중 48명이 뇌졸중에 걸리지 않는다는 것이 아니었다. 비교 집단 환자들의 2.8%에서 뇌졸중이 발생했고 화이자의 신약을 복용한 경우 1.5% 발생률을 보였기 때문에 이 두 집단의 상대적 차이가 48%라는 것이다. 따라서 두 집단의 뇌졸중 발생률의 절대적 차이는 고작 1.3%에 불과하다는 게 팩트다.

통계는 편향된 프레임을 제공하기도 한다

통계는 자주 편향된 프레임으로 해석된다. 흔한 예로 '취업률

80% 돌파'와 '10명 중 2명 여전히 실업자'라는 내용의 기사는 인식의 편향을 유도한다. 평균값의 착시는 통계를 보이는 대로 해석하는 인간의 대표적인 인지 편향의 오류다. 한 나라의 경제적 수준을 국내총생산GDP이라는 수치로 가늠하는 것이 대표적이다. 예를 들어 1인당 국내총생산이 3만 달러라고 하면 대부분의 사람들이 3만 달러 수준으로 살고 있다고 착각하기 쉽다. 하지만 세상은 평균 분포가 아닌 멱함수의 분포로 존재하는 경우가 대다수이기 때문에 국민의 10~20%가 80~90%의 부를 차지하고 있는 게 현실이다. 평균값은 대다수, 즉 보편이란 개념으로 인식되지만 잘못된 것이다.

마케팅에 자주 등장하는 롱테일 법칙Long tail theory이란 게 있다. 많은 기업이 '충성 고객 20%가 매출의 80% 가치를 창출한다.'라는 파레토의 법칙에 따라 효자상품 관리에 주력한다. 그러나 인터넷과 모바일 혁명으로 거래비용이 대폭 감소하면서 눈에 잘 띄지 않는 꼬리 영역의 상품이 전체 판매량을 압도하는 롱테일 법칙이 나타나기 시작한 것이다. 가령 아마존의 주력 매출을 담당하는 인터넷 서점에서 눈에 띄는 숫자는 베스트셀러지만 전체 매출의 절반 이상이 비주류 단행본 등 잘 팔리지 않는 책에서 발생한다는 사실이다. 구글의 주요 수익원은 광고다. 해마다 엄청난 규모의 광고비를 쓰는 주요 기업들은 매우 중요한 관리 대상이지만 구글 수익원의 상당 부분은 동네 빵집 광고와 같은 소규모 광고에서 발생하고 있는 것이다.

행동경제학자들은 의사결정에 통계적 관점을 적극적으로 적용함으로써 직관의 편향성을 피하라고 조언하지만 숫자는 무조건 합리적이라는 과신 또한 경계해야 한다고 강조한다. 직관이든 통계든 편향된 과신이 개입했을 때 오판의 위험성은 피할 수 없게 되기 때문이다.

데이터 이면의 숨은 그림을 찾아야 한다

노벨 경제학상 수상자인 대니얼 카너먼과 아모스 트버스키가 '뺑소니 택시'라는 유명한 실험을 했다. 어느 작은 도시에서 늦은 밤 뺑소니 교통사고가 발생했는데 다행히 목격자가 나타나 경찰에게 뺑소니 차량은 '파란색 택시'라고 진술했다. 이 도시에는 파란색 택시회사와 초록색 택시회사 단 두 곳만 있다. 파란색 택시회사는 15대를 운행하고 초록색 택시회사는 85대를 운행하고 있다. 경찰이 목격자의 신뢰도를 검증하기 위해 같은 상황에서 목격자가 차량의 색깔을 얼마나 정확하게 알아보는지 실험했는데 목격자의 신뢰도는 80%라고 확인됐다. 자, 그러면 목격자 진술대로 파란색 택시가 뺑소니 차량일 가능성은 얼마나 될까? 대부분은 이 질문을 이해하지 못한다. '목격자가 있고 신뢰도도 높은데 다른 가능성이 또 뭐가 있을까?'라는 것이다.

실제 이뤄진 실험에서 사람들은 역시 80%라는 높은 신뢰도를 가진 목격자 진술에 집중했다. 그런데 바로 이것이 바로 통계의 착시다. 숫자는 거짓을 말하지 않지만 직관은 편향된 해석을 하게 되는 것이다. 여기서 대부분의 사람들은 기저율을 고려하지 않았다. 기저율이란 '어떤 요소가 통계적으로 전체에서 차지하는 기본 비율'을 말한다. 그래서 파란색 택시일 가능성 80%와 함께 파란색 택시가 아닐 가능성 20%를 모두 고려해야만 진짜 가능성을 알 수 있는 것이다.

목격자 신뢰도를 적용하면 목격자는 파란색 택시 15대 중 80%인 12대를 진짜 파란색 택시로 인식하고 20%인 3대는 초록색 택시라고 잘못 볼 수 있다. 반대로 초록색 택시 85대 중 20%의 17대는 초록색이지만 파란색으로 잘못 인식할 수 있다. 진짜 파란색 택시일 가능성 12대와 초록색 택시이지만 목격자가 파란색으로 오인했을 수 있는 17대를 합친 29대를 베이즈 추론_{Bayesian inference}*을 적용한 기저율로 계산(12÷29×100)하면 41%라는 결과가 나온다. 전체 택시 100대 중 목격자 진술대로 파란색 택시가 뺑소니 차량일 확률은 처음 진술의 80%가 아니라 41%로 내려가게 된다. 오히려 초록색 택시가 뺑소니 차량일 확률이 59%로 더 높다. 믿었던 목격자 진술이 반대로 뒤집힌 것이다. 기저율 무시_{Neglect of base rate} 현상으로서 대표적인 인지착각이다.

통계의 함정에 빠뜨리는 인지 착각 중 '소수 법칙_{Law of small numbers}'이 있다. 미국 게이츠 재단의 작은 학교개혁 운동_{Small-School Reform}이 좋은 사례다. 규모가 작은 학교의 학생이 평균적으로 규모가 큰 학교의 학생보다 학업 성과가 더 좋다는 통계분석에 따라 시작된 거대 프로젝트로 학교를 작게 쪼개는 작업에 엄청난 자원이 투입됐다. 그런데 몇 년 후 스탠퍼드대학 경제학자 에릭 하누섹_{Eric A. Hanushek}은 '투입 재정의 규모에 비해 학급, 학교의 규모가 작은 것은 학생들의 성취향상에 기여하는 바가 크지 않다.'라는 연구결과를 발표했다. 상반된 주장이 충돌한 후 마침내 밝혀진 결론은 소수 법칙의 함정에 빠진 게이츠 재단 프로젝트의 실패였다.

---

* 추론 대상의 사전 확률과 추가적인 정보를 통해 해당 대상의 사후 확률을 추론하는 방법

소수 법칙이란 작은 표본이 큰 표본보다 더 자주 극단적인 결과를 보이는 현상을 말한다. 예를 들어 학생 수 50명의 작은 학교에서 10명이 서울대학교에 진학했다고 해서 작은 학교 아이들의 학업 성취도가 더 높다고 일반화할 수 없다. '작은 학교의 학업 성취도가 높다.'고 확신하려면 규모가 큰 학교 중에는 학업 성취도가 높은 곳이 없어야 하고 작은 학교 중에는 학업 성취도가 낮은 곳이 없어야 하기 때문이다. 소수 표본이 극단적인 쏠림현상을 발생할 수 있다는 사실은 논리적으로 밝혀진 진실이지만 그래도 사람들은 쉽게 소수 법칙에 휘둘리게 된다. 직관이 머릿속에 인과관계의 스토리를 만들어 서사 오류에 빠지기 쉽기 때문이다. 즉 작은 학교의 높은 대학 진학률 숫자를 보면 직관은 바로 '학생 수가 적으니 교사들이 더 세심하게 학생을 살피기 때문일 것'이라고 무의식적으로 이유를 찾는 것이다.

이처럼 통계를 해석할 때 착시에 빠지는 일은 꽤 흔하다. 그래프로 드러난 수치만 보거나 분석 결과만 참조한 의사결정은 매우 위험하다. 중요한 의사결정을 내릴 때 데이터 이면의 숨은 그림을 찾아야 하는 이유다.

4
'내 것만 옳다'는 확신은 조직을 우물 안 개구리로 만든다

"내 것만 옳다는 착각은 협업을 막고
결국 조직을 무너뜨린다."

　스웨덴의 가구 브랜드 이케아는 고객이 직접 조립해서 사용하는 콘셉트로 세계적 기업이 됐다. 이케아는 품질 대비 가격이 저렴하지 않은 데다 직접 조립하며 시간과 노동을 들여야 함에도 여전히 제품이 충분히 가치 있다고 평가한다. 미국 듀크대학교의 행동경제학자인 댄 애리얼리 교수는 불편한 가구 브랜드 이케아를 선호하는 고객의 심리를 연구했다. 그 결과 '아무리 조악한 제품이라도 자신이 시간과 노력을 투입해서 만든 물건에 대해서는 비합리적으로 과도한 평가를 하는' 인간의 심리를 발견하고 '이케아 효과IKEA effect'라고 명명했다.

폐쇄성과 배타성을 핵심역량으로 착각한다
　이케아 효과는 소유효과Endowment effect로도 설명한다. 소유효과는 자신이 소유한 물건이나 아이디어를 다른 사람들과 비교해서 극단적으로 높게 평가하려는 심리다. 심지어 아주 잠시 소유했다고 상상하는 것만으로도 그 가치를 높게 평가하는 편향을 보인다. 그래서 사람들은 자신이 소유한 물건이나 자신이 만든 비즈니스 모델에 대한 경제적 보상을 객관적인 가치보다 터무니없이 더 높게 요구하게 되는 것이다. 내 것은 남의 것보다 더 가치가 있고 내 노력은 타인의 노력보다 더 높게 평가받아야 공정하다고 생각하는 인지 편향이 만연하는 이유다.

일한 만큼 인정받고, 성과만큼 평가받고, 이에 합당한 보상을 받는 것이 곧 공정성이라는 원칙에는 모두가 동의한다. 하지만 각자의 심리가 다른 계산법을 사용하는 게 문제다. 평가하는 리더가 아무리 공정하다고 주장해도 억울한 심정을 호소하는 사람은 반드시 있다. 합리적인 평가시스템을 갖췄다고 자부하더라도 인간의 심리를 이해하지 못하면 공정성에 대한 불만도 해결하기 어렵게 된다.

일례로 미국 버클리대학교의 헨리 체스브로 교수가 오픈 이노베이션 개념을 처음 소개한 2003년 이후, 글로벌 기업들은 꾸준히 기술의 공유와 개방을 추진하고 있다. 산업 간 경계가 허물어지는 4차 산업혁명 시대에 살아남기 위해 내부 관점에서 벗어나 새로운 프레임으로 비즈니스의 미래를 준비하는 것이다. LG경제연구원의 보고서에 따르면 북미와 유럽 기업의 약 80%가 오픈 이노베이션을 추진하고 있으며 중국기업들은 오픈 이노베이션을 아예 경영시스템으로 장착시킨 모델을 선보이고 있다. 가령 샤오미는 충성 고객들이 마케팅과 상품기획에 직접 관여하는 플랫폼을 구축함으로써 창의적 역량을 극대화하는 데 성공했는데 '소유효과'를 적극적으로 활용한 사례로 평가받고 있다.

반면에 한국 기업의 오픈 이노베이션은 뚜렷한 성공 사례가 나타나고 있지 않다. 전문가들은 그 원인을 우리의 '폐쇄적 조직문화'에서 찾는다. 국내 경영자들은 유독 '기술 공유'에 소극적이다. 자사의 핵심기술 유출을 우려하는 마음도 있지만, 유독 NIH 신드롬이 강한 탓이다. NIH 신드롬은 '이케아 효과'와는 정반대로 외부의 아이디어나 기술은 그 가치가 아무리 뛰어나도 평가절하하고 배척하려는 집단심리다.

NIH는 '우리 게 아니다'라는 'Not Invented Here'의 약어다. NIH 지수가 높은 조직은 폐쇄성과 배타성을 '핵심역량에 대한 자부심'이라고 포장한다. 그러나 사실은 외부의 아이디어와 기술로 성공적 결과가 도출될 경우 그동안 내부 구성원들이 누려온 이익들, 즉 자신들의 자리와 급여는 물론 외부와의 비교 평가로 인한 불이익을 우려하는 이기적인 속마음이 내포돼 있다는 것을 부정할 수 없다. 회사의 성장에 꼭 필요한 혁신적인 기업에 대한 인수합병이 직원들의 반대로 좌초되는 사례가 등이 이에 해당된다고 할 수 있다.

NIH 신드롬이 우물 안 개구리로 만든다

NIH 신드롬은 조직 안에서 자주 '단결력'이라는 이름으로 둔갑하기도 한다. 실제로 NIH 신드롬이 강한 조직일수록 팀 내부의 결속력은 뛰어나다. 이들은 '우리 문화가 가장 좋고 우리 전문성이 최고'라는 자아도취에 빠져 있다. NIH 신드롬은 드러내놓고 협업을 피하기보다 다른 부서와 협력의 필요성을 평가절하하는 방식으로 모습을 드러내게 된다. 부서 간 협업이 필요할 때 무성의한 태도로 임하거나 책임을 서로 떠넘기려고 한다. 협업을 위한 나름의 업무 프로세스가 있지만 아예 작동하지 않아 없는 것과 마찬가지다. 부서 이기주의는 NIH 신드롬 현상의 하나다. 심한 경우 회사 내 다른 부서를 아예 경계해야 할 경쟁회사 수준으로 대하기도 한다. 그래서 같은 회사에 근무하지만 저 부서와 우리 부서는 서로 다른 집단이라고 공공연하게 발언하기도 한다. NIH 지수가 높은 조직에서는 비슷한 아이디어와 업무를 서로 다른 부서가 각자 맡아 진행하는 웃지 못할 상황도 심심치 않게 연출된다. 바로 사일로 효과Organizational Silos Effect 다.

NIH 신드롬은 심지어는 같은 팀 안에서도 나타난다. 팀장이 바뀌면 이전 팀장과 다름을 증명하기 위해 꼭 새로운 변화를 시도한다. 이때 문제는 자기 생각만이 잣대가 된다는 것이다. 팀원들의 아이디어는 받아들이지 않는다. 객관적으로 뛰어난 제안도 '보고서가 허술하니 다시 작성하라.'며 딴죽을 걸기 일쑤다. 개개인에게도 NIH 신드롬이 나타나기도 한다. 권력이 없거나 자신이 중요하지 않다고 생각하는 사람과의 협업을 피하는 성향이 여기에 속한다.

NIH 신드롬의 폐쇄성과 배타성은 겉으로는 구성원을 똘똘 뭉치게 하지만 정작 필요한 협력을 망치는 주요 원인이 되기도 한다. 마치 바이러스처럼 구성원의 마음속에 파고들어 조직문화의 건강성을 해치는 것이다. 조직의 정체성과 고유한 문화는 자발적 애사심과 업무 몰입도를 높이고 집단 협력을 가능하게 하는 힘이다. 그러나 자칫 나와 너를 가르는 장벽이 되어 창의성을 원천 차단하는 NIH 신드롬으로 변질될 위험성을 항상 경계해야 한다.

또한 NIH 지수가 높은 조직일수록 리더의 과거 인식을 기준으로 설계한 평가 시스템을 운영하는 경우가 많다. 이런 조직에서 직원들은 장기적으로 자신의 능력을 공정하게 평가받을 수 있다고 생각하지 않는다. 이로 인해 NIH 신드롬은 공식적이고 체계적인 협업 시스템을 차단하게 된다. 협업이란 결국 사람에 대한 이해를 바탕으로 한 신뢰가 핵심이다. 따라서 협업에 적합한 업무 프로세스와 성과를 공정하게 평가하고 보상하는 시스템이 반드시 필요하다. 그리고 여기에는 서로의 소통과 이해를 돕는 효율적인 의사소통 채널이 반드시 뒷받침되어야 한다.

이처럼 경직된 사고와 조직 내 이기심을 부추기는 NIH 신드롬은 침묵 속에서 균열을 만들고 결국 조직 전체를 무너뜨리는 매우 위험한 인지적 편향이다. 한순간에 조직 구성원을 모두 '우물 안 개구리'로 만들어버리는 것이다.

5
반복만 되고 새로운 하루가 없을수록 인생은 더 짧아진다

"시간은 기억으로 흐르기에 새로운 경험이 없는 삶은
순식간에 지나간다."

　모래시계의 모래는 처음에는 천천히 떨어지다가 어느 시점부터
는 갑자기 빠르게 떨어진다. 이처럼 나이를 먹을수록 시간이 굉장
히 빠르게 흐른다는 사람들이 많다. 시간의 길이가 훌쩍 줄어든 느
낌이라는 것이다. 젊었을 때는 시간이 천천히 가서 사건 사고도 잦
고 추억도 많았다. 하지만 나이가 드니까 별로 한 것도 없는데 시
간이 쏜살같이 갔다는 것이다. 그렇다면 왜 나이가 들어갈수록 시
간의 흐름을 실감하는 속도가 달라지는 걸까?

생체시계와 도파민이 흐르는 시간의 속도를 바꾼다
　19세기에 이런 현상에 대해 고민한 프랑스 철학자가 있었다. 폴
자네Paul Janet는 같은 1년이라도 어린이는 길게 느끼고 성인들은 짧
게 느끼는 현상을 심리학적으로 설명했다. 5세 아이에게 1년은 인
생의 5분의 1이지만 50세가 된 성인에게 1년은 인생의 50분의 1에

불과하다. 5세 아이는 50세의 성인에 비해 1년을 길게 느끼게 된다는 것이다. 그래서 살아온 시간이 길어질수록 인생에서의 1년의 비중은 작아져서 시간이 빠르게 가는 것으로 느껴진다는 것이다. 이렇게 나이가 들수록 시간이 빠르게 간다고 느끼는 현상을 '자네의 법칙'이라 한다.

이러한 자네의 법칙을 과학적으로 증명하려는 노력이 끊임없이 이어지고 있다. 다우어 드라이스마 네덜란드 흐로닝언대학교 심리학과 교수는 저서 『나이 들수록 왜 시간은 빨리 흐르는가』에서 시간의 길이와 속도는 기억의 영향으로 왜곡된다고 강조했다. 멀리 있는 것이 마치 아주 가까운 곳에 있는 것으로 느껴지는 것과 마찬가지로 아주 오래전 일이 바로 얼마 전 일로 기억되는 '망원경효과 Telescoping Effect'나 시점별로 얼마나 많은 기억을 떠올리는가에 따른 '회상효과Reminiscence Effect'로 시간 감각의 차이를 설명하고 있다.

노던애리조나대학교 심리학과 교수인 피터 맹건은 19세부터 70세까지의 실험 대상자에게 스톱워치를 나눠줬다. 그리고 눈을 감고 3분이 지났다고 생각한 시점에 중지 버튼을 누르도록 했다. 그 결과 20대는 평균 3분 3초, 40대는 3분 16초, 60~70대는 3분 40초가 지난 후에 버튼을 눌렀다. 나이에 따라 40초 가까이 차이가 난 것이다. 짧은 시간임을 고려하면 아주 커다란 차이이다. 이러한 연구결과에 대해 맹건 교수는 나이가 들수록 '생체시계'가 느려지기 때문이라고 분석했다. 사람 뇌의 시신경 안에는 생체 리듬을 주관하는 생체시계가 있다. 나이가 들어 몸의 대사 속도가 느려지면 자연스럽게 생체시계도 늦게 가면서 시간 감각이 둔해진다. 그렇게 되면 같은 행동을 하더라도 더 많은 시간을 소비하게 되므로 상대적으로 할 수 있는 행동의 개수가 적어지고 결과적으로 시간이 더 빨리 지난 것처럼 느껴진다는 것이다. 맹건 교수는 이러한 연구 결과를 1996년 『뉴 사이언티스트』에 「왜 나이가 들면 시간이 빠르게 지나갈까」라는 논문으로 발표했다.

신경과학자이자 듀크대학교 심리학과 교수인 워런 멕Warren Meck 은 도파민 수치에 따라 쥐들의 시간 지각이 달라지는지 실험했다. 20초마다 먹이 레버를 누르도록 훈련시킨 후 두 그룹으로 나누어서 한 그룹에는 도파민 수치를 증가시키는 암페타민을 주사하고 다른 한 그룹에는 도파민 수치를 감소시키는 할로페리돌을 주사했다. 그 결과 도파민 수치가 증가한 쥐들은 레버를 누르는 속도가 20초에서 18초로 빨라졌고 수치가 감소한 쥐들은 22초로 느려졌다. 즉 도파민 수치의 변화에 따라 인식하는 시간의 빠르기가 달라진 것이다.

도파민은 신경전달물질로 몸의 여러 신진대사에 영향을 미친다. 그래서 도파민이 많이 분비될 때는 상대적으로 모든 것이 느리게 느껴진다. 반대로 도파민이 적게 분비될 때는 빠르게 느껴지는 것이다. 그래서 사람의 뇌는 나이가 들면서 도파민을 적게 생산하고 반응하는 능력도 줄어들기 때문에 나이가 들면 시간이 빠르게 간다고 느낀다는 것이다.

단조로움에서 벗어난 새로움이 인생의 속도를 늦춘다

또한 베스트셀러 『인코그니토』의 저자이자 스탠퍼드대학교 심리학과 교수인 데이비드 이글먼은 50미터 상공에서 번지점프를 하는 실험 참가자에게 뛰어내릴 때부터 땅에 떨어질 때까지의 시간을 추정해 보라고 했다. 실험 결과 참가자들은 모두 실제 시간보다 훨씬 더 긴 시간이 느껴졌다고 답변했다. 이 결과에 대해 이글먼 교수는 "강렬하고 새로운 기억은 시간을 천천히 흐르게 한다."라고 분석했다. 인간의 뇌는 모든 기억을 동등하게 기억하지 않고 새롭고 충격적이거나 강한 감정을 일으키는 기억들은 강렬하게 남는 반면 매일 반복되는 일상의 기억들은 머릿속에 오래 남아 있지 않는다고 했다. 그래서 어린 시절에는 하루하루가 새로운 일들이라 마치 슬로모션처럼 시간이 천천히 간다. 하지만 나이가 들면서 '했던 일'을 되풀이하는 경우가 많아 뇌는 익숙한 일상들을 머릿속에서 지워버리며 마치 시간이 빨리 흐르는 것처럼 느끼게 된다는 것이다. 관련 내용은 「두려운 상황에서 과연 시간은 느리게 흐를까?Does time really slow down during a frightening event?」라는 논문에 소개됐다.

『니혼게이자이신문』은 「어린 시절에는 길게 느껴졌던 1년이 지금은 왜 이렇게 빠르게 지나갈까?」라는 기사에서 일본에서도 이러한 연구가 활발하게 진행되고 있다는 것을 소개했다. 기사에는 "대사가 활발할수록 심리적 시간이 빠르고 진짜 시간은 천천히 지나는 것처럼 느껴진다."라며 "어른은 아이보다 대사가 떨어지기 때문에 심리적 시간의 진행이 완만하고 객관적인 시간은 빠르다고 느껴진다."는 일본시간학회 회장인 지바대학교 이치카와 마코토 교수의 인터뷰가 실렸다. 결국 '새로운 경험의 양'에 따라 시간에 대한 감각이 달라진다는 것이다. 어렸을 때는 모든 것이 새로운 것들로 넘쳤고 그 모든 게 인상적이었다. 하지만 나이가 들수록 경험은 반복되고 특별히 새로운 것들은 많지 않다. 그렇게 일상이 이어지면 뇌로 들어가는 정보의 양은 점차 줄어들게 된다. 추억으로 남은 순간에 대한 시간 감각은 기억하는 정보량에 따라 그 길이가 재구성된다. 새로운 경험이 줄어들면 시간도 짧게 느껴질 수밖에 없게 되는 것이다. 그래서 기억으로 남지 않으면 아무것도 한 게 없이 시간만 빠르게 흘러갔다고 인식하게 된다.

하지만 이 주장에 의문을 품는 사람들도 많다. 자신은 "아무것도 안 하는데 시간이 길게 느껴진다."라고 하는 것이다. 이에 대해 심리학자들은 똑같은 경험이라도 '현재 느끼는 시간의 흐름passage of time judgment'과 '과거를 회상하며 인지하는 시간의 흐름retrospective time judgment'이 다르기 때문에 지금 당장 지루하고 길게 느껴지는 시간도 나중에 돌이켜보면 아주 빠르게 지나간 것으로 생각하게 된다고 설명한다. 마찬가지로 새롭게 경험하는 일들이 많아서 하루하루가 바쁘게 빨리 흘러가는 것처럼 느껴져도 몇 년 후에 돌이켜보면 기억에 남는 추억도 많아서 아주 길었던 것처럼 느낀다는 것이다.

시차는 있지만 파리, 뉴욕, 서울의 1초는 모두 같다. 나이는 차이가 있어도 '물리적 시간clock time'의 길이는 같다. 그러나 '심리적 시간mind time'은 상황에 따라 달라진다. 물리적 시간은 결코 늘릴 순 없지만 심리적 시간은 마음먹기에 달렸다. 단조로움에서 벗어난 새로움이 인생의 속도를 늦추는 브레이크인 것이다.

2장

조직은 사람이 만들고
또 무너뜨린다

1
인센티브가 편법, 지표 왜곡,
단기성과 중심주의를 만든다

"돈이 들어오는 순간 마음은 떠난다."

해리 트루먼 대통령 시절 백악관의 참모진들은 매일 고된 일에 시달렸다. 매주 금요일 오후에 열리는 회의는 밤 8시나 9시까지 계속되기 일쑤였다. 토요일 오전에 다시 열기로 하고 간신히 종료되곤 했다. 하지만 이의를 제기하는 사람은 없었고 백악관은 그야말로 활기가 넘쳤다. 그러던 어느 날 대통령은 주말까지 쉬지 않고 열심히 일하는 참모들에게 초과근무 수당을 지급하라고 지시했다. 그러나 어찌 된 일인지 그 후로는 더 이상 토요일 회의는 열리지 않았다. 하버드대학교 교수를 지낸 저명한 경제학자 새뮤얼 보울스의 저서 『도덕경제학』에 나온 에피소드다.

인센티브가 없었을 때는 힘들어도 웃으면서 열심히 했지만 아이러니하게도 돈으로 보상해주니 의욕도 떨어지고 동기부여가 안 되는 상황이 벌어진 것이다. 보울스 교수는 이에 대해 "인센티브라는 틀이 생기면 자신을 인센티브에 의해 움직이는 수동적 존재로 규정하고 더이상 자발적인 행동을 하지 않게 된다."라고 했다.

자존감이 훨씬 더 큰 동기부여가 된다

우리는 어릴 때부터 잘하면 상을 주고 못 하면 벌을 주는 인센티브에 둘러싸여 살아간다. 하지만 인센티브가 반드시 인간을 바람직한 방향으로 이끄는 건 아니다. 국가, 회사, 학교를 비롯한 모든 조직에서 다양한 형태의 인센티브가 존재하지만 의도와는 달리 '크라우딩 아웃crowding-out'이라는 역효과를 유발하기도 한다. 그래서 벌금이나 상 없이는 올바른 행동을 하지 않을 거라는 인센티브의 전제가 사람들의 의욕을 꺾고 예상치 못한 행동을 하게 하는 것이다. 결국 국가를 위해서 일한다는 자긍심이 돈으로 환산되는 순간 돈 몇 푼에 더 이상 주말을 반납하고 싶어 하지 않는 것이다. 이처럼 물질적 인센티브가 사람들의 내적 동기를 파괴시킬 수도 있다. '인센티브의 역설'이다. '헌혈을 독려하기 위해 현금 보상을 했더니 헌혈이 줄어들었다.' '투표율을 높이고 유권자의 불편함을 해소하기 위해 우편투표를 도입했더니 반대로 투표율이 떨어졌다.' 등 인센티브가 부작용을 일으킨 사례는 수없이 많다.

마이크로소프트는 1985년 백과사전 프로젝트 엔카르타Encarta를 기획해서 1993년 완성했다. 세계적인 석학과 전문가들에게 엄청나게 높은 보수를 제공하며 방대하고 다양한 내용을 심도 있게 다루었다. 엔카르타는 마이크로소프트 윈도에 무료로 제공되면서 수백만 명의 사용자를 확보하며 디지털 백과사전 시장을 장악해 나갔다. 그러나 2001년 지미 웨일스와 래리 생어에 의해 만들어진 위키피디아Wikipidia에 의해 시장에서 완전히 퇴출됐다. 일반 대중의 자발적 참여로 만들어지는 위키피디아는 그 누구도 돈을 받지 않았고 전문가가 투입되지도 않았다. 리더도 없고 조직도 없는 상태에서 추진된 이 프로젝트가 성공하리라 생각한 사람은 아무도 없었다. 그러나 결론적으로 엔카르타는 2009년 폐쇄됐고 위키피디아는 여전히 세계 최고 자리를 지키고 있다.

구성원들에 대한 동기부여는 리더들이 항상 입에 달고 사는 단골 래퍼토리다. 그런데 대부분 심각한 고민 없이 쉽게 생각할 수 있는 '보상과 처벌' 그리고 '인센티브'라는 외적 동기에만 초점을 맞춘다. 그러나 이러한 동기부여 방식은 한계를 보이고 있다. 물질적 보상 없이 자발적 참여로 만들어진 위키피디아가 막대한 자본을 들인 엔카르타를 압도할 수 있는 것이다. 사람들은 자신이 자발적으로 하는 일이 의미나 가치가 있다고 판단되면 그 보람에 힘든 줄을 모른다. 어떤 일을 통해 성장한다는 느낌을 받으면 에너지가 넘친다. 자신의 작은 지식이 다른 사람들에게 도움이 될 수 있다는 자존감이 어떠한 물질적 인센티브보다 훨씬 더 큰 동기부여가 되기 때문에 아무런 대가 없이 기꺼이 시간과 노력을 들여 계속해서 정보를 제공하고 지식을 공유하는 것이다.

칭찬을 해야만 춤추는 고래는 의미 없다

인센티브는 성과 지향적인 편법과 단기적인 시야를 갖게 하는 부작용을 낳기도 한다. 영국이 인도를 통치할 때 델리에서 일어났던 일이다. 맹독성 코브라 때문에 인명피해가 늘어나자 코브라를 잡아 오는 사람들에게 인센티브를 주는 정책을 시행했다. 많은 사람이 인센티브를 받기 위해 코브라를 잡으면서 피해자는 점차 줄어들었다. 이 정책은 성공적으로 보였다. 하지만 어찌 된 일인지 시간이 지날수록 잡아 오는 코브라 숫자가 줄어드는 게 아니라 오히려 늘어났다. 조사해보니 쉽게 돈을 벌겠다는 사람들이 코브라 농장을 만든 것이다. 인센티브 정책이 원래 취지와 다르게 악용되자 폐기했다. 그러자 더 이상 키울 이유가 없어지게 된 코브라는 방사됐고 급속도로 늘어나게 됐다.

　비슷한 사례는 베트남 하노이에서도 일어났었다. 프랑스가 베트남을 통치하고 있을 때 하노이 시내에 들끓는 쥐를 없애기 위해 쥐를 잡아서 꼬리를 가져오면 보상하기로 했다. 많은 사람이 쥐 꼬리를 잘라서 가져왔다. 그 후로 이상하게도 하노이 시내에는 꼬리가 없는 쥐들이 나타나기 시작했다. 사람들이 계속해서 인센티브를 받으려면 쥐의 숫자가 늘어나야 하기 때문에 꼬리만 자르고 다시 시궁창에 풀어놨던 것이다. 좋은 취지로 인센티브를 도입했지만 돈만 쓰고 코브라와 쥐의 숫자만 늘린 결과만 가져왔다. 여기서 유래해 문제 해결을 위한 제도나 정책이 역효과를 가져오는 현상을 '코브라 효과'라 한다. 성과지표를 보상과 연계하는 순간 의도와는 달리 전혀 예기치 못한 결과를 가져오는 것이다.

　전통적인 성과 보상 프로그램의 핵심은 인센티브다. 성과 혹은 능력에 비례해 보상하는 것이다. 이를 위해 '측정 가능한' 평가지표와 보상체계를 만들어 시행한다. 그런데 과연 이러한 제도와 시스템이 회사의 생산성 향상에 직결되고 바람직한 조직문화에 도움이 될까. 조직이 원하는 것을 얻을 수 있을까? 요즘 많은 회사가 인센티브 제도로 몸살을 앓고 있다. 인센티브를 '주면 주는 대로, 안 주면 안 주는 대로' 불만이 가득하다. 인센티브가 구성원들의 사기를 떨어뜨리고 생산성을 떨어뜨리기도 한다. 이쯤 되면 인센티브에 대해 냉정하게 다시 한번 생각해 봐야 한다. 과거에는 반복적 작업과 규칙 기반의 업무가 대부분이라 인센티브와 같은 외적 동기에 초점을 맞춘 조직 운영이 효과를 거둘 수 있었다. 그러나 최근에는 다양성, 창의성, 혁신성이 기업의 경쟁력을 견인하고 있다. 이러한 환경에서는 당근과 채찍은 아무런 도움이 되지 않는다. 일 자체에서 오는 흥미, 호기심, 보람 등을 느끼게 하는 내적 동기를 자극하는 것이 더 강력한 성과를 끌어낸다.

칭찬해야만 춤추는 고래는 더 이상 의미 없다. 칭찬이 없어도 스스로 춤을 즐기는 인재가 필요한 세상이다. 세상은 변하고 있다. 사람들도 변하고 있다. 조직도 변해야 한다. 제도가 아니라 사람에 대한 진정한 이해가 절실한 세상이다.

2
리더의 의사결정 방법이
청소년의 방법과 다를 바 없다

"리더의 의사결정 방식이 청소년이 여자친구와
헤어질까, 말까를 고민하는 방식과 똑같다."

CEO들의 의사결정 방식이 10대 청소년들보다 더 나을 게 없다
는 충격적인 연구결과가 있다. 의사결정 전문가인 오하이오대학교
폴 너트 교수는 CEO들이 주로 'A라는 전략을 실행할까, 말까'를
고민하는 방식으로 의사결정을 내린다. 이는 청소년들이 '여자 친
구와 헤어질까, 말까'를 고민하는 방식과 똑같다는 것이다. 눈앞에
놓인 정보에만 초점을 맞추고 다양한 대안을 고려하지 않는 것이
다. 너트 교수는 의사결정에서 대안을 고려하지 않을 때 실패율은
무려 52%에 달한다고 경고한다.

영국 최고위직 여성 소방관이자 심리학자인 사브리나 해튼은 저
서 『소방관의 선택』에서 리더는 중요한 의사결정을 하기 전에 반
드시 스스로 자기 인식을 해야 한다고 강조했다. 생사가 달린 혼돈
의 상황에서 더 많은 생명을 구하기 위한 고민을 반복하며 결정적
인 순간에 현명한 판단과 선택을 하기 위한 리더의 마음가짐을 연

구한 해튼은 '리더라고 해서 모든 정보를 다 알 수도 없고 처리할 능력도 없다.'라는 사실을 인정하는 것이 무엇보다 중요하다고 했다. 또한 의사결정을 한 후에도 실제로 행동으로 옮기기 전에 다시 한번 자신의 결정을 의심하라고 조언한다.

착각에 빠진 리더가 독단적인 태도를 갖게 된다

경영자의 의사결정은 조직의 운명을 좌우하게 된다. 그래서 모든 경영자가 항상 합리적이고 올바른 의사결정을 내리면 좋겠지만 현실은 그렇지 못한 경우가 많다. 행동경제학자들에 따르면 리더들은 구성원들의 의사를 확인해보지 않고도 모든 구성원이 당연히 자신과 같은 생각을 할 거라 착각하는 '잘못된 합의 효과', 자신은 절대 틀릴 수 없다는 '확증편향', 구성원들보다 자신이 월등히 뛰어나다고 생각하는 '자기 고양적 우월감', 자신한테는 항상 행운만 따른다는 '비현실적 낙관주의', 통제 불가능한 외부 환경도 자신의 마음대로 조정할 수 있다는 '통제의 착각'에 빠지기 쉽다고 한다.

경영자가 이러한 착각에 빠지면 독단적인 태도를 보이게 된다는 점이 가장 큰 문제다. 무조건 자신의 의견을 고집하거나 직원들의 의견을 듣는다고 하면서도 실제로는 형식적인 의견 수렴에 그치고 결국 자신의 뜻대로 결론을 내리게 된다. "경험이 부족한 직원들이 뭘 알겠어……."라는 식으로 무시하거나 새로운 아이디어를 제시해도 "내가 예전에 다 해봤어. 이름만 다르고 똑같은 거야."라는 식으로 반응하는 것이다. 결국 직원들은 스스로 고민하고 아이디어를 제시하려는 동기가 사라지고 그냥 경영자의 판단에만 의존하는 타율적인 조직문화가 형성되면서 점차 새로운 경영환경에서 도

태되게 된다. 『아웃라이어』의 저자 말콤 글래드웰은 "나이가 들고 직급이 올라갈수록 자신이 내린 판단을 과대 평가한다."라고 했다. 또한 『에고노믹스』의 저자인 데이비드 마컴은 "자신감이 지나치면 더 이상 배울 것이 없다는 착각에 빠져 자신도 모르는 사이에 우물 안 개구리가 된다."라고도 했다.

조직행동론의 세계적 권위자인 스탠퍼드대학교 칩 히스 교수는 저서 『자신 있게 결정하라』에서 '리더의 직관보다 체계적인 의사결정 프로세스'가 6배나 더 좋은 결과를 나타냈다고 강조했다. 그리고 바람직한 의사결정 프로세스를 4단계로 정리했다. 1단계, '할까, 말까?' 고민될 때는 여러 다른 선택지를 찾는다. 2단계, 냉철한 분석으로 모든 옵션을 검증한다. 3단계, 최종안을 확정하기 전에 의도적으로 심리적 거리를 두고 좀 더 객관적으로 판단할 수 있는 외부 관점에서 다시 검토한다. 마지막으로 4단계, 선택의 결과에 대한 최악의 시나리오를 상상해 본다. 그리고 이 모든 과정에 리더가 확증편향의 함정에 빠지지 않도록 관리하는 프로세스가 반드시 포함돼야 하는 것이 핵심이라고 했다.

근거 없는 자신감에 사로잡힌 리더가 조직을 망친다

오랫동안 한 분야에서 업적을 이룬 경영자들은 대부분 자신의 판단에 대해 강한 확신을 한다. 그래서 우수 인재를 한눈에 알아볼 수도 있고 유망사업을 보는 안목도 남들보다 뛰어나다는 근거 없는 자신감을 보이는 것이다. 그리고 그러한 자신감을 마치 체계적인 사고의 산물로 착각하게 된다. 미국 심리학자 에드워드 손다이크는 부하 병사들에 대한 군대 지휘관들의 역량 평가 결과를 분석한 결과 뚜렷한 공통점을 발견했다. 체격이 좋고 잘생긴 병사는 충성심, 신뢰성, 용맹성, 리더십 항목에서 우수한 평가를 받았고 그렇지 않은 병사는 모든 항목에서 낮은 평가를 받은 것이다. 결국 사람을 보는 눈이란 자신의 주관적인 경험으로 뽑을 만한 이유를 만들고 단지 그것을 합리화하는 '타당성 착각'이라는 것이다. 입사 후 누가 더 훌륭한 성과를 낼지는 아무도 장담할 수 없다. 하지만 많은 리더가 자신도 모르는 사이에 학력이나 외모 등에 따른 후광효과로 인해 '척 보면 알 수 있다.'는 심각한 인지 편향에 빠지게 되는 것이다.

또한 리더들은 '집단사고Groupthink'의 위험성을 극도로 경계해야 한다. 항공사 스위스에어Swissair는 튼튼한 재무구조를 장점으로 유럽에서 가장 신뢰받는 기업이었지만 2002년 파산했다. 여러 문제가 있었지만 직접적 원인은 과도한 인수합병이었다. 유럽연합의 출범과 저가 항공 시대의 개막으로 항공업계의 경쟁이 치열해지자 스위스에어는 수많은 다른 항공사를 인수했다. 그러나 그 과정에서 발생하게 될 재무구조 악화에 대한 내부의 반대의견은 없었다. 당시 스위스에어는 경영진의 독단을 견제하기 위해 운영해 온 외부 경영자문단을 대폭 축소한 상태였고 최종 의사결정 과정에는 과거의 영광을 함께 이뤄낸 임원들만 참여했다. 공격적인 인수합병의 위험성을 지적하는 목소리가 내부에서 나오지 않은 이유다. 당시 파산하기 직전 스위스에어의 상황은 2006년 스위스 영화 「착륙-스위스에어의 마지막 날Grounding-The last days of Swissair」에 자세하게 담겨 세상에 공개됐다.

이렇게 집단사고의 의사결정 시스템에서 자주 드러나는 문제

중 하나가 바로 맹목적인 충성심을 보이는 이른바 '마인드 가드Mindguards'가 경영진 주변에 포진하고 있다는 것이다. 이들은 최종 의사결정 과정에서 리더의 잘못된 판단을 지지하는 호위병 역할을 담당한다. 이런 상황에서는 경영자는 판단의 오류를 확인하고 수정할 기회를 얻지 못하며 편향은 더욱 증폭된다. 기업이든 국가든 집단사고의 조직은 어리석은 의사결정을 반복하고 결과는 모두가 감당해야 하는 비극으로 귀결될 수밖에 없다.

이제 경영자가 독단적으로 의사결정을 하던 시대는 지나갔다. 조직 내 다양한 생각을 빠르게 연결하고 융합해 창의적 아이디어를 지속적으로 창출해야 한다. 하지만 집단지성을 위해 조직 내 의견을 모은다고 한들 경영자의 심기 보좌 문화가 구축된 곳에서는 그 의미가 없다. 경영자는 전체 조직 구성원들 안으로 들어가 그들과 함께 제대로 된 집단지성을 만들어낼 수 있는 의사결정 설계자가 되어야 한다. 집단지성 플랫폼이 경영자에게 부여된 새로운 미션인 것이다.

3
권력 지향 리더도 착한 리더도 아닌 책임 리더가 필요하다

"권위에 중독된 리더도, 착한 척만 하는 리더도
결국 조직을 망친다."

권력이 심리에 미치는 영향을 연구한 독일 콜로그네 대학교 요리스 라메르스 교수는 논문 「권력은 사람을 가식적으로 만든다」에서 재미있는 실험 내용을 소개했다. '세입자가 편법을 쓰면 원하는 집에 빨리 입주할 기회가 생긴다. 이럴 때 세입자는 편법을 써도 괜찮을까?'라는 질문을 던졌을 때 권력 지향적인 사람들이 그렇지 않은 사람들보다 훨씬 강하게 반대했다고 한다. 그러나 '만약 세입자가 당신이라면?'으로 질문을 바꾸자 권력감이 높은 사람들, 즉 자신에게 권력이 있다고 느끼는 사람들이 더 많은 편법을 쓰겠다고 답변했다는 것이다. 집단에서 힘이 강할수록 남에게는 엄격한 기준을 들이대고 자신에게는 느슨한 잣대를 적용하는 뻔뻔함을 드러낸 것이다. 전형적인 내로남불을 보여주는 단면이다. 권력을 가진 사람일수록 더욱 사회를 깜짝 놀라게 할 엄청난 탈법과 불법을 저지르는 이유다.

그런데 이는 단지 심리적 영향만이 아닌 것으로 밝혀졌다. 세계적인 뇌과학자인 이안 로버트슨 교수는 보통 사람들도 권력을 갖게 되면 도파민과 테스토스테론이라는 호르몬 수치가 높아지는 현상을 발견한 것이다. 도파민과 테스토스테론은 '사람을 강하게 만들고 목표에 대한 집중력을 높이지만 동시에 냉혹하고 위선적인 성격으로 변화시켜 판단력을 흐리게 하는' 호르몬으로 알려져 있다. 그래서 직장에서 승진해 높은 자리에 올라가면 자신도 모르는 사이에 언제든 위선적이며 냉혹한 사람으로 변할 위험을 안게 된다는 것이다.

갓 콤플렉스에 빠진 리더가 조직을 망친다

오랫동안 높은 자리에 있거나 막강한 권력을 가진 리더들에게 자주 나타나는 성향이 갓 콤플렉스God Complex다. 갓 콤플렉스는 일단 자신이 남들보다 월등히 우월한 존재라는 인식에서 출발한다. 그래서 자신이 실제 가진 능력보다 스스로를 극단적으로 과대평가하면서 권한과 지위를 남용하게 된다. 자신의 판단이 틀렸을 가능성을 절대 인정하지 않기 때문에 집단의 규범을 쉽게 무시하며 원하는 것을 무조건 관철하기 위해 무리수를 두기도 한다.

갓 콤플렉스형 리더는 권위주의적 조직문화에서 자주 발견된다. 이들은 부하직원과 건강한 커뮤니케이션이 어렵다. 자신은 항상 옳다고 생각한다. 부하직원의 의견은 전혀 관심이 없고 어떠한 비판도 수용하지 않는다. 아무리 논리적으로 접근해도 소용이 없다. 이러한 리더는 다른 사람들보다 확증편향이 매우 강해서 오로지 자신의 주장만을 견지하고 절대 물러서지 않기 때문에 사실상 논리적 대화가 불가능하다. 이러한 리더의 질문은 '답정너'인 경우가 대부분이고 경청보다는 자신이 정답을 제시하는 방식의 회의를 선호한다. 그리고 자신의 권위를 지키는 데 목을 맨다. 그렇기 때문에 자주 부하직원을 비난하는 언행으로 이어진다. 간혹 이런 행동을 비판적 사고로 포장하기도 하지만 단지 비난에 불과하다.

비판적 사고는 객관적, 통계적, 합리적 근거를 바탕으로 낙관적 과신을 경계하는 데 주력하게 된다. 따라서 문제해결 중심의 회의가 가능하지만 비난은 인신공격에 초점을 맞추게 된다. 갓 콤플렉스에 빠진 리더는 업무의 내용이 아니고 업무를 담당하는 사람을 낙인찍는다. 예를 들어 "당신의 보고서 내용에 문제가 있습니다."라고 말하지 않고 "당신은 정말 문제입니다."라고 말하는 식이다. 그래서 갓 콤플렉스형 리더의 옆에는 아첨에 능한 직원만이 살아남는다. 결국 유능한 직원은 떠나고 조직은 망가지게 된다.

굿 가이 콤플렉스에 빠진 리더가 조직을 퇴보시킨다

이와 반대로 모든 사람에게 착한 사람으로 평가받고 싶은 강박관념이 리더십의 유형으로 나타나는 경우가 있다. 바로 굿 가이 콤플렉스Good Guy Complex다. 타인을 지나치게 의식하고 어떠한 건전한 비판도 하지 않는 나이스 가이 신드롬Nice guy syndrome과 일맥상통한다. 이들은 늘 '좋은 게 좋은 것'이라는 태도를 견지한다. 누구에게도 욕을 먹지 않을 선택을 선호하는 것이다. 설사 부하직원이 잘못해도 나서서 행동하지 않는다. 리더가 반드시 개입해야 하는 껄끄러운 이슈가 발생해도 회피해버리는 황당한 태도를 보이기도 한다. '방 안의 코끼리'라는 말이 있다. 모두가 잘못됐다는 사실을 알면서도 그 누구도 얘기하지 않는 현상을 가리킨다. 보통 리더가 문제 제기를 싫어하거나 말을 꺼내 봤자 손해만 보리라 생각할 때 나타나는 현상으로 망가진 커뮤니케이션의 전형이다.

분노와 갈등을 피하는 게 우선인 '착한(?)' 리더들은 적극적 소통을 회피한다. 따라서 갈등관리 능력도 전혀 없다. 가령 계획에 없던 업무가 팀에 부과돼 업무 부담이 폭증한다면 효율적인 업무 조정이 필요하게 된다. 이때 착한 리더이고 싶은 상사의 선택은 두 가지다. 무조건 공평하게 n분의 1로 나누거나 차라리 자기가 모든 걸 떠안는 것이다. 혼자 일을 껴안고 야근하는 팀장들은 주변에서 많이 볼 수 있다. 이런 팀장은 상사로서는 매우 무능하지만 오히려 부하직원 입장에서는 편하다. 그러나 몸만 편할 뿐 그 조직에서 성장할 수가 없다. 상사로부터 적절한 피드백을 받지 못하니 몇 년이 지나도 자신의 업무능력에 대한 객관적 평가와 개발이 어렵기 때문이다.

대부분 회사들이 인사고과에서 상대평가를 채택하고 있다. 이때 착한 리더들의 무능함이 적나라하게 드러난다. 모든 팀원에게 욕을 먹고 싶지 않은 굿 가이 콤플렉스형 팀장은 나름의 공평(?)한 고과 방법을 찾는다. 돌아가면서 모두에게 골고루 좋고 나쁜 고과를 주겠다는 생각이다. 그럼 팀원들이 만족할까? 전혀 그렇지 않을 것이다. 그렇게 되면 최선을 다할 이유가 없기 때문이다. 열심히 해도 어차피 골고루 바보가 되는 팀에는 머무를 이유도 없게 된다. 특히 우수한 직원일수록 자신의 몸값을 제대로 받을 수 있는 곳으로 옮기는 게 현명하다고 생각할 것이다. 반면 능력이 부족한 직원들은 조직에 오래 남는 게 이익이 된다.

굿 가이 콤플렉스형 리더는 "모두를 생각한다."라고 항변하지만 사실은 자신만을 위한 이기심으로 가득 차 있는 것이다. 인기 관리는 리더의 역할이 아니다. 리더는 조직의 성과와 팀원의 성장을 관리할 책임이 있고 때로는 갈등과 분노를 기꺼이 감당하는 결정을 내려야 한다. 기업에서 굿 가이 콤플렉스형 리더를 갓 콤플렉스형 리더보다 더 위험하다고 평가하는 이유는 조직을 확실하게 퇴보하는 방향으로 유도하기 때문이다.

결국 갓 콤플렉스형 리더와 굿 가이 콤플렉스형 리더 모두 조직에 심각한 문제를 일으킬 수 있다. 진정한 리더는 명확한 기준과 솔직한 피드백을 통해 팀을 이끌며 때로는 불편한 결정을 내릴 수 있어야 한다. 조직의 성과와 미래는 리더가 얼마나 용기 있게 책임감 있는 행동을 하느냐에 달려 있는지 명심해야 할 것이다.

4
왜 팀 안에서는 열심히 일할수록
손해처럼 느껴지는가

"사람들은 내 일이 의미 있다고 느낄 때
절대 묻어가지 않는다."

"○○○은 아무것도 한 것이 없는데 운이 좋아서 인센티브를 받는다."

평가 시즌이 되면 자주 나오는 불만들이다. 그러나 이것은 괜한 볼멘소리가 아니다. 사람인의 설문조사에 따르면 국내기업 응답자의 65%가 동료들의 노력에 편승하는 무임승차형 직원이 있다고 답했다.

경제학에서 무임승차는 재화나 서비스를 이용하면서 정당한 비용을 지급하지 않고 이익만 챙기려는 행동을 말한다. 프랑스의 농공학자 막시밀리앙 링겔만은 집단 내에서 무임승차를 하는 심리를 간단한 줄다리기 실험을 통해 증명했다. 줄다리기에 참여하는 사람들은 모두 100만큼의 힘을 쓸 수 있다. 혼자서는 100이라는 힘을 모두 사용하지만 2명이 한 팀이 되면 각자 93 정도의 힘을 쓰고 3명이 되면 85 정도의 힘만 쓰는 것으로 나타났다. 계속 인원이 늘어나서 8명이 되면 각자 개인들은 49 수준의 힘을 사용했다. 여기서 유래해서 혼자서 일할 때보다 집단에서 함께 일할 때 노력을 덜 기울이는 이런 심리 현상을 링겔만 효과 Ringelmann Effect라고 한다. 링겔만 효과는 여러 명이 함께 일하면 자연스럽게 무임승차 현상이 생긴다는 사실을 의미한다. 노력은 덜 하면서 성과는 똑같이 챙기려는 무임승차 현상이 지속되면 이는 곧 '공정성' 이슈로 불거지게 된다. 그런데 공정성이 깨졌다고 느끼는 순간 구성원들은 성과도 실패도 책임지지 않으려고 하게 된다는 문제가 발생하는 것이다.

호구가 안 되려는 심리가 생산성을 떨어뜨린다

개인의 역량이 절대적인 일부 특화된 전문 직군 외에 조직의 업무는 대부분 팀으로 진행된다. 팀은 곧 협력을 의미하며 시너지에 대한 기대로 연결된다. 실제로 팀의 성과 목표는 '1+1=2'가 아닌 '2+a'가 돼야 한다. 그러나 현실은 머릿속 계산과는 자주 다른 방향으로 흘러간다.

링겔만 효과가 나타나는 이유는 여러 인원이 공동의 과제를 수행할 때 개인의 기여도와 책임을 분명하게 가리는 게 쉽지 않기 때문이다. '나 하나쯤이야.'라는 방관자 효과 Bystander effect가 발생하는 것이다. 방관자 효과는 사람이 많을수록 오히려 위험에 처한 사람을 돕지 않는다는 심리학 용어다. 사회심리학자 빕 라탄과 존 달리가 수행한 실험은 집단 내에서 책임이 분산될 때 사람들의 행동을 잘 보여준다. 서로 모르는 학생들이 모인 자리에서 한 명이 갑자기 발작을 일으켰을 때 단둘만 있을 때 85%가 도움을 요청했지만 네 명으로 늘어나면 이 비율은 31%로 급락했다. 사람이 많아질수록

'내가 굳이 나서지 않아도 된다.'라는 심리가 작동하기 때문이다. 개인의 기여도가 분명하게 드러나지도 않고 문제 상황에 대한 책임 여부도 가리기 어려운 환경이라면 열심히 일하는 사람만 손해라고 인식하게 되는 것이다. 이런 경우 조직원들은 옆 동료가 일하는 만큼만 일하기로 마음먹게 된다. 호구가 되고 싶지 않은 심리가 만들어낸 '바보 효과Sucker effect'다. 이로 인해 조직 전체의 업무 수행 수준은 떨어지고 생산성은 하락하게 되는 것이다.

링겔만 효과는 직원들이 조직 내에서 자신의 가치를 스스로 인정하지 못할 때도 나타난다. 자신이 조직에 기여하는 바가 별로 없다고 인식하면 스스로에게도 이익이 되지 않는 업무를 한다고 느끼게 된다. 그렇게 되면 자연스럽게 공동의 목표 달성을 위해 적극적으로 참여하지 않게 되고 만성적 문제 행동을 반복하는 최악의 상황이 발생하는 것이다. 국내기업들이 진단한 무임승차형 직원의 가장 흔한 모습은 '시간이 지나도 발전이 없다.'라는 것이다. 쉬운 일만 찾아서 하고 회의 시간에도 적극적으로 의견을 개진하지 않는다. 더욱 심각한 것은 기본적으로 승진에 크게 관심이 없어서 성과에 대한 욕심도 내지 않는다는 것이다. 그러면서 변명과 아부만 늘어나게 된다는 것이다.

이러한 링겔만 효과는 명확한 규칙과 리더의 빠른 개입으로 제어할 수 있다. 조직 내에 무임승차의 분위기가 나타날 때 빠르게 개입하지 않는 건 리더의 직무 유기다. 이때 리더의 개입은 명확한 근거가 있어야 한다. 실행력 있는 약속과 구체적 규칙이 없는 개입은 또 다른 불만을 만들 수 있기 때문이다.

공동 프로젝트에 참여하는 개인은 누구나 각자의 이익을 기대한다. 경제활동에서 이익을 추구하는 것은 당연한 것이다. 하지만 자신은 노력은 하지 않으면서 타인의 노력에 무임승차를 하는 것은 매우 비도덕적이고 동시에 협력을 망치는 위험한 행위가 된다.

자신의 역할에 자긍심을 갖도록 해야 한다

링겔만 효과의 차단은 개인의 기여도를 인정하는 데서 출발한다. 따라서 업무 성과를 평가할 때는 반드시 개인의 성과를 함께 인정하고 합당한 보상이 가능한 시스템이 필요하다. 이때 주의할 점은 사람들은 흔히 자신의 기여도를 과대평가하는 이케아 효과에 빠지기 쉽다는 것이다. 이를 방지하기 위해서 평가의 과정과 결과를 투명하게 공유해 공정성을 확보하는 것이 중요하다. 만약 조직 내에서 '묻어가도 괜찮다.'라는 분위기가 퍼진다면 이는 평가 시스템이 불공정하다는 신호로 받아들여야 한다.

물론 업무 특성상 개인의 기여도를 명확하게 구분하기 어려운 상황도 비일비재하다. 이때가 리더십이 필요한 시점이다. 관심, 인정, 보상은 리더십의 핵심이다. 평소 리더가 수치로는 드러나지 않는 각 개인의 기여도를 파악하고 있고 또 중요하게 인식하고 있다는 사실을 조직원들이 분명하게 알고 있어야 한다. 만약 조직 내 무임승차의 태도가 나타난다면 신속히 합당한 경고가 있어야 한다. 중요한 것은 제때 작동하는 룰이다. 정해진 원칙에 따른 일관성이 지켜질 때 조직원들은 리더를 따르게 된다.

그런데 의도적 무임승차자가 아닌 비자발적 무임승차자가 되는 현상은 어떻게 관리할 수 있을까? 의도적이지 않은 무임승차는 주로 자기 역할의 정체성과 가치를 잃었을 때 나타나게 된다. 이는 전형적으로 내적 동기부여에 실패한 경우로 비금전적 보상을 통해 보완할 수 있다. 구성원들 스스로 마음을 움직일 수 있어야 자신이 맡은 업무의 가치를 인정하게 되고 협력의 중요성을 인식함으로써 비자발적 무임승차의 대열에서 빠져나올 수 있는 것이다.

링겔만 효과는 조직의 크기와 매우 밀접한 관계가 있다. 구성원이 많아질수록 충분한 의사소통이 쉽지 않고 공동의 목표를 이해하고 공유하기도 어렵기 때문이다. 자연스럽게 팀워크가 떨어지고 어떻게 힘을 모아야 하는지 몰라 어느 시점에 이르면 자신의 능력을 100% 발휘하지 않게 된다. 그래서 아마존은 팀을 구성할 때 '피자 두 판의 원칙'을 고수하는 것으로 유명하다. '하나의 팀이 함께 식사할 때 피자 2판 이상이 필요하면 안 된다.'라는 제프 베이조스의 지시에 따른 것으로 피자 2판으로 식사를 할 수 있는 6~10명의 팀이 링겔만 효과를 차단할 수 있는 적절한 팀의 크기라는 것이다.

하지만 링겔만 효과는 단지 조직의 인원수, 즉 조직의 규모를 작게 유지하는 것만으로 예방할 수 있는 것은 아니다. 조직의 규모보다 더 중요한 것은 누군가의 일방적 결정과 지시가 아니라 구성원이 함께 참여해 협력의 룰을 만드는 과정이다. 자신의 역할에 자긍심을 가진 구성원은 결코 무임승차를 하지 않는다.

5
리더는 듣지 않고 자신의 판단을 확인받는 질문만 던진다

"변화의 가장 큰 장애물은 변화하겠다고 말만 하는
리더 자신이다."

조직에서 타성이 강한 부류는 힘과 권한을 가진 리더들이다. 과거의 방식이 익숙한 이들은 기존의 체제를 고수하려는 현상 유지 편향이 매우 강하고 과거 성공 경험을 통해 축적한 직관과 지식을 지나치게 과신하기 때문에 자신들의 판단이 틀릴 수 있다는 사실을 인정하지 않는다. 문제는 이런 리더들의 편향성이 빠르게 조직문화로 확산되는 것이다. 나쁜 리더십은 좋은 리더십보다 더 빠르게 조직을 오염시키는 특성이 있다. 사람들은 긍정적 경험보다 부정적 경험에 더 민감하다. 그리고 부정적 경험은 사고와 활동의 범위를 축소시킨다. 그뿐만 아니라 부정적 경험을 극복하려면 무려 5배의 긍정적 경험이 필요하다는 연구결과도 있다.

성공 경험이 많은 리더일수록 귀를 기울이지 않는다
리더는 대체로 듣기보다 자신의 생각을 전달하는 데 치중하는 경향이 강하다. 듣기는 듣지만 의미를 파악하는 데 주력하지 않는다. 그보다는 자신의 생각을 잘 알아들었는지 확인하는 데 더 신경을 쓴다. 그러다 보니 구성원들의 생각을 제대로 이해하지 못하게 된다. 물론 자신이 잘못 이해할 수 있다는 사실조차 인식하지 못하는 경우가 대부분이다. 과거의 성공 경험에 사로잡힌 리더는 자신이 가장 전문가이고 잘 알고 있다는 착각에 다른 사람, 특히 직원들의 생각에 귀를 기울이려고 하지 않는다.

리더의 관점만을 정상으로 인식하는 조직은 극단화된다

세계적인 컨설팅회사 딜로이트의 대표이자 혁신과 전략 전문가인 제프 터프는 '리더의 잘못된 질문'이 조직의 혁신을 죽인다고 지적한다. 예를 들어 신사업 개발 회의를 하는데 사전에 '어떠한 제한도 없는 허심탄회한 자유토론'이라고 여러 번 공지했기 때문에 직원들은 다양한 아이디어를 야심 차게 준비한 상태로 회의에 임하고 있다. 그런데 회의 내내 조용히 듣던 임원들이 질문을 시작한다. '내부수익률이 너무 낮은 것이 아닌가?' '어디를 벤치마킹했는가?' '인원을 좀 줄일 수는 없는가?' '비용을 낮출 수는 없는가?' 등 온통 어떻게 성공을 입증할 것인지를 묻는 내용뿐이다. 임원들의 질문은 단지 성공 가능성과 코앞의 수익성을 증명하라는 요구이고 직원들이 밤을 새우며 고민한 아이디어의 배경, 장기적인 방향성, 혁신성 등은 뒷전이다. 성공을 입증할 수 있어야만 사업 아이디어를 제안할 수 있는 분위기에서 혁신의 돌파구를 찾을 방법은 없다. 이러한 상황이 연출되는 한 직원들은 다시는 어떠한 노력도 하지 않고 침묵을 택하게 된다.

회사에서 수평적 조직문화를 만들자며 모든 임직원의 호칭을 직책과 상관없이 '님'으로 통일하자고 해놓고 경영진은 예외로 하는 경우가 많다. 임원에게는 직급·직책을 붙여 부르게 하고 직원들에게는 "홍길동님 커피 타와."라는 식으로 말한다면 조직문화가 선진화될 수 있을까? 호칭과 함께 바뀌어야 하는 조직문화가 무엇인지 고민하지 않고 겉치레에만 신경 쓰는 조직에는 미래가 없다. 솔선수범이 없이 직원들에게만 바뀌라고 강요하는 분수효과는 공염불에 불과하다. 경영진의 의지와 실천이 무엇보다 중요한 이유다.

사람들은 모두 자신의 지식과 경험에 따라 만들어진 관점인 프레임에 따라 세상을 해석하지만 조직의 다양성을 용인하지 않고 리더의 관점만을 정상으로 인식하는 조직은 결국 극단화된다. 그래서 직원들의 뛰어난 아이디어나 의견도 리더가 만든 정상 프레임에서 벗어나면 비난의 대상이 되고 마는 것이다. 하버드대학교 선스타인 교수는 조직의 모든 멍청한 의사결정은 집단의 극단화로부터 나온다고 했다. 결국 조직이 잘 바뀌지 않는 이유는 리더가 자신들도 인지하지 못한 상태에서 만들어진 집단타성, 의미 없는 분수효과의 강요, 직원들의 이해 부족에서 오는 인지적 편향성으로 요약될 수 있다.

정상과 비정상이라는 프레임이 작동하는 순간 직원들은 입을 닫게 되고 결국 침묵은 타성이 된다. 새로 영입된 젊고 능력 있는 인재들도 침묵할 수밖에 없게 되고 결국 유능한 직원은 떠나고 무능한 리더만 남게 되는 것이다.

6
기억은 사건이 아닌 감정의 산물이고
사실이 아닐 수 있다

"당신이 기억하는 모든 것은 사실이 아닐 수도 있다."

오랜만에 학창시절 동창생도 만나고 함께 일했던 동료들과 과거를 회상하며 즐거운 시간을 보낼 때가 있다. 이런 자리에는 마치 동영상이나 사진을 보고 있는 것과 같이 옛날얘기를 완벽하게 재생하는 친구들이 한두 명쯤 있다. 그들은 소위 '포토그래픽 메모리(완벽한 기억력)'를 뽐내며 분위기를 주도한다. 그러나 화기애애한 자리가 과거에 대한 기억의 차이로 논쟁을 벌이다 결국 불편한 상태로 끝나는 경우가 종종 있다.

사람들은 매일 무언가를 경험하지만 시간이 지나면 대부분의 경험 정보는 망각된다. 이 때문에 오늘 아침 출근길에 마주친 사람들의 얼굴도, 어제 만난 친구의 넥타이 색깔도, 그제 먹은 점심 메뉴도, 심지어 오늘 회의 시간에 누가 무슨 말을 했는지조차 쉽게 잊는다.

기억은 불안전하고 쉽게 조작된다

기억력은 시간이 흐르면서 약해진다. 오래전에 겪은 일은 내용이 잘 기억나지 않거나 다른 기억과 뒤섞여 뭐가 진짜인지 혼동되기도 한다. 그런데 통념과는 달리 바로 전에 일어난 일에 대해서도 거짓 기억이 형성될 수 있다는 연구결과가 나왔다. '단기 기억 착각'을 연구한 마르테 오텐 네덜란드 암스테르담대학교 심리학과 교수는 "자신이 잘 안다고 생각하거나 무언가를 기대하고 있었다면 불과 3초 전에 일어난 일도 잘못 기억할 수 있기 때문에 아주 최근 기억도 완전히 신뢰할 수 없다."라며 관련 내용을 국제과학학술지『플로스 원Plos One』에 발표했다. 기억은 입력될 때 있는 그대로가 아니라 이전의 경험과 기대가 합쳐지면서 저장된다는 것이다.

크리스토 차브리스 미국 유니온칼리지대학교 심리학과 교수는 세계적 베스트셀러『보이지 않는 고릴라』에서 사람들이 기억하는 내용과 실제와의 차이를 '기억력 착각'이라는 용어로 설명하고 있다. 사람들의 기억은 진짜로 일어났던 일보다는 그것을 느끼는 감정에 좌우되며 다른 사람의 경험도 마치 자신이 겪은 사건처럼 착각한다는 것이다. 또한 충격적이거나 중요한 사건에 대한 선명하고 상세한 기억일수록 착각이 가장 크게 작동되며 사실과는 관계없이 사람들은 자신이 사건의 중심에 있다고 생각하는 성향이 강하기 때문에 착각이 빈번하게 일어난다고 했다. 그래서 중요한 회의에 참석하지 않았는데도 그 자리에 있었다고 믿고 당연히 듣지도 말하지도 않았지만 자신이 중요한 역할을 했다고 착각한다는 것이다.

경험과 기억 사이의 혼동은 강력한 인지적 착각 때문이다. 실제 경험과 기억은 왜곡되기가 쉽다. 예를 들어 월남전에 참전한 군인들을 대상으로 한 연구에 따르면 죄책감으로 인해 전쟁에서 적군을 사살했다고 하는 숫자는 시간이 지날수록 적게 기억하고 있다는 것이다. 과거 실제 경험을 시간이 흐르면서 자신도 모르게 스스로에게 유리한 방향으로 바꾸는 것이다. 또한 목격자들의 심리 가운데 '기억 동조'라는 것이 있다. 다른 목격자의 말을 듣고 나면 자신이 직접 본 것으로 착각하는 효과를 말한다. 이렇듯 기억에는 수많은 요소가 영향을 끼치며 그로 인해 너무 쉽게 방해받거나 왜곡될 수 있다.

2024년 세상을 떠난 미국의 저명한 인지심리학자 래리 자코비는 논문 「하룻밤 사이에 유명해지기Becoming Famous Overnight」에서 가상의 낯선 이름을 자주 본 것만으로 그를 안다고 생각하고 또 유명한 사람으로 착각하게 한다고 했다.

뉴질랜드 빅토리아대학교 심리학과 스테판 린드세이 교수는 기억이 얼마나 쉽게 조작되는지에 관한 연구를 했다. 열기구를 타 본 경험이 없는 실험 대상자들 몰래 그들의 가족들에게 어린 시절 사진을 받아 열기구를 탔던 것처럼 보이게 사진을 조작했다. 그리고 그 사진을 보여주며 기억나는 것을 회상해보라고 했다. 놀랍게도 많은 사람이 어렸을 때 열기구를 탔던 것이 생생하게 기억이 난다고 했다. 심지어 조작된 사진에도 없던 내용마저 상세하게 기억해냈다. 실험이 끝난 뒤 가짜 사진이라고 알려주었지만 기억이 너무 생생해서 열기구를 탄 적 없다는 말이 오히려 거짓이라고 반응했다. 또한 유니버시티 칼리지 런던의 범죄심리학과 줄리아 쇼 교수는 저서 『몹쓸 기억력』에서 우리가 확실하다고 여기는 기억이 얼마나 불완전하며 쉽게 조작될 수 있는지를 강조했다.

기억과 팩트는 괴리가 있을 수 있다

몇 년 전 한 장의 드레스 사진이 인터넷과 소셜미디어를 뜨겁게 달구었다. 사람들이 드레스 색깔을 두고 치열하게 격돌한 것이다. 흰색 바탕에 금색 줄무늬 드레스, 즉 '흰금'이라는 주장과 파란 바탕에 검정 줄무늬 드레스, 즉 '파검'이라는 주장이 팽팽하게 맞섰다. 놀랍게도 이 논쟁에 참여한 사람은 수백만 명이 넘었으며 테일러 스위프트나 줄리앤 무어와 같은 세계적인 톱스타들도 논쟁에 가세했다. '흰금'으로 보는 사람들은 도대체 어떻게 이 드레스가 '파검'으로 보일 수 있는지 이해할 수 없었으며 그 반대도 마찬가지였다. 가십을 다루는 주간지부터 『내셔널 지오그래픽』과 같은 과학 전문 잡지나 심지어는 『뉴욕타임스』 같은 주요 미디어까지 이 기묘한 현상을 설명하려는 시도가 뒤따랐다. 이렇게 같은 것을 보면서도 완전히 다르게 보는 극단적 상황도 나타나고 있다. 그러나 현재까지도 '흰금파검'은 명확하게 정리되지 않고 미스터리로 남아 있다.

그러나 세상에는 오히려 기억력이 너무 좋아서 괴로운 이들도 있다. '과잉기억증후군Hyperthymesia'을 가진 사람들이다. 2006년 처음 학계에 보고됐는데 과거의 아무 날짜나 부르기만 하면 그날이 무슨 요일이었고 무엇을 했는지를 정확하게 기억해내는 놀라운 능력이 있다. 그러나 오히려 이 비범한 기억력으로 인해 고통을 호소하는 사람들이 많다. '외상 후 스트레스 장애PTSD'에 시달리는 것과 같이 항상 과거에 갇혀 있는 느낌이라는 것이다. 기억 연구의 전문가이며 교황청 립히우그란지두술 가톨릭대학교 이반 이스쿠이에르두 교수는 저서 『망각의 기술』에서 사람들이 '지우고 싶은 기억을 삭제하고 중요한 사건과 아름다웠던 시절을 또렷이 기억하고 싶은 마음'은 인생을 살아가기 위해서는 반드시 필요한 요소라고 했다.

　노벨경제학상을 수상한 대니얼 카너먼 교수는 인간에게는 경험자아experiencing self와 기억자아remembering self라는 두 존재가 공존하고 있다고 했다. 경험자아는 현재 내가 경험하는 것을 느끼는 것으로 지금 벌어지는 기쁜 일이나 쾌락은 즐기고 고통이나 괴로움은 피하려 한다는 것이다. 기억자아는 지나간 경험을 회상하고 평가했다. 그는 안타깝게도 이 두 자아는 대부분 일치하지 않는다고 했다. 그는 연구를 통해 인간의 뇌는 모든 경험을 있는 그대로 기억하지 않고 가장 강렬했던 순간peak과 가장 마지막 순간end에 의해 지배를 받는다는 것을 밝혀내고 '피크엔드 법칙peak-end rule'으로 명명했다. 그래서 사람들은 자신의 생생한 경험과 선명한 기억을 토대로 판단한다고 하지만 사실은 팩트와 상당히 큰 괴리가 있을 수 있다는 것이다.

3장

투자할 때 믿음의 함정에 빠지지 마라

1
모든 것을 아는 듯 말한다면
아무것도 모르는 것이다

"진짜 전문가는 '나도 틀릴 수 있다'는 사실을 아는 사람이다."

'중국이 미국을 제치고 세계 최대의 경제 대국이 될 수 있을까?' 라는 질문에 불과 몇 년 전까지만 해도 이 질문의 답은 의심의 여지가 없었지만 현재 전문가들은 엇갈린 답변을 내놓고 있다. 미국 외교협회의 포린 어페어스_{Foreign Affairs}가 2022년 말 전문가 35명에 게 '중국 경제가 궁극적으로 국내총생산_{GDP}에서 미국을 앞설 것'이라는 데 동의하는지를 물었다. 조사결과 동의한다는 응답이 15명, 동의하지 않는다는 응답이 13명으로 팽팽히 맞섰다. 7명은 중립적 입장을 밝혔다.

전문가가 비전문가보다 항상 뛰어나지는 않다

특정 분야에 일반인보다 지식과 경험이 많고 올바른 판단을 내릴 수 있다고 사회가 인정한 사람을 전문가라고 부른다. 전문가는 일반인보다 조직화된 지식을 갖고 있어 외부에 드러난 현상을 원리와 경험을 통해서 관찰하고 문제를 빨리 해결한다. 그래서 그들의 전문성을 인정하고 많은 돈을 지불한다. 그러나 전문가가 비전문가보다 항상 뛰어난 결과를 내는 것은 아니다. 사실 전문가의 능력은 그들의 축적된 지식과 특성이 발휘될 수 있는 상황, 즉 예측 가능한 상황에서만 작동된다. 그러나 빠르게 변화하는 익숙하지 않은 환경이 나타나면 과거의 전문성은 소용이 없으며 오히려 비전문가보다 못한 결과를 나타낸다. 이러한 현상을 파멜라 힌즈 **Pamela J. Hinds** 스탠퍼드대학교의 교수는 '전문가의 저주'라 명명했으며 동명의 논문으로 발표했다.

노벨 물리학상 수상자인 닐스 보어는 전문가란 '아주 좁은 범위에서 발생할 수 있는 모든 오류를 경험한 사람'이라고 정의했다. 그렇기 때문에 자신이 정통한 아주 좁은 분야에 대해서는 능력이 탁월하지만 조금이라도 벗어나면 낭떠러지에서 떨어지듯 모든 문제 해결 능력이 붕괴된다고 했다. '낭떠러지 효과'가 발생하는 것이다. 휘발유 자동차를 수십 년 고쳐온 정비사는 엔진의 소리만 들어도 어디가 고장 났는지 바로 알고 제대로 된 처방을 내릴 수 있다. 패턴인식에 대한 암묵적 지식이 내재화됐기에 가능하다. 그러나 대상이 새롭게 나타난 전기자동차라면 이야기가 달라진다. 기존의 내재화된 지식은 효과를 발휘하지 못한다.

세상의 변화가 매우 빠르게 다가온다. 시간이 지날수록 더욱 가속이 붙는다. 속도가 빠르면 시야가 좁아진다. 시야가 좁아지면 환경 변화를 감지하기 어렵다. 그렇게 되면 현재 전문가의 지식과 경험이 앞으로는 더 이상 유효하지 않은 상황과 맞닥뜨리게 된다. 그러나 이런 상황에서도 많은 전문가가 자신의 권위를 지키기 위해 모르는 것도 안다고 하거나 그럴듯하게 어려운 용어로 포장하여 잘못된 편견이나 선입견을 주장하기도 한다.

지나친 자신감은 무지의 산물일 수 있다

미국 연방공개시장위원회FOMC가 언제 금리를 내릴 것인가를 놓고 전문가들이 나름대로 근거를 토대로 각기 다른 주장을 하고 있다. 우크라이나와 러시아의 전쟁, 이스라엘과 팔레스타인 전쟁이 세계 유가와 경제에 미치는 영향에 대해서도 갑론을박하고 있다. 결과는 모른다. 아니, 모를 수밖에 없다. 현재의 지식들이 아주 빠르게 쓸모없는 무용지식이 되는 변화의 소용돌이 속에서 천문학적 변수가 도사리는 미래를 예측한다는 것 자체가 어불성설이다. 그러나 상황이 종료되고 나면 언제나 그랬듯이 수많은 전문가가 등장해서 자신은 왜 그렇게 됐는지 이미 다 알고 있었다고 주장한다.

'복합평등론'을 주장한 미국의 철학자인 마이클 왈저Michael Walzer는 '각각의 가치 영역은 다른 가치의 영역을 침범해서는 안 되며 한 가치 영역에서의 높은 지위를 이용해서 다른 영역의 가치를 넘보는 것은 막아야 된다.'고 주장했다. 진정한 전문가는 자신의 의견은 분명히 가지고 있지만 언제든지 자신도 틀릴 수도, 모를 수도 있다는 것을 인정하며 자신의 주장에 집착하지 않고 새로운 것을 끊임없이 습득하려는 지적 겸손의 소유자여야 한다. 다른 사람들에게 영향력을 행사하려는 전문가는 '지나친 자신감은 실력이 아닌 무지의 결과물일 수 있다.'는 사실을 겸허하게 되새겨 보아야 할 것이다.

2
매도는 없는 매수 일변도의
리포트가 시장을 망친다

"불편한 진실을 말할 수 있는 용기에서
건강한 투자 환경이 만들어진다."

전 세계 시가총액 1, 2위를 다투는 애플과 마이크로소프트의 주식도 다양한 이유로 매도 의견이 나온다. 그런데 국내 상장사에 대한 매도 리포트는 찾아볼 수가 없다. 한국경제신문 분석에 따르면 2023년 4분기에 발표된 총 4,021개 국내 증권사 기업 분석 보고서에서 매도 의견은 단 2개뿐이었다. 2,000개 중 1개도 안 된다. 이처럼 우리나라에서는 매도 리포트를 내지 않는 것을 당연하게 여긴다. 국내외 환경이 급변해서 경영환경이 나빠지고 회사 내부에 안 좋은 뉴스가 있어도 매도 의견은 없다. 주식을 사라는 의견뿐이다.

실제 사례로 2023년 주가조작으로 물의를 빚었던 영풍제지의 주가는 3,171원에서 5만 4,200원으로 1년 동안 무려 17배나 상승했지만 매도 의견 리포트는 찾아보기 어려웠다. 이후 주가는 20분의 1토막이 나 2024년 1월 22일 기준으로 2,690원을 기록했다.

또한 2023년 상반기에 떠들썩했던 이른바 '라덕연 주가조작' 사태도 비정상적인 주가 폭등에 대한 문제의식과 전문가들의 소신 있는 리포트의 부재가 사태를 키우고 더욱 악화시켰다.

이 같은 '매수 일변도' 관행으로 인한 부작용을 해소하고자 금융당국은 간담회도 열고 TF도 꾸렸다. 애널리스트의 성과 평가, 예산배분, 공시 방식 개선 및 독립 리서치 제도 도입 등을 통해 매도와 매수에 대한 소신 있고 균형 잡힌 보고서를 낼 수 있게 하겠다는 것이다. 그러나 개선 방안은 아직 검토 수준에 머물고 있다. 증권사의 '매수 의견' 관행은 여전히 개선되지 않았다. 금융투자협회 공시에 따르면 2023년 3분기와 4분기를 기준으로 1년간 국내 증권사 리포트에서 매도 의견 비율은 0.14%에 불과했으며, 이는 외국계 증권사와 100배나 차이가 나는 수치다. 개선의 의지를 갖고 출범한 금융당국의 TF가 별다른 성과는 내지 못하는 사이 매수 일변도 관행은 계속되고 있다.

위축된 애널리스트들은 어쩔 수 없다

왜 이렇게 비정상적인 상황이 지속되는 걸까?

그 이유는 대체로 다섯 가지 정도로 정리할 수 있다. 첫째는 '기업과의 관계' 때문이다. 애널리스트가 회사 전망을 부정적으로 평가해 매도 의견을 내면 해당 회사로부터 자료를 받지 못하거나 심지어는 출입 금지를 당하는 일이 발생한다고 한다. 계속해서 정보를 받아야 하는 입장에서는 어쩔 수 없다는 논리다.

둘째는 '고객과의 관계'다. 리포트를 읽는 사람들이 대부분 해당 기업의 주주라 매도 의견을 냈다가 주가가 내려가면 주주들의 원성을 사게 된다. 회사의 실적이 안 좋아져서 주가가 내려갔어도 애먼 애널리스트가 비난받게 되는 것이다. 실제로 2023년에 주가가 급등한 에코프로에 대한 매도 의견을 낸 애널리스트가 출근길에 주주들로부터 협박과 봉변을 당한 일도 있었다. 또한 증권사 입장에서는 기업들을 상대로 영업도 많이 하기 때문에 해당 기업이 기업공개, 유·무상 증자, 회사채 발행할 때 참여하려면 고객을 곤란하게 만들면 안 되기 때문이다. 결국 모든 상장기업은 잠재고객이라 나쁜 정보가 담긴 매도 의견은 금물이다.

셋째, 애널리스트 개인의 이해관계가 있다. 주요 경제 매체가 매년 국내 연기금, 자산운용사, 은행, 보험사 등의 펀드매니저들을 대상으로 '베스트 애널리스트'를 선정한다. 그런데 매도 의견을 내는 애널리스트는 인기가 없을 수밖에 없다. 투자수익을 극대화해야 하는 펀드매니저들에게 주식을 팔아야 한다는 정보가 그리 달가울 리 없기 때문이다.

넷째, 설사 리포트가 틀리더라도 회사로부터 특별히 불이익을 당하는 경우가 드물다. 주식시장 생태계를 구성하는 기업, 주주, 증권사, 애널리스트 모두 매수 의견을 원하는 상황이다. 그래서 예상과 많이 빗나가도 여러 가지 시장 환경이나 외부 돌발변수 등으로 쉽게 변명거리를 만들 수 있고 회사에서도 별다른 제재가 없다. 그래서 매도 의견을 내느니 차라리 그냥 해당 기업 보고서를 내지 않게 된다.

다섯째, 굳이 매도 의견을 써야 할 인센티브가 없다. 매도 의견을 제시해서 예상과 같이 주가가 내려갔다고 해서 회사로부터 칭찬이나 베스트 애널리스트가 되는 것도 아니다. 그렇다고 특별한 보너스가 있는 것도 아니다. 공정한 리포트가 발간되면 투자자들에게는 큰 도움이 되지만 정작 애널리스트에게 돌아갈 메리트는 없다는 것이다.

리포트는 언제까지나 투자 참고용이다

문제는 리포트가 매수 의견 일변도다 보니 웃지 못할 상황도 벌어진다. 애널리스트가 매수 의견을 냈는데 해당 증권사가 매도를 주도하는 경우다. 애널리스트들이 주식을 거래하는 펀드매니저들을 컨트롤 할 수 위치에 있지도 않고 긍정적인 리포트를 기다렸다가 주가가 상승하면 매각해서 수익을 극대화하려는 펀드매니저도 많기 때문이다. 심지어는 애널리스트가 특정 기업 주식을 미리 매집한 뒤 과도하게 포장한 매수 리포트를 쓰는 경우도 있다. 이에 대한 규제를 강력하게 하고는 있지만 거의 모든 리포트가 매수인데 부정한 의도가 있더라도 잡아내기는 쉽지는 않다. 그래서 가끔 중소형주에서 안 좋은 사례가 발생하기도 한다. 위법 행위에 대한 처벌은 강화되고 있지만 매수 일변도의 리포트 관행에는 별로 영향을 주지 못하고 있다.

그러나 사실 모든 리포트가 '매수' 의견이라고 해도 결과가 맞는다면 비판하기 어렵다. 그런데 생각과 달리 맞는다거나 틀렸다고 판단하는 것이 쉽지 않다. 항상 매수를 외치다 보면 언젠가는 맞는 때도 있기 때문이다. 매수 리포트를 낸 후 주가가 급락해도 급락한 후에 매수한 사람은 리포트 내용이 맞았다고 생각하게 된다. 거의 모든 주가는 위아래로 등락하기 때문에 일시적이라도 언젠가 한번은 맞는다. 마치 "고장 난 시계도 하루에 두 번은 맞는다."라는 격이다. 일정 기간으로 보면 주가의 방향이나 예상 주가를 맞춘 보고서는 많지 않다. 만약 리포트를 보고 주식을 사서 돈을 벌 수 있다면 모든 사람이 이미 다 돈을 벌었을 것이다. 리포트는 어디까지나 투자 참고용이다. 그래서 맞고 틀리는 것을 따지는 것은 의미가 없다. 투자에 대한 책임은 전적으로 투자자에게 있기 때문이다.

한국 주식시장이 상대적으로 저평가됐다는 소위 '코리아 디스카운트'의 원인에 대한 해석은 다양하지만 일반적으로 재벌의 비정상적 지배구조, 정부의 과도한 규제, 경직된 노동시장 등이 복합적으로 작용하고 있다는 데 이견은 없다. 그러나 그보다 훨씬 중요한 것은 시장 전문가들이 자신들의 이해관계에 따라 잘못된 정보를 계속해서 시장에 제공한다면 아무리 혁신하고 규제가 철폐되어도 '코리아 디스카운트'는 영원히 사라지지 않을 것이다.

공정하고 균형 잡힌 시각의 리포트를 기대해 본다.

3

전세계 자산시장이 불탈 때 뛰어들면 뒷북이 된다

"언제나 그랬듯 빚투와 한탕주의의 끝에는
하우스 푸어만 남는다."

국내 증시는 2024년 3월 말까지 3% 내외의 제한된 상승 흐름을 보였다. 하지만 미국과 일본을 비롯한 해외 주식은 연일 '올타임하이all time high'를 기록했다. 뉴욕증시 3대 지수인 다우존스30 산업평균지수, 에스앤피S&P 500지수, 나스닥지수 모두 사상 최고치를 경신했다. 일본 닛케이225도 41000을 처음으로 넘었다. 독일 증시를 대표하는 DAX 지수도 사상 최고치를 새로 썼다. 비트코인을 중심으로 한 가상자산도 '불Bull장'이었다. 역대 최고점을 갈아치우면서 1억 원을 넘어서기도 했다. 또한 금리가 내릴 거란 피벗에 대한 기대감으로 금 선물 역시 사상 최고 수준으로 올랐다.

이렇게 주식, 가상자산, 금 등 종류를 불문하고 모든 자산 가격이 가파르게 오르면 '포모FOMO, Fear Of Missing Out 증후군'에 시달리는 사람들이 늘어난다. 포모증후군은 '소외되는 것에 대한 두려움'이라는 의미다. 자산시장 상승기에 남들은 다 돈을 많이 벌고 있는데 자신만 그렇지 못한 것 같다고 느끼는 불안감을 뜻한다. 실제로 자신의 자산이 줄어들진 않았지만 다른 사람들과 비교하면서 생기는 상대적 박탈감이다.

소외의 두려움에 악수를 둔다

포모에 빠지면 논리적 판단보다는 가격이 계속 올라갈 것 같은 심리적 불안감으로 군중심리에 휩싸인 비이성적 투자 행태를 보인다. 대표적 현상은 소위 '빚투'가 증가하는 것이다. 주변에서 누군가가 어떤 종목에 투자해서 떼부자가 됐다는 얘기를 들으면 진위와 관계없이 리스크는 철저히 무시한 채 짧은 시간에 많을 돈을 벌겠다는 생각으로 빚을 내서라도 그 대열에 합류하려고 하기 때문이다. 이런 상황이 되면 이성적인 투자가 아니라 한탕주의 도박이 될 수밖에 없다.

한국에 다시 한번 포모라는 악령이 나타났다. 부동산 시장이 뜨거울 때 '벼락 거지'라는 신조어를 만들며 온 나라를 뒤흔들었던 것과 같은 맥락이다. 해외 증시가 유례없는 활황을 보이면서 개인투자자들이 국내 주식은 팔고 현지 주식을 쓸어 담고 있다. 예탁결제원에 따르면 2024년 3월 말까지 국내 투자자의 미국 주식 순매수 금액이 2023년보다 5배가 넘게 늘어났을 뿐만 아니라 매월 2배씩 증가하는 양상을 보이고 있다. 주로 반도체나 인공지능 관련주에 투자하고 있다. 시세가 고공행진 후 변동성이 커진 비트코인 대신 미국에 상장된 가상자산 관련주 매수에도 적극적이다. 그러나 코스피에서는 2024년 1분기에만 2023년 전체 순매도 금액의 70%를 넘는 주식을 팔았다. 정부가 추진하는 기업 밸류업 프로그램 도입

취지를 무색하게 하는 현상이다. 그런데 일부 증권사는 이런 분위기를 틈타 신용거래 이자 할인 이벤트를 시작했다. 주가 하락 시 피해 규모가 걷잡을 수 없이 커지는 빚투를 증권사가 앞장서서 부추기고 있다.

월가에서도 뉴욕증시가 포모에 빠진 것으로 보인다는 지적이 나왔다. 월스트리트의 유명 투자은행 에버코어ISI의 투자전략가인 줄리엔 에마뉘엘은 이미 버블을 걱정할 정도로 급등한 종목들의 콜옵션Call Option이 풋옵션Put Option보다 더 비싸게 가격이 형성되면 이미 주식시장은 포모 심리를 드러내는 것으로 해석하는데 2023년 1년 동안 650% 이상 폭등한 엔비디아를 비롯한 수많은 인공지능 관련 기업이나 빅테크의 콜옵션 가격이 풋옵션에 비해 높게 형성되고 있다는 것이 포모를 보이는 증거라고 분석했다.

콜옵션은 미리 정해 놓은 가격으로 그 주식을 살 수 있는 권리고 풋옵션은 팔 수 있는 권리를 말한다. 콜옵션 가격이 높다는 것은 사려는 수요가 많다는 것으로 현재보다 주가가 계속 높아질 거라 믿는 사람들이 많다는 의미다. 콜옵션으로 수익을 내기 위해서는 행사가격보다 주가가 높아야 하기 때문이다. 그러나 전통적으로 투자자들의 콜옵션 비중이 늘어나면 주가가 폭락하는 경험을 해왔다. 상승에 베팅하는 쪽으로 지나치게 몰리는 상황은 대개 막바지에 근접했다는 의미이기도 하기 때문이다.

촛불은 꺼지기 직전에 가장 밝다

모건스탠리의 최고투자책임자인 마이크 윌슨도 "투자자들 사이에서 더 많은 투기 조짐이 나타나고 있다."라며 포모 거래를 우려

했다. 또한 "많은 사람이 주식을 마치 스포츠 베팅하듯 하고 있는데 이것이 바로 투기 과열의 징후"라고 단언했다. 수익이 수반되지 않는 상황에서 단지 주가만 올라가는 비정상적인 시장에 대한 경계심을 늦추면 안 된다고 덧붙이며 윌슨은 2024년 연말 에스앤피 500S&P500 지수를 현재보다 10% 이상 낮게 전망했다. JP모건의 투자전략가인 마르코 콜라노비치도 투자자들이 기회를 놓치는 것에 대한 두려움 때문에 투기를 이어가고 있다고 지적하고 지나치게 과열된 주식시장을 우려하고 있으며 투자자는 더욱 신중해야 한다고 거듭 강조했다. 이러한 상황에서는 주가 상승이 어렵기 때문에 추격 매수는 매우 신중해야 한다고 조언했다.

또한 주요주주의 거래를 추적하는 베리티Verity LLC에 따르면 최근 테크기업 경영자의 자사 주식 매도 비율이 급증했다. 팔란티어의 피터 티엘, 아마존의 제프 베이조스, 메타의 마크 저커버그 등이 2024년 1분기에만 수억 달러 규모의 주식을 판 것이다. 『파이낸셜타임스』는 주식시장 상승세가 정점에 도달했을 수 있다는 신호라고 해석했다.

한편 한국거래소에 따르면 2023년 삼성전자 주가가 37% 이상 오르고 SK하이닉스가 90% 넘게 폭등했지만 개인투자자들은 평균 -3.3%로 마이너스 수익률을 기록했다. 기관투자자는 +6.6%, 외국인은 +3.9%였다. 단순히 주가가 급등했다고 해서 모든 투자자의 수익률도 함께 좋아지지는 않는다는 걸 보여주는 사례다. 우리나라 개인투자자들은 코스피 2.7개월이고 코스닥은 그 절반 정도로 평균 주식 보유 기간이 세계에서 제일 짧은 편이다. 따라서 아무리 주가가 폭등했다 해도 실제로 엄청난 수익을 올린 사람은 극히 드물다. 이론적으로는 급등한 종목을 일찌감치 사서 장기간 보유했다면 그야말로 떼돈을 벌 수 있지만 현실적으로는 거의 불가능하다.

　사실 포모는 언론이 경쟁적으로 지나치게 자극적인 기사를 쏟아내면서 사람들의 불안심리와 상대적 박탈감을 자극한 결과물일 수 있다. 그로 인해 확인할 수 없는 영웅담과 무용담이 난무하는 '카더라' 통신을 통해 확대재생산되며 사람들은 허탈감이나 한탕주의에 빠지기도 한다. 예를 들어 '2010년 플로리다에 살던 라스즐로 핸예츠가 피자 2판에 비트코인 1만 개를 주겠다고 했다. 이 금액은 현재 가치로 1조 원에 달한다.' '코인으로 번 돈으로 강남아파트 사러 간다.' '지금 1억 원이 넘는 비트코인이 몇 년 전에 불과 몇만 원 안 했는데……'라든가 '엔비디아를 상장할 때 사놓았으면 3,600배가 올랐다.'와 같이 굉장히 극단적이고 사람들의 근로 의식을 저하시키는 신문 기사들이 사람들을 포모로 고통받게 만드는 것이다.

　언제나 그랬듯이 지난 과거 포모의 끝자락에는 항상 하우스 푸어와 빚만 남았다. 촛불은 꺼지기 직전이 가장 밝게 빛나는 법이다.

4
반복된 대규모 투자 손실은 우연이 아닌 구조적 문제다

> "'은행에서 팔았으니까 안전하겠지.' 하는 안일함에
> 빠져서는 안 된다."

2024년 초까지 몇 년간 지속된 홍콩증시의 부진으로 H지수를 기초자산으로 하는 주가연계증권ELS에 투자한 투자자들이 4조 6,000억 원에 달하는 천문학적 금액의 손실을 입었다. ELS는 특정 주식이나 주가지수에 연계된 비교적 위험성이 높은 금융 파생상품이지만 투자 시점에 미래 수익률을 시장금리보다 훨씬 높게 확정하기 때문에 예상대로 시장이 흘러가면 상대적으로 높은 수익을 낼 수 있다는 장점이 있다.

예를 들어 현재 주가지수가 100인데 3년 후에 50 아래로만 내려가지 않으면 기준금리가 연 1%인 상황에서 3~5%의 수익을 보장한다는 것이다. 만약 기초자산이 되는 주가지수가 안정적이고 향후 성장성이 있다면 이런 상품은 지극히 매력적일 수밖에 없다. 특히 저금리 상황이라면 더더욱 그럴 것이다. 홍콩 H지수는 홍콩증권거래소에 상장된 중국 국영기업 중 건설은행, 공상은행, 텐센

트, 알리바바, 차이나모바일, 샤오미 등 금융 및 IT 우량기업들로 구성된 주가지수로 2008년 글로벌 금융위기 이후 10년 이상 비교적 안정적으로 유지되고 있었다.

손실은 이번이 처음이 아니다

문제가 된 상품은 홍콩 H지수가 투자 시점을 기준으로 투자 기간(통상 3년) 동안 −40~−50% 이상 내려가지 않으면 은행 예금이자보다 훨씬 더 높은 고수익을 얻게 되고 만약 그 이하로 떨어지면 하락률만큼 원금손실이 발생하는 구조로 돼 있다. 대부분 2021년 초에 투자했기 때문에 2024년 1월부터 만기가 도래하고 있다. 그런데 2021년 초 H지수는 1만 2,000선을 웃돌았지만 2024년 1월 기준 H지수는 5,600선으로 투자 시점 대비 50% 이상 하락했다. 투자자들은 대규모 손실을 피할 수 없게 된 것이다.

홍콩H지수 연계 ELS 계좌 중 만기 손실이 확정된 계좌는 17만 건이고 계좌 원금은 10조 4,000억 원이었다. 최종 손실 금액은 4조 6,000억 원으로 집계됐다. 투자금의 44.2%가 날아간 것이다. 이에 대한 영향으로 2024년 홍콩 H지수를 기초자산으로 하는 ELS 발행 규모는 81.9%나 감소했다. 홍콩 H지수 외에도 수많은 ELS 상품이 있다. 그런데 H지수 이외의 주가지수들도 2022년부터 시작된 고물가와 고금리 상황에서 고전하긴 했지만 최고점 대비 최대 하락 폭이 약 -20~-30% 선이었고 다행히 손실은 피할 수 있었다. 테슬라도 한때 최고점 대비 -70%까지 빠져서 테슬라 주가 연계 ELS에서도 원금손실 우려가 있었다. 하지만 이후 주가가 빠른 속도로 반등하면서 실제 손실로 이어진 사례는 거의 없었다.

우리나라에서 발생한 대규모 금융투자 손실사태는 이번이 처음은 아니다. 홍콩 H지수 ELS를 비롯해 2009년 수많은 우량 중소기업까지 파산으로 내몬 키코ᴋɪᴋᴏ 사태, 2020년 투자 원금이 전액 손실 난 독일 국채금리 파생결합증권ᴅʟs, 라임펀드 환매 중단 사태 등 반복해서 대규모 투자 손실 뉴스가 끊이지 않았다.

키코ᴋɪᴋᴏ는 환헤지 통화 옵션 상품으로 환율이 오르면 환차익이 발생하고 하락하면 손실이 나는 구조로 돼 있다. 원·달러 환율이 900원대에 머물러 있던 2007년 당시 환율이 더 하락할 조짐을 보이자 많은 기업이 환율 하락에 베팅했다. 그러나 2008년 글로벌 금융위기가 터지자 환율은 빠른 속도로 1,500원까지 상승했다. 결국 일부 기업은 파산했고 몇 개 회사는 상장폐지 됐다. 키코ᴋɪᴋᴏ 상품으로 피해 본 기업은 738개 사이고 손실액은 3조 2,247억 원에 이르렀다.

세상에 공짜 점심은 없다

왜 이런 상황은 지속적으로 반복될까? 첫째는 투자자들의 낙관주의 편향 때문이다. 미국의 경제학자이며 투자자로 유명한 나심 탈레브는 글로벌 금융위기와 같이 예측하지 못한 매우 이례적인 사건이 발생하면 엄청난 충격과 공포에 빠지기 때문에 항상 블랙스완이 나타날 것에 대해 경계해야 한다고 강조했다. 코로나19, 러시아와 우크라이나 전쟁, 팔레스타인 분쟁, 신보호무역주의, 미·중 갈등 고조 등 수많은 블랙스완이 출현했다. 하지만 단지 과거에 그런 일이 없었으니까 미래에도 없을 거란 아주 세상 물정 모르는 생각으로 긍정적인 결과만 기대하며 투자를 결정하는 것이다.

둘째는 '고수익에는 반드시 고위험이 따른다.'라는 투자의 대명제를 쉽게 망각하기 때문이다. 흔히 리스크 프리미엄, 즉 위험을 감수하고 주식투자를 했을 때 예금 대비 기대할 수 있는 초과수익은 약 4~8% 정도로 예상한다. 그런데 ELS 투자를 통해 2~4% 정도의 초과수익을 기대한다면 아무리 위험이 없는 것처럼 보이더라도 적어도 주식투자의 절반 정도의 위험은 항상 존재한다고 인식하고 숨어 있는 잠재 리스크를 자세히 살펴야 하는 것이다.

셋째는 투자상품이나 펀더멘털에 대한 이해가 불충분하기 때문이다. 코스피200 ELS 투자를 고려한다면 코스피200 펀드에 대한 투자 경험이나 지식이 충분한지 스스로에게 자문해 보고 테슬라 ELS를 투자하려면 전기자동차나 테슬라에 대한 관련 지식이 있는지 고민해야 한다. 문제가 됐던 독일 국채금리 DLS도 투자 전에 기본적으로 독일 국채 펀드의 특성이나 상품구조에 대한 이해가 선행됐어야 한다. 그래서 홍콩 H지수에 속해 있는 주식이나 홍콩 H지수 펀드에 투자해 본 경험이 전혀 없는 사람이 다른 사람들의 말만 믿고 안이하게 홍콩 ELS에 투자했다면 사실상 전형적인 '묻지 마 투자'이다. 성공을 위해서는 최소한의 노력은 해야 한다.

넷째는 상품을 설계하고 판매하는 금융기관의 '불완전판매' 가능성이 존재하기 때문이다. 이번 ELS는 대부분 은행권에서 판매됐는데 은행에서 취급하는 상품이라면 무의식적으로 위험성이 적다고 인식하기 쉽다. 물론 투자의 책임은 당연히 투자자에게 있지만 ELS나 펀드는 금융기관이 상품을 설계하고 '판매'라는 과정을 거치기 때문에 판매사가 예상 수익과 수수료 등 상품에 관한 정확한 정보와 위험성을 가감 없이 명확하게 제공하여 정보의 비대칭성을 제거해 주어야 한다. 그렇지 않으면 관련 금융기관도 투자 손실의 책임에서 벗어날 수 없다. 그러나 모든 것이 정상적으로 이루어졌음에도 여론에 떠밀려 무분별하게 투자 손실을 보상하는 것은 도덕적 해이를 조장할 수 있기 때문에 바람직하지 않다.

어떤 사람은 극히 낮은 확률에도 기대를 걸고 로또를 사고 어떤 사람은 아주 작은 위험이라도 회피하기 위해 적극적으로 보험을 든다. 세상에 공짜 점심은 없다.

5
'사서 기다리는 투자'에서
'사서 행동하는 투자'로 간다

"모래알 개인들이 모여 행동주의라는 이름으로
경영을 흔들고 있다."

일론 머스크 테슬라 CEO가 1,015억 달러(약 150조 원)를 물어낼 위기에 빠졌다. 2024년 말 미국 법원이 머스크에게 이미 지급된 3억 300만 주의 스톡옵션을 반환하라는 판결을 했기 때문이다. 테슬라의 주주가 2018년 이사회가 승인한 머스크의 보상 패키지에 대해 중요 정보를 주주들에게 제대로 공개하지 않았다는 이유로 제기한 스톡옵션 무효소송에서 승소한 것이다.

테슬라 이사회는 머스크가 월급과 보너스를 받지 않는 대신 매출과 시가총액에 따른 스톡옵션 지급안을 승인한 바 있다. 그러나 사실상 머스크가 장악하던 이사회가 투자자들을 오도했다며 소송을 제기해서 1년 이상 재판이 진행됐다. 머스크 보상안의 가치는 주가 상승으로 1,015억 달러까지 뛰었다. 놀라운 것은 이 소송을 제기했던 사람은 단 9주의 주식을 갖고 있던 소액주주라는 것이다. 머스크는 자신의 소유인 소셜미디어 엑스X에 "주주가 회사의 의결을 통제해야지 판사가 통제해서는 안 된다."라며 항소하겠다고 밝혔다.

또한 또 다른 개인투자자는 테슬라의 지배구조와 의사결정 절차에 문제가 있다고 언론을 통해 '머스크는 독재자'라며 비판에 나섰다. 400억 달러의 자사주 매각으로 주가가 크게 떨어진 것에 대해 해명을 요구했으나 아무런 응답이 없다는 것이다. 이렇게 주가에 크게 영향을 미칠 수 있는 주요 의사결정이 주주들에게 어떠한 설명도 없이 밀실에서 이루어졌다며 머스크의 경영행태를 강도 높게 계속해서 비난을 하고 있다. 사실 테슬라 이사회는 머스크, 친구, 가족 중심으로 구성돼 독립성이 떨어진다는 비판을 받아왔다. 머스크를 공격하는 데 소요되는 모든 비용은 개인적으로 감수했다.

작은 개미가 모여 거인을 움직이고 있다

과거에는 적당히 넘어갔던 사안에 대해서도 주주들의 목소리가 점점 커지면서 이제는 '사서 기다리는Buy and Wait' 수동적인 투자에서 벗어나 '사서 행동하는Buy and Act', 이른바 주주행동주의shareholder activism를 추구하는 펀드와 개미들이 급속히 늘어나고 있다. 주주행동주의는 기업의 지배구조나 의사회의 구성과 의사결정 절차까지 목소리를 내는 등 적극적으로 경영에 개입해 이익을 추구하는 행위를 말한다. 부실 경영 책임을 추궁하거나 경영 투명성 제고 등을 요구하며 기본적으로 기업의 이익을 극대화해 주주들에게 돌려준다는 원칙에 근거한다.

우리나라에서도 개미투자자와 행동주의 펀드들의 목소리가 커지고 있다. 가령 이화그룹에 투자한 소액주주들이 경영진의 횡령

배임 문제로 거래 정지와 상장폐지 심사 대상에 오르는 동안 서로 연락하고 연대해 경영진 교체를 요구했다. 이들은 소액주주운동을 전개하는 플랫폼을 통해 조직적으로 행동했다. 또한 국내 펀드인 플래쉬라이트 캐피탈은 KT&G에 차기 대표이사 선임에 관한 문제 제기와 개선 필요성을 강조하기 위해 공격적인 언론 몰이를 펼침과 동시에 회계장부와 이사회 의사록 열람을 요청했다. 그뿐만 아니다. 전현직 이사들을 상대로 1조 원 배상 소송을 예고했다. 2023년 SM엔터테인먼트 인수합병에 적극적으로 개입했던 얼라인파트너스도 7개 은행 지주에 공개적으로 주주환원 확대를 요구했다. VIP 자산운용도 삼양패키징을 상대로 적극적인 자사주 매입과 소각을 강요했다.

아울러 KCGI 자산운용은 2023년 대법원에서 현정은 회장이 주주대표소송에서 최종 패소한 것을 계기로 현대엘리베이터를 상대로 소유와 경영의 분리 필요성 지적하고 자사주 소각을 포함한 주주환원 정책을 촉구하는 주주 서한을 발송했다. 외국계 행동주의 펀드인 화이트박스 어드바이저스와 시티오브런던 인베스트먼트도 삼성그룹의 지배구조 개선, 배당금 증대, 자사주 매입과 소각을 압박했다.

뭉치면 소액주주가 오히려 대주주다

국내에서 주주행동주의가 확산하는 배경에는 스튜어드십코드 도입과 투자 인구의 폭발적인 증가가 있다. 기관투자자들의 의결권 행사를 적극적으로 유도하기 위한 자율 지침으로 투자기업의 의사결정에 적극적으로 참여해 주주와 기업의 이익 추구, 성장, 투명경영 등을 끌어내는 것을 목표로 하는 스튜어드십코드는 최대 투자기관인 국민연금도 도입했다. 그리고 주주가치 제고와 대주주의 전횡 저지 등을 위해 주주권을 행사하고 있다. 한편 예탁결제원에 따르면 2023년 말 기준 상장법인 주식을 보유한 개인은 1,424만 명에 달했다. 2019년 612만 명, 2020년 910만 명, 2021년 1,374만 명으로 매년 늘어나는 모습을 보였다.

주주행동주의 활동이 확대되면서 국내 상장사들의 자사주 소각 규모도 매년 늘어나고 있다. 한국거래소에 따르면 2023년 상장사가 자기주식을 취득하겠다고 밝힌 금액은 9조 1,664억 원, 소각 예정 규모는 5조 4,073억 원으로 나타났다. 2022년보다 자기주식 취득 예정 규모는 48.1% 늘었고 소각하겠다고 밝힌 규모는 72.4% 증가했다. 2024년 주총 키워드도 '자사주 소각'이었다. 그러나 행동주의 펀드들이 사전에 주식을 대량 매입한 후 자사주 매입과 자산 매각을 강력히 요구해 단기적으로 주가를 끌어올리고 먹튀 하는 사례가 늘어나면서 거래 투명성을 확보해야 한다는 우려도 크다. 주주행동주의자들은 갈수록 영향력을 키우고 있다. 국내 최대 기업인 삼성전자도 소액주주 전체 지분이 창업주 가족보다 많다 보니 '모래알처럼 흩어져 있지 않고 뭉치기만 하면 소액주주가 오히려 대주주다.'라며 주주행동주의를 독려하고 있다.

그러나 아무리 주주행동주의가 기업의 지배구조 개선, 주주 권리 보호, 주주환원 확대 등과 관련한 주주제안을 통해 기업가치를 높이고 코리아 디스카운트 해소에 기여한다고 해도 바람직한 방향으로 가기 위해서는 몇 가지 사항을 명심해야 한다. 첫째, 기업의 성장 잠재력과 실적에 기반한 합리적인 주주제안을 해야 한다. 단순히 주주환원 확대만을 요구하는 것은 기업의 장기적 성장을 저해할 수 있다. 둘째, 기업과 소통하고 협력하는 자세를 가져야 한다. 기업의 반발을 일으킬 수 있는 일방적인 요구는 오히려 역효과를 가져올 수 있다. 셋째, 모든 주주와 여론의 공감을 얻을 수 있는 활동을 해야 한다. 일부 주주들의 단기 차익실현이 아니라 회사의 지속가능한 발전과 주주 모두를 위한 역할임을 잊지 말아야 한다.

6

빠른 성장에 집착하다 보면
빠른 몰락을 할 수도 있다

"'적자를 내도 괜찮다. 시장지배력만 장악하면 된다.'라는 말이
통했던 시대는 끝났다."

2023년 말 세계 최대의 공유오피스 플랫폼 기업인 위워크가 파산보호 신청을 하면서 모든 언론이 한 사람을 주목했다. 위워크라는 스타트업에 무려 169억 달러(약 24조 원)를 투자하며 기업가치를 무려 470억 달러(약 68조 원)까지 끌어 올렸던 소프트뱅크의 손정의 회장이다. 『블룸버그』는 '역사에 남을 몰락'이라고 평했다. 손회장은 최소 137억 달러(약 20조 원)의 손실을 본 것으로 알려졌다.

블리츠스케일링이 블리츠페일링이 될 수 있다

위워크는 애덤 뉴먼Adam Neumann이 2010년 뉴욕에 설립한 공유오피스 플랫폼이다. 2012년 1억 달러에 불과했던 기업가치는 손 회장의 지속적인 투자로 불과 몇 년 만에 470억 달러로 500배 가까이 치솟았다. 엄청난 투자금을 바탕으로 전 세계 40개 국가에서 공격적 확장전략을 펼치며 혁신의 대명사라는 찬사를 받았다. 그러

나 이렇게 승승장구하며 2019년 상장을 추진하던 위워크는 그동안 베일에 싸여 있던 상세 실적이 공개되면서 파국을 맞이했다. 상상 이상의 적자를 기록하고 있었으며 뚜렷한 기술이나 비즈니스 모델이 없는 단순한 부동산 임대업에 지나지 않았다는 것이 드러난 것이다. 기업공개IPO는 무산됐고 기업가치는 곤두박질쳤다.

천신만고 끝에 2021년 말 소프트뱅크가 투자했던 기업가치의 5분의 1도 안 되는 90억 달러로 스팩SPAC(기업인수목적회사)을 통해 우회 상장은 했다. 그러나 거듭된 경영난을 이기지 못하고 불과 2년 만인 2023년 11월 초 주가가 상장 후 99.96%나 떨어진 83센트를 기록한 상태에서 결국 법원에 파산보호 신청을 한 것이다. 손 회장은 '현금을 태워 빠르게 성장한다.'라는 블리츠스케일링Blitzscaling전략을 선호했다. 그래서 위워크에도 회사의 수익성은 신경 쓰지 말고 시장점유율을 기하급수적으로 높이라는 주문을 한 것이다. 일단 시장지배력을 확보하면 나중에 충분히 이익을 낼 수 있다는 생각이 깔려 있던 것이다. 그래서 적자를 이어가는 위워크에 주위의 반대를 무릅쓰고 계속해서 돈을 쏟아부었다.

구글이나 아마존과 같은 빅테크가 이런 블리츠스케일링의 대표적인 성공 사례다. 그러나 이 전략은 비즈니스 모델이 탄탄한 일부 테크 기업에만 적용된다. 나중에 알려진 사실이지만 애덤 뉴먼은 단순한 부동산 재임대 회사인 위워크를 뛰어난 기술을 보유한 스타트업으로 둔갑시켜 손 회장에게 어필해 거액의 투자를 끌어냈던 것이다. 결국 창업자인 뉴먼은 회사에서 쫓겨났다. 이와 관련된 상세한 스토리는 얼마 전 「우린 폭망했다We Crashed」라는 제목의 드라마로 제작돼 애플TV+를 통해서 방영됐다.

위워크와 같이 빠르게 성장한 기업이 궤도에서 이탈해서 엄청난 속도로 추락하는 것을 블리츠페일링Blitzfailing이라고 한다. 규모가 작은 기업에 비해 불어난 몸집 때문에 가속도가 붙어서 더 빨리 몰락할 수 있는 것이다.

이미 투자한 돈에 연연하지 마라

의료계에서는 '트리아지triage'라는 분류체계가 굉장히 중요하다. '분류'라는 뜻을 지닌 트리아지는 응급상황 시 치료의 우선순위를 정하기 위한 환자 분류체계다. 1800년대 프랑스 나폴레옹 제국친위대 소속 외과 의사였던 도미니크 장 라레Dominique Jean Larrey가 도입한 개념이다. 전쟁, 대형 재난, 각종 사고로 갑자기 많은 환자가 동시에 발생하면 한정된 의료진과 장비로 모든 환자를 동시에 치료한다는 것은 불가능하기 때문에 환자에 대한 우선순위가 미리 정해져 있어야 한다는 것이다. 그렇지 않으면 살릴 수 있었던 환자는 치료도 전혀 못 받고 오히려 가망 없는 환자한테 시간만 허비하다가 희생자만 늘어날 수 있기 때문이다.

마찬가지 개념으로 실리콘밸리에서도 트리아지가 존재한다. 실리콘밸리에서는 매년 벤처캐피털들이 평균적으로 3,000~5,000개의 스타트업 기업활동IR 자료를 받는다. 그러나 인원과 시간 제약으로 이렇게 많은 회사를 모두 검토할 수는 없다. 그래서 검토 우선순위를 정해 놓는다. 그 기준에 따라 100개 정도를 심도 있게 분석하여 10~20개의 기업에 투자를 진행한다. 또한 투자도 미리 정해진 우선순위에 따라 진행한다. 특히 요즘과 같이 투자금액이 대폭 감소한 혹한기에 철저하게 적용된다. 예를 들면 신규 투자보다는 기존에 투자했던 기업 중에서 실적이 좋고 위험성이 낮아 보이는 회사, 큰 금액이 필요한 시리즈 C 이상의 후기 투자보다는 적은 금액이 투입되는 초기 스타트업이나 첨단 하이테크 기업보다는 현금흐름이 좋고 안정된 회사 그리고 무엇보다도 단기간 내에 엑시트 가능성이 큰 회사에 우선으로 투자한다. 결론적으로 투자 포트폴리오의 상위 10~20%에 집중하고 신규 투자는 최소화하는데 주로 초기기업에 한다는 것이다.

투자업계의 트리아지에서 가장 중요한 불문율은 '이미 투자한 금액의 많고 적음'이 기준이 돼서는 절대 안 된다는 것이다. 들어간 돈이 너무 커서 포기하지 못하고 할 수 없이 계속 투자하게 되는 매몰 비용의 오류에 빠지면 투자 손실을 만회할 수 있는 좋은 투자 기회는 놓치고 더 큰 위험에 처할 수 있기 때문이다. 버릴 패는 과감히 버리고 승자에게만 집중하는 것이다.

위워크는 트리아지 전략이 실패한 대표적 사례로 꼽힌다. 『블룸버그』도 손 회장의 독단적인 투자 스타일을 지적했다. 그러나 손 회장이 위워크를 포기하지 못한 것은 블리츠스케일링에 적합한 회사가 아니라는 것을 알았지만 이미 너무 많은 돈을 투입했기 때문이다. 어떻게든 엑시트를 해야 하는 이유 탓에 깊은 수렁에 빠지고 말았다. 그러다 시간이 지나면서 더 큰 화를 입게 된 것이다.

위워크의 실패를 공유 경제의 몰락으로 이야기하는 경우가 많지만 실제로는 기본적인 트리아지 전략을 따르지 않은 것이 가장 큰 원인으로 해석된다. 세계 최대 규모로 출범한 비전펀드에 걸맞은 성공 트로피도 필요했고 세계 최고의 투자자라는 명성에 오점을 남기기 싫었던 것이다. 그러다 보니 손 회장은 안타깝게도 역사에

남을 최악의 투자의 주인공이 된 것이다.

아무리 조심해도 언제나 위기는 닥칠 수 있다. 그래서 위험관리의 핵심은 나빠진 상황을 더 악화시키지 않는 것이라는 점을 명심해야 한다.

7

왜 상장하자마자 망하는 기업들이
수두룩하게 많은가

"스팩은 빠르고 쉬운 상장 수단이지만
실적 부풀리기가 빈번하다."

나스닥에 상장된 미국 전기차 회사 일렉트릭 라스트 마일 솔루션즈가 2024년 3월 파산신청을 했다. '스팩SPAC(기업인수목적회사)'을 통해 우회 상장한 후 불과 1년 만이다. 2022년부터 미국에서는 스팩을 통해 증시에 입성한 기업이 파산하는 사례가 급증하고 있다. 『블룸버그』에 따르면 2023년에만 글로벌 공유오피스 1위 업체인 위워크, 공유스쿠터 1위 버드글로벌, 미국 전기버스 1위 프로테라, 수경재배 스타트업 앱하비스트 등 21개 스팩 상장기업이 파산 신청한 것으로 집계됐다. 2022년 말 나스닥 상장 1호 K-바이오 기업이라는 타이틀로 화려하게 스팩 상장한 피크바이오가 4개월 만에 상장폐지가 되기도 했다.

또한 비록 파산은 하지 않았지만 스팩으로 우회 상장한 많은 기업의 주가가 곤두박질치고 있다. 수소전지 트럭으로 화려하게 등장했던 니콜라의 주가는 99%나 하락했으며 창업자인 트레버 밀턴은 투자자 사기 혐의로 징역 4년을 선고받았다. 전기차 업체 루시드도 92% 하락했고 중고차 판매 플랫폼 카주는 97% 이상 떨어졌다. 2021년 이후 스팩 상장한 기업 401개 중 주가가 오른 기업은 단 27개에 불과했다.

이런 상황에서 스팩으로 거액을 챙긴 내부자들의 모럴 해저드도 도마 위에 올랐다. 『월스트리트저널』이 스팩 상장 460여 업체의 주식 매도 공시를 분석한 결과 대부분 내부자가 상장 후 얼마 지나지 않아 상당한 차익을 거두고 주식을 내다 판 것으로 확인됐다. 그로 인해 주가는 폭락하고 개미투자자들은 피눈물을 흘려야 했다. 대표적인 예로 버진애틀랜틱 회장인 리처드 브랜슨은 우주여행업체 버진갤럭틱을 만들어 스팩 상장하고 우주선 발사가 지연돼 주가가 사상 최고치에 비해 90% 넘게 폭락하기 직전에 지분 대부분을 매각해 엄청난 수익을 올렸다. 물론 모든 손해는 고스란히 소액주주들의 몫이었다.

스팩은 인수합병이 목적일 뿐이다

스팩은 금융회사가 인수합병을 목적으로 설립해 특별 상장되는 페이퍼 컴퍼니다. 실체가 없는 회사로 목표는 오로지 기업 인수다. 인수합병 자금을 모으면 스팩은 주식시장에 상장된다. 일정 기간 내 기업 인수를 성사시켜 주가가 상승하면 투자자들이 주식을 매각하여 수익을 올리는 구조로 돼 있다. 그러나 주가가 내려가면 손실을 보게 된다. 상장을 원하는 기업 입장에서는 신규 상장에서 필요한 복잡한 절차 없이 상대적으로 쉽고 빠르게 주식시장에 진입할 수 있다. 스팩은 1993년 미국에서 탄생했으며 우리나라에는

2009년에 도입됐다.

일반적으로 재무 상태가 매우 건전하고 꾸준한 성장이 예상되거나 지금은 비록 적자라도 앞으로 큰 성장이 기대되는 비상장 기업은 스팩을 활용한 우회 상장보다 신규 상장을 선호한다. 원하는 자금을 충분히 조달할 수 있고 상장 절차를 통해 회사의 인지도나 이미지를 높일 수 있는 기회가 제공되기 때문이다. 그러나 재무 상태, 성장 가능성, 기타 기업경영의 요소에서 분명 매력이 있긴 하지만 그와 동시에 무언가 리스크 내지는 불확실성이 존재하는 회사가 스팩을 선택하는 경우가 많다.

미국 리서치업체 허드슨랩에 따르면 2022년 연차보고서를 제출한 미국 상장사 중 스팩 상장 업체의 약 44%가 '계속기업 불확실성' 진단을 받았다. 계속기업 불확실성 진단이란 유동자금이 없거나 자본 잠식이 발생해 향후 상장폐지 가능성이 크다는 의미다. 한편 『블룸버그』도 지나치게 낙관적인 전망을 하며 스팩 상장을 한 기업들이 형편없는 실적으로 주가가 폭락하고 재무구조가 악화되면서 자금조달에 힘들어하고 있다고 보도했다. 결국 일반적인 기업공개보다 비교적 검증 정도가 덜한 스팩 제도의 문제점이 드러나고 있다는 것이다.

미국에서는 지난 2020년과 2021년에 이전 20년보다 훨씬 더 많은 860개의 스팩이 만들어졌다. 328조 원이라는 천문학적인 자금을 끌어모을 정도로 인기가 높았다. 그러나 문제는 당초 투자자들에게 홍보한 것처럼 성공적인 합병 결과를 도출한 스팩은 거의 없었다는 것이다. 합병에 대해 장밋빛 전망을 퍼뜨리면서 주가를 올리지만 실제로는 근거가 부족한 경우가 허다하다. 이에 따라 미국 증권거래위원회sec는 2024년 초 소액주주를 보호하기 위해 엄격한 기준에 따라 정보를 공개해야 하는 기업공개ipo 수준으로 스팩 합병의 정보공개 규정을 강화하기로 했다.

사실 스팩 합병의 경우 비교적 느슨한 검증 절차로 인해 기업들이 미래 영업실적을 지나치게 낙관적으로 반영한다는 지적이 끊이지 않았다. 기업가치가 고평가되면 결국 투자자 피해로 귀결된다. 게리 겐슬러 미국 증권거래위원회sec 위원장은 "기업이 우회로를 이용해 상장한다고 해서 투자자들에 대한 보호가 허술하면 안 된다."라고 강조했다. 2024년 6월 새로운 규정이 발효되면서 미국에서 스팩의 인기는 크게 떨어졌다.

스팩은 백지수표 회사에 불과하다

우리나라에서도 금감원이 지난 2010년부터 2023년 8월까지 스팩으로 상장한 기업 139곳을 대상으로 상장 당시 실적 추정치와 실제 실적을 분석했다. 그 결과 10개 회사 중 8개가 미래 영업실적을 지나치게 낙관적으로 추정했지만 실제로는 약속한 수준에 한참 못 미치는 것으로 나타났다. 스팩 상장 후 5년이 지난 기업 48곳 중 영업이익이 추정치를 달성한 곳은 4곳에 불과했다. 1,000억 원이 넘는 매출이 예상된다고 했지만 매출이 전무한 사례도 있었다. 또한 2021년 한국거래소는 주가 상승률이 과도했던 스팩 17종목 기획감시 결과 7개 종목에서 시세조종 등 불공정거래 혐의를 발견하기도 했다.

그런데 시장에서는 아직 아무런 합병 계획도 발표되지 않은 단순한 서류상의 회사인 스팩의 주가가 연일 상한가를 치면서 올라가는 일까지 벌어지기도 한다. 2020~2021년 한국과 미국의 스팩 열풍이 그 좋은 예이다. 2024년에도 여전히 코스닥 시장에서는 신규 스팩의 주가가 급등하는 사례를 보였다. 아울러 유난히 큰 변동성을 나타냈다. 피해를 입은 투자자들도 늘어났다. 스팩을 만든 증권사가 자신들의 이익을 위해 투자자 보호 노력을 소홀히 한다는 근거이기도 하다.

그래서 우리나라 금융당국도 2023년 말 스팩 상장기업의 밸류에이션을 인위적으로 부풀리는 것을 막기 위해 기업 공시 서식 작성 기준을 강화하기로 했다. 스팩 상장기업의 영업실적 예측치와 실적치 간 차이, 발생 사유, 가치평가에 대한 좀 더 객관적인 근거가 제시될 것으로 예상된다. 어떤 회사와 어떤 조건으로 인수합병을 하느냐에 따라 미래가 바뀌기 때문에 백지수표 회사blank-check corporations로도 불리는 스팩은 과연 지속가능한 비즈니스 모델인가를 심각하게 고민해야 하는 국면과 마주하고 있다.

4장

기업의 운명을 바꾸는 숨은 배경을 찾아라

EMOTIONS

ON

OFF

1

BATMMAAN은 주가 상승률 74%로 뉴욕증시를 이끌고 있다

1939년 만화에 등장해 현재까지 많은 사람의 사랑을 받으며 슈퍼 히어로 캐릭터로 자리매김한 '배트맨Batman'이 2024년 말부터 뉴욕증시에 나타났다. 그러나 이번에 등장한 '배트맨BATMMAAN'은 만화 속 주인공이 아니라 2025년 주식시장을 선도할 8개 빅테크기업들이다. 이들 기업은 2023년부터 2024년까지 2년 동안 전 세계 주식시장을 호령한 매그니피센트 7M7, Magnificent 7에 제2의 엔비디아로 불리며 급부상한 브로드컴이 추가된 것이다. 결국 2025년에도 M7은 건재할 것이며 브로드컴의 존재를 주목하라는 의미로 만들어진 용어다. M8으로 표현하기도 한다.

2024년 초부터 12월 30일까지 배트맨은 평균 74%라는 경이적인 주가 상승률을 기록했다. 회사별로는 브로드컴B 146%, 애플A 29%, 테슬라T 75%, 마이크로소프트M 15%, 메타M 66%, 아마존A 50%, 알파벳A 35%, 엔비디아N 174% 등이 올랐다. 같은 기간 나스닥은 31%, 다우지수는 14% 상승했다. 참고로 코스피는 -9.3%, 코스닥은 -23%로 극히 부진했으며 국내 대장주인 삼성전자는 -40%다.

배트맨이 금융시장을 휩쓸다

금융시장만큼 신조어를 좋아하는 산업은 없을 것이다. 주로 시대 상황이나 시장의 주도주를 표현한다. 대표적으로 2001년 골드만삭스가 브라질, 러시아, 인도, 중국과 같이 빠르게 성장하는 경제를 지칭하기 위해 만든 용어인 브릭스BRICs나 한때 과도한 국가 부채에 시달리며 경제 파탄 위기에 몰렸던 포르투갈, 이탈리아, 그리스, 스페인을 지칭한 피그스PIGs가 있다. 또한 과도한 투자심리를 표현하기 위해 포모FOMO(소외되는 것에 대한 두려움)나 욜로YOLO(한 번 뿐인 인생)와 같이 다른 분야에서 쓰던 용어를 빌려 쓰기도 한다. 또한 1960년대 후반부터 1970년대까지 IBM, 피앤지P&G, 코카콜라, 맥도날드, 제록스 등 50개 정도의 실적주를 부르는 니프티 피프티Nifty Fifty를 시작으로 2000년대 초반에는 급성장하는 혁신기업을 일컫는 팡FANG, Facebook·Amazon·Netflix·Google이 만들어졌으며 작년에는 시장을 주도하는 빅테크 기업 7개를 지칭하는 M7이 탄생했다. 그러다 2024년 말 브로드컴이 급부상하면서 M7에 브로드컴이 포함된 배트맨이 등장한 것이다.

배트맨의 맨 앞자리의 영광을 차지한 브로드컴은 2024년 12월 한 달 동안 무려 51%의 주가 상승률을 보이며 인공지능 반도체 시장의 새로운 강자로 부상했다. 반면 엔비디아는 1.3%의 제한적 상승에 그쳤다. 월스트리트에서는 브로드컴을 '맞춤 양복점'으로 비유하고 엔비디아를 '기성복점'으로 비유한다. 엔비디아는 범용(일반) 그래픽처리장치를 '원단'으로 미리 옷을 만들어 팔았다면 이제 빅테크라는 '큰손 고객'들이 브로드컴에 자신의 체형에 맞는 맞춤 양복을 만들어 달라고 하기 때문이다.

지금까지는 기업들이 인공지능 핵심 기반 시설인 데이터센터를 구축하려면 엔비디아의 그래픽처리장치GPU를 쓰는 것을 상식처럼 여겼으나 최근에는 특정 작업에 최적화된 맞춤형 반도체ASIC에 강점을 가진 브로드컴이 익스트림 프로세싱 유닛XPUeXtreme Processing Uni을 시장에 내놓으면서 상황이 완전히 달라졌다. 인공지능 딥러닝에 최적화된 익스트림 프로세싱 유닛XPU은 그래픽처리장치와는 다른 구조로 설계됐으며 전력 소모가 적고 효율성이 높다는 장점을 무기로 빠르게 시장을 늘리고 있다. 엔비디아의 주요 고객이던 구글, 메타, 바이트댄스 등 빅테크들이 브로드컴과 손을 잡았고 계속해서 많은 기업이 브로드컴과 협업해서 자신만의 칩 개발에 나서고 있다. 인공지능 반도체 시장에서 거침없이 질주하던 엔비디아 그래픽처리장치의 독점적인 지위에 균열이 생기기 시작한 것이다.

그럼에도 불구하고 월가의 투자자들은 배트맨 8개 회사 중 엔비디아를 2024년에 이어 2025년에도 시장의 스포트라이트를 가장 많이 받게 될 회사로 꼽았다. 경쟁이 치열해지기는 하지만 여전히 인공지능 반도체 시장의 90%를 지배하는 기업으로 2025년 매출도 2,000억 달러가 예상된다. 2024년 대비 50%가 넘는 높은 성장이다. 매출과 순이익 증가율이 모두 40%를 넘는 회사는 배트맨 8개 중 엔비디아가 유일하다. 다만 비상식적으로 높은 순이익률의 지속 여부와 브로드컴과의 치열한 경쟁을 우려하고 있다. 인공지능 반도체 시장은 엔비디아의 범용 그래픽처리장치가 만능키처럼 쓰이고 있지만 너무 비싸게 판매한다는 비판에 직면해 있다. 『블룸버그』에 따르면 엔비디아의 2024 회계연도 순이익률은 56.6%에 달한다. 정작 그래픽처리장치 고객들인 빅테크의 순이익률은 20~30% 수준인데 하청업체(엔비디아)가 더 높은 마진을 기록하는 현상이 지속되고 있다.

이런 상황에서 엔비디아의 그래픽처리장치에 억지로 끼워서 맞추느라 고생해온 빅테크들은 브로드컴의 맞춤형 칩으로 새로운 돌파구를 찾고 있다. 가장 먼저 구글이 브로드컴에 의뢰하여 엔비디아에 비해 아주 낮은 가격으로 자체 칩인 텐서프로세싱유닛TPU을 성공적으로 만들었다. 이어 틱톡을 운영하는 바이트댄스도 브로드컴의 고객이 됐다. 맞춤형 칩 시장이 커지면서 이 분야 선두 기업인 브로드컴의 매출과 순이익이 빠르게 올라가고 있다. 이에 맞춰 애널리스트들이 2025년 실적 전망 추정치를 상향하며 주가가 급등한 것이다. 2024년 10월에 마감된 2024년 브로드컴의 순이익률은 24.3%다. 그러나 주문형 반도체ASIC 시장의 급성장으로 인한 수혜로 2025년 예상 순이익률은 50.1%까지 급증하면서 엔비디아와 비슷한 수준이 될 것으로 전망되고 있다.

또한 브로드컴이 투자자들의 사랑을 받는 이유는 실적 성장과 더불어 꾸준한 배당 증가 때문이다. 2020년 이후 2024년까지 최근 5개년 브로드컴의 현금 배당 증가율은 14%가 넘는다. 이는 엔비디아 11.8%, 마이크로소프트 10.2%보다 높은 수치이며 테슬라와 아마존과 같이 배당을 하지 않는 기업들과는 비교할 수 없는 장점이다. 이러한 분위기에 무배당 기조였던 메타와 구글이 2024년부터 소액이나마 배당금을 주기 시작했다. 세계적인 자산운용사 번스타인은 시장 평균 수익률을 상회할 거라며 브로드컴 매수를 추천했다. 모건스탠리와 뱅크오브아메리카는 브로드컴을 2025년 최고의 반도체 주식으로 선정했다.

K-배트맨은 언제 등장할까

한편 배트맨 종목 중 테슬라는 트럼프의 재집권으로 주가도 많이 오르고 기대감도 커지고 있다. 그러나 아직 실적 대비 주가가 높은 편이다. 애플과 마이크로소프트는 2025년 실적 예상은 긍정적이지만 성장률은 다소 둔화될 것으로 전망되고 있다. 메타는 인공지능 시대에 적합한 맞춤형 광고 실적을 대폭 늘리며 높은 순이익률과 안정적인 매출 구조를 만들었다. 구글은 양자컴퓨터 개발을 발표하며 장기적인 성장 가능성을 입증하고 있다. 이처럼 '배트맨' 종목들은 각기 다른 매력을 갖추고 있으며 그동안의 실적 기반과 미래 성장 가능성으로 투자자들의 이목을 집중시키고 있다. 또한 각자의 방식으로 주식시장의 테마인 인공지능과 긴밀히 얽혀 있다. 중요한 것은 배트맨을 대체할 만한 기업이 당장은 눈에 띄지 않는다는 점이다. 그래서 투자자들은 도탄에 빠진 도시를 구할 가면 쓴 영웅처럼 배트맨이 2025년 주식시장을 늠름하게 지켜낼 것으로 기대하고 있는 것이다.

이렇게 수많은 영웅이 존재하는 미국 시장과는 달리 우리나라 주식시장은 그야말로 사면초가에 빠져 있다. 정치는 불안하고 경제성장률은 0%대로 떨어지고 외국인은 물론 개인들도 앞을 다투어 떠나고 있다. 희망이 없는 국내시장을 떠나 배트맨을 찾아가는 것이다. 우리에게 슈퍼 히어로가 절실한 이유다. 위기에 빠진 국내 증시를 구원할 K-배트맨의 탄생을 기원한다.

2

딥시크는 어떻게 전세계 인공지능 시장의 판을 바꾸었는가

"거대한 자본보다 무서운 건 혁신에
목마른 작고 빠른 팀이다."

2025년 1월 말 중국의 작은 인공지능 스타트업 딥시크_{DeepSeek}가 새로 선보인 인공지능 모델이 돌풍을 일으키며 미국 증시의 인공지능 테마주가 침몰했다. IT 매체 「테크크런치」에 따르면 딥시크가 최근 출시한 인공지능 모델 '딥시크-R1'은 성능 테스트에서 난공불락으로 여겨지던 오픈AI의 'o1(오원)'을 능가했다. R1은 미국 수학 경시대회 벤치마크 테스트에서 79.8%의 정확도를 기록해 o1(79.2%)을 앞섰고 코딩 테스트에서도 65.9%의 정확도로 o1(63.4%)보다 나은 결과를 보였다. 이 같은 소식이 알려지자 R1은 애플 앱스토어 무료 앱 다운로드 순위에서 단숨에 챗GPT를 제치고 1위에 올랐으며 주식시장은 패닉에 빠졌다.

생성형 인공지능 이후 가파르게 우상향하던 엔비디아 주가는 하루에만 무려 17% 폭락하며 전 세계 시가총액 1위에서 3위로 밀려났다. 엔비디아의 시가총액은 6,000억 달러(약 867조 원)나 증발했다. 이 수치는 미국 역사상 가장 큰 규모로 기록됐다. 배트맨 BATMMAAN이란 신조어를 만들며 승승장구하던 브로드컴도 17% 넘게 떨어졌으며 마블테크놀로지 -19%, 오라클 -14%, 마이크론테크놀로지 -12%, 대만 TSMC -13%, 네덜란드 ARM -10%를 기록하며 인공지능 관련 주요 회사들의 주가가 급락했다. 마이크로소프트, 알파벳 등도 동반 하락했으며 일본의 반도체 기업도 폭락을 피하지는 못했다. 어드반테스트가 11% 이상 급락했고 소프트뱅크와 도쿄일렉트론도 5% 넘게 하락했다. 설 연휴가 끝나고 개장한 한국 주식시장도 예외는 아니었다. SK하이닉스가 10% 가까이 하락했고 삼성전자도 2.4% 넘게 떨어졌다.

앞으로 인공지능 판도는 크게 요동친다

중국 스타트업이 미국의 수출 규제 속에 저렴한 비용으로 빅테크에 필적하는 성능을 갖춘 인공지능 모델을 만들었다는 사실은 업계에 엄청난 충격을 안겼다. 미국 빅테크 기업들이 인공지능 개발을 위해 지출하는 천문학적 비용에 의문이 제기되면서 엔비디아를 비롯하여 그동안 인공지능으로 막대한 수익을 올렸던 기업들의 주가가 폭락했다. 딥시크의 개발비가 단지 80억 원에 불과했다는 사실이 알려지자 그동안 최소 수천억 원은 있어야 고성능 인공지능을 개발할 수 있다고 굳게 믿어왔던 시장의 고정관념이 깨지고 말았다. 『파이낸셜타임스』는 딥시크를 '글로벌 테크 업계를 충격에 빠뜨린 다크호스'라고 평했다. 1957년 소련이 미국보다 먼저 인공위성을 개발해서 충격을 준 '스푸트니크 쇼크'에 버금가는 사건이라는 평가도 나왔다.

오픈AI 같은 선두 그룹들이 조 단위의 천문학적인 자금을 인공지능 개발에 투입하는 상황에서 이 발표는 워낙 충격적이라 딥시크가 개발비를 축소해 발표한 게 아니냐는 의혹이 제기됐다. 그런데 인공지능 모델과 함께 발표된 논문에 학습 방법도 공개했기 때문에 개발에 들어가는 학습 비용을 속인다는 건 불가능하다는 게 중론이다. 실제로 적은 비용으로 논문의 결과를 재현한 연구결과들도 속속 등장했으며 학습 과정을 복제하려는 프로젝트들도 생겨나고 있다.

비용과 성능을 모두 잡은 딥시크로 인한 글로벌 인공지능 판도는 크게 요동칠 전망이다. 중국이 고가의 미국 칩이 없어도 오픈AI 수준의 인공지능 모델을 만들어낼 수 있고 인공지능 산업에서 '중국 표준'을 구축할 수 있다는 것이 사실상 증명됐기 때문이다. CNN은 '잘 알려지지 않은 인공지능 스타트업의 놀라운 성과는 미국이 지난 수년 동안 국가 안보를 이유로 고성능 인공지능 칩의 중국 공급을 제한했다는 점을 고려하면 더욱 충격적'이라고 평가했다. 『블룸버그』는 "딥시크의 성과는 미국의 무역 제재가 중국의 발전을 가로막는 데 효과적이지 않다는 것을 시사한다."고 지적했다.

딥시크는 생각하는 과정인 '추론'을 문자로 자세하게 풀어서 써주는 것이 특징이다. 생각하는 과정을 투명하게 보여주기 때문에 사용자가 답변의 정확도를 검증하기 쉽다. 이러한 딥시크의 성공 요인은 몇 가지로 요약된다. 무엇보다 오픈소스 방식으로 개발한 것이 주효했다. 오픈소스는 소프트웨어 소스 코드를 누구나 보고 수정할 수 있고 배포도 할 수 있도록 공개하는 것을 말한다. 미리 짜 놓은 코드를 활용해 개발할 수 있어서 개발 비용과 시간이 크게 단축된다. 그래서 글로벌 시장에 풀리자마자 전 세계 인공지능 개발자들이 적극적으로 사용하기 시작했다. 그리고 이들 사이에서 인공지능 모델의 성능과 추론 능력에 대한 호평이 이어지며 급속도로 확산된 것이다. 딥시크도 이미 공개된 인공지능 관련 소스코드를 바탕으로 개발됐다. 2024년 11월에 처음 대화형 인공지능 모델 R1의 초기 버전인 'R1 라이트'를 공개한 후 불과 한 달 만에 'V3'를 내놓았고 다시 한 달 만인 1월 20일 'R1'을 내놓았다. 이미 검증된 코드를 가져다 사용했기 때문에 짧은 시간에 적은 비용으로 고성능 인공지능을 내놓을 수 있었던 것이다.

또한 미국 기업과의 기술 격차를 줄이기 위해 '전문가 혼합' 기법을 적용했다. 이는 인공지능을 특정 작업에 필요한 부분만 선택적으로 사용해 개발 효율성을 획기적으로 높이는 기술이다. 마치 높은 성적을 거두기 위해 일타 강사들에게 족집게 과외를 받는 것과 같다. 데이터 학습 과정에서도 일반적으로 사용되는 지도학습을 거치지 않고 바로 강화학습을 통해 인공지능을 학습시켰다. 지도학습은 사람이 직접 양질의 데이터를 만들어 모델을 학습시키는 방식이지만 강화학습은 인공지능 모델이 스스로 학습에 필요한 데이터를 탐구하고 학습하는 것이다. 이렇게 딥시크는 상대적으로 저가의 구형 반도체를 썼지만 개발 과정에서는 새로운 혁신을 선보였다. 결국 하드웨어와 소프트웨어에서 인공지능 개발 비용을 획기적으로 줄인 '저비용 고성능' 성공 사례가 된 것이다.

딥시크의 확장성은 여전히 열려 있다

딥시크는 1985년생인 량원펑이 2023년 5월에 항저우에 설립했다. 아직 2년도 되지 않은 작은 스타트업으로 현재 직원은 139명에 불과하다. 대부분 개발자다. 량원펑은 저장대학교 석사 출신으로 해외 경험은 없다. 딥시크는 독특하게도 경력이 짧은 중국 토종 젊은 직원만을 채용한다. 해외파는 거의 없으며 직급과 연공서열 등을 중시하지 않는다. 경력 3~5년이면 최고선임이고 8년 이상의 경력자는 아예 면접조차 보지 않는다. '혁신 능력'을 직원의 최고 덕목으로 삼고 있는 량원펑은 "혁신은 자신감에서 시작된다. 젊은 이들에게서 더 많은 혁신 능력을 볼 수 있다."라며 중국 청년들에 대한 기대를 감추지 않았다. 2024년 초 시드 투자를 받으며 기업가치는 2,000억 원 정도를 인정받은 것으로 알려졌다. 참고로 오픈AI는 2024년 말 기업가치 208조 원으로 8조 7,000억 원을 유치했으며 연구개발 인력만 1,200명이 넘는다.

앞으로 주목해야 할 것은 딥시크의 확장성이다. 상세하게 공개된 인공지능 모델로 전 세계 모든 사람이 쉽게 개발에 참여해 더욱 진보한 인공지능이 탄생하기 쉽기 때문이다. 그러나 일각에선 딥시크의 성능과 가성비에 대한 시장 반응이 지나치게 부풀려졌다는 지적도 나온다. 딥시크는 엔비디아의 저가 구형 칩으로만 인공지능을 개발했다고 밝혔지만 딥시크의 모기업이 엔비디아 첨단 칩을 1만 개 정도 보유하고 있어서 초기 모델은 이를 기반으로 개발했을 거란 주장이다. 일론 머스크도 딥시크가 고성능 인공지능 칩을 대량 보유하고 있을 것이라는 글을 올리기도 했고 인공지능 데이터 기업인 '스케일 AI'의 알렉산더 왕 CEO도 CNBC와의 인터뷰에서 "딥시크가 약 5만 개의 엔비디아 고성능 칩을 소유하고 있지만 솔직하게 말하지 않는다."라고 주장했다.

이러한 지적에도 불구하고 위기를 느낀 미국 인공지능 기업들은 딥시크 경계에 나섰다. 메타는 딥시크 기술을 분석하는 워룸War Room을 4개나 설치해 대응하고 있다. 오픈AI는 딥시크가 80억 원을 써서 인공지능 모델을 개발했다고 하는데 이같이 저비용으로 뛰어난 성능을 갖게 된 것은 자기네가 큰돈을 써서 확보한 데이터를 도용했기 때문이라고 주장했다. 그리고 데이터 도용 여부를 조사하기 시작했다. 또한 딥시크가 사용자의 이메일 주소, 전화번호, 생년월일 등 개인정보를 수집해 중국 서버에 저장시키고 있어서 틱톡과 마찬가지로 규제해야 한다는 목소리도 커지고 있다.

난공불락으로 여겨지던 글로벌 인공지능 시장에 한 줄기 빛이 보인다. 딥시크가 가능성의 문을 열었기 때문이다. 이제 우리 스타트업도 나서야 한다. 제2의 딥시크는 반드시 한국에서 나와야 한다. 혁신으로 무장한 대한민국 청년들을 응원한다.

3
스타벅스는 식은 커피를 어떻게 다시 뜨겁게 만들 것인가

"우리는 핵심에서 벗어났다. 스타벅스로 돌아가야 한다."

커피의 대명사 스타벅스는 글로벌 브랜드로 자리매김한 지 오래다. 스타벅스를 상징하는 인물은 하워드 슐츠다. 그는 1971년 시애틀에서 창업한 스타벅스에 1982년 합류한 뒤 1987년 이 회사를 인수해 세계 최대 커피 체인점으로 키웠다. 글로벌 시장조사기관인 스태티스타Statista에 따르면 스타벅스 매장은 2023년 말 기준 전 세계 76개국에 3만 5,000개로 명실상부한 커피 체인 1위다. 지점 수로만 보면 식음료F&B 산업 전체에서 맥도날드, 서브웨이, KFC, 세븐일레븐에 이은 세계 5위다.

글로벌 스타벅스는 2024년 1, 2분기에도 전 세계에 매장을 계속 열면서 2024년 7월 말 기준 전체 매장 수는 3만 9,477개가 됐다. 그러나 매장은 엄청나게 늘었지만 매출은 오히려 줄었다. 전 세계 매장의 60%가 넘는 미국과 중국 시장의 매출 감소가 큰 영향을 끼쳤다. 북미 지역 매출은 매 분기 역성장하고 있으며 미국을 제치고 세계 최대 커피 시장이 된 중국 매출도 1분기 11%, 2분기 14% 감소했다. 2024년 4분기(7월~9월) 실적을 보면 글로벌 동일 매장 매출은 7% 줄었고 방문자 수는 10%나 감소했다. 주당순이익은 전년 대비 25%나 쪼그라들었다. 매출은 3분기 연속 떨어지면서 수년 만에 가장 긴 하락세를 보였다.

경영에 적극적으로 개입하는 행동주의 펀드가 나섰다

스타벅스는 그동안 중국에 엄청난 공을 들이고 있었기 때문에 중국에서의 부진은 그만큼 충격이 컸다. 대만과 한국에서는 현지 기업에 본사 지분을 모두 넘기고 손을 뺐지만 오히려 중국에서는 현지 파트너 지분을 전부 인수해 100%를 확보하고 적극적으로 시장 공략에 나섰다. 스타벅스는 50대 50으로 세운 대만 합작사 지분을 2017년에 전부 현지 기업에 매각했으며 한국에서도 2021년에 본사 지분 전체를 신세계그룹과 싱가포르 투자청에 넘겼다. 반면 중국과의 조인트벤처인 이스트차이나 지분 50%를 인수해 중국에서는 100% 직영 체제로 운영했다.

이렇게 실적이 지속적으로 악화되면서 2021년 7월 기준 200조 원이 넘던 시가총액은 2024년 7월에는 114조 원으로 40% 넘게 떨어졌다. 그러나 행동주의 펀드가 들어오고 CEO가 교체되면서 주가는 반등해 2024년 11월 25일 현재 163조 원을 기록하고 있다. 3년 전의 80% 수준이다. CNBC에 따르면 이러한 어려움은 스타벅스만이 아니라 '오랫동안 예상된 소비 침체'로 패스트푸드 산업 전반이 타격을 입고 있으며 맥도날드, KFC, 피자헛도 비슷한 어려움에 직면해 있다고 했다.

스타벅스 주가가 최저치로 떨어진 2024년 7월에 행동주의 펀드 엘리엇은 스타벅스 지분을 확보하고 주가 부양책을 요구했다. 고객은 계속 줄고 최대 시장인 중국에서 토종 기업과의 경쟁에서 밀리는 상황에서 엘리엇이 20억 달러를 투입하여 주식을 사 모으고 목소리를 높이고 있는 것이다. 8월에는 또 다른 행동주의 펀드 스타보드밸류가 스타벅스 주식을 취득하며 엘리엇 주장에 힘을 보탰다.

국내에서도 삼성그룹, 현대차 그룹 지분을 확보해 경영진과 다툼을 벌였던 엘리엇은 AT&T, 세일즈포스, 크라운캐슬, 텍사스 인스트루먼트, 사우스웨스트 항공에도 투자하여 지배구조 개선을 요구했다. 운용 규모는 100조 원 정도로 알려져 있다. 스타보드밸류는 2024년에 온라인 데이팅 앱 틴더를 운영하는 매치그룹 지분 6.5%를 확보해 수익성 개선과 상장폐지를 요구하면서 언론의 관심을 끌었다. 스타보드밸류와 엘리엇은 이베이, 세일즈포스, 매치그룹에도 함께 투자한 바 있다. 행동주의 펀드는 단기간에 투자수익을 극대화하기 위해 투자기업의 경영 의사결정에 적극적으로 영향력을 행사한다. 주로 지배구조 개선, 자산 매각, 배당금 확대 등을 요구하며 이를 위해 경영에 직접 참여하거나 경영진 교체도 추진한다.

밥값에 육박하는 커피 값에 고객들은 부담을 느끼고 모바일 주문 증가로 음료 제조에 시간이 길어지면서 떠나는 고객들도 늘어났다. 또한 임금, 복리후생, 근무 조건 악화로 충성스럽던 바리스타들도 등을 돌렸다. 노조가 만들어진 매장이 500개를 돌파했고 노조에 가입한 바리스타는 1만 1,000명이 넘었다. 실적 부진이 이어지고 주가가 폭락한 상황에서 노조 활동은 강해지고 고객의 불매

운동까지 일어나고 있는 위기 속에서 행동주의 펀드까지 가세하면서 스타벅스는 그야말로 한 치 앞도 전망하기 어려운 상황이 됐다.

오랫동안 스타벅스는 거의 유일한 프리미엄 커피였다. 그러나 이제는 더 이상 그렇지 않다. 영국에서 설립돼 유럽에서 최고의 인기를 누리고 있는 코스타 커피, 캐나다 최대의 커피 체인 팀홀튼, 130년 전통의 이탈리아 라바짜, 중국의 루이싱커피, 호주의 글로리아 진스를 비롯해 피츠, 틸리스, 카리부, 맥카페, 던킨 등이 호시탐탐 스타벅스의 자리를 넘보고 있다. 2023년에는 중국의 루이싱커피에 중국 매출 1위 자리를 빼앗기기도 했다. 거기에 저렴하면서 빠르게 픽업할 수 있는 경쟁 브랜드가 잇따라 생겨난 것도 스타벅스의 아성을 흔들고 있다.

화려한 비상과 좋은 먹잇감의 갈림길에 서 있다

일단 스타벅스 이사회는 실적 부진 등의 책임을 물어 CEO인 랙스먼 내러시먼을 해임했다. 취임한 지 불과 17개월 만이다. 2년 동안 CEO가 무려 4번이나 바뀐 것이다. 후임자로 패스트푸드 치폴레 멕시칸 그릴의 CEO인 브라이언 니콜을 선임했다. 『월스트리트저널』에 따르면 내러시먼의 교체는 실적 부진이 표면적 이유지만 행동주의 펀드의 압력이 가장 큰 원인이라는 것이다. 엘리엇은 주식을 취득한 직후부터 지속적으로 스타벅스의 변화를 촉구했다. 여기에는 CEO의 교체도 포함됐다.

위기의 상황에서 구원투수로 등장한 니콜은 "원래의 스타벅스로 돌아가겠다Back to Starbucks."라며 글로벌 최고 브랜드 책임자를 교체하는 등 전면 쇄신을 선언했다. 니콜은 직원들에게 보낸 공개서한에서 '우리는 핵심에서 벗어났다We have drifted from our core.'라며 '우리는 스타벅스로 돌아가야 한다. 지금까지 스타벅스가 추구해 오던 것, 즉 사람들이 즐겁게 모이는 공간 그리고 숙련된 바리스타가 직접 만든 최고의 커피를 제공하는 것에 다시 집중해야 한다. 이것이 우리의 진정한 정체성이다.'라면서 대대적인 혁신을 예고했다. 급기야 2025 회계연도에 대한 전망을 중단한다고 밝혔다. 회사의 방향성을 재정립한 후에 하겠다는 것이다.

지금까지 스타벅스는 고객과의 인간적인 소통을 철칙으로 여겨왔다. 아무리 짧은 시간이라도 고객의 이름을 직접 부르고 제조한 음료를 직접 전달하는 것도 이 때문이다. 스타벅스가 '감당할 수 있는 사치'라고 불리며 비교적 높은 가격에도 인기를 끈 이유다. 그러나 이러한 과거의 영광을 되찾겠다는 니콜의 '스타벅스로 돌아가겠다.'라는 의지는 단기간 실적 개선과 주가 부양을 요구하는 행동주의 펀드와 충돌할 수밖에 없다. 더욱이 행동주의 펀드의 지지로 선임된 상황이다. 2024년 11월 『블룸버그』는 스타벅스가 행동주의 펀드의 압박 때문에 중국 지분 매각을 검토한다고 보도했다. 미국에서는 공격적으로 매장을 늘리고 직원 수는 줄인다는 기사도 있었다. 행동주의 펀드의 영향력이 느껴지는 대목이다.

과연 스타벅스가 현재의 위기에서 벗어나 다시 한번 화려하게 비상할지, 단지 행동주의 펀드의 좋은 먹잇감으로 전락할지 귀추가 주목된다.

4

주식시장에서 가장 쓸모없는 게 증권사 목표주가이다

"투자는 심리 싸움이며 목표주가는 책임 없는
확신의 또 다른 얼굴이다."

2025년 초 20개 증권사가 제시한 삼성전자 '목표주가'를 보면 최저 6만 8,000원에서 최고 8만 4,000원이다. 3개월 동안 5만 원대에 머물고 있는 주가를 고려하면 상당히 높은 가격이다. 레거시 메모리 공급과잉, 업황 둔화, 파운드리 가동률 하락, 엔비디아 공급 지연 등 기대보다 우려가 커지고 있지만 단지 3개 증권사만 작년 대비 목표가를 약간 낮췄고 17개 사는 작년에 제시했던 가격을 유지하고 있다.

한편 2025년에 나온 6개 증권사 리포트에서 SK하이닉스 목표가는 최저 24만 원, 최고 31만 원으로 2024년 말에 제시된 가격보다 상향 조정됐다. 2025년 초 SK하이닉스 주가는 17만 원에서 20만 원 사이에서 움직였다. 증권사들은 2024년 11월부터 SK하이닉스의 목표주가를 낮춰왔는데 고대역폭메모리HBM에서 호실적을 내기는 하지만 레거시 메모리에서 중국과의 경쟁 심화와 삼성전자의 엔비디아 고대역폭메모리HBM 납품 합류가 예상되면서 실적 조정이 불가피하다는 게 이유였다. 그러나 인공지능에 대한 수요가 계속 늘고 있고 고대역폭메모리HBM에서 경쟁사의 추격도 느리다고 판단하여 올해도 예상보다 높은 고수익이 전망된다며 2025년 목표가를 올린 것이다.

목표주가 괴리율을 판단기준으로 삼지 마라

애널리스트들이 작성한 리포트에는 현재 주가와 함께 목표주가라는 단어가 반드시 등장한다. 통상적으로 목표주가는 6개월에서 1년 혹은 기간을 따로 정하지 않은 가까운 미래에 도달할 가능성이 있는 가격을 말한다. 목표 주가TP, Target Price로 표기하기도 한다. 목표주가는 기업의 재무 상태, 영업 환경, 손익구조, 주요 이슈 등을 종합적으로 분석해 예측한다. 하지만 상황에 따라 계속 변동된다. 해당 기업의 성장 가능성이 커지면 올리고 반대로 실적 부진이 예상되면 하향 조정하는 것이다. 그러나 특별히 정해진 산정 공식은 없고 애널리스트마다 각자 나름의 방식을 사용하고 있어서 같은 회사를 평가해도 다양한 수치가 나올 수밖에 없다.

많은 투자자가 목표주가를 보고 항상 궁금해하는 점이 있다. '과연 목표주가까지 갈까?'이다. 금융정보업체 에프앤가이드 자료에 따르면 3개 이상의 국내 증권사가 리포트를 낸 코스피 기업 234개의 2024년 9월부터 12월까지 3개월간 '목표주가 괴리율'은 평균 47%에 달했다. 괴리율은 증권사가 제시한 목표주가와 실제 주가의 격차를 보여주는 지표로 비율이 높을수록 실제 주가보다 목표가가 높다는 뜻이다. 대장주인 삼성전자의 괴리율은 50%를 넘었으며 코스모신소재, 솔루스첨단소재, 롯데관광개발, 엘앤에프, HS효성첨단소재 등은 무려 100%가 넘었다.

이러한 수치는 코스피 평균 주가순자산비율$_{PBR}$이 0.84배로 해외 주요 시장보다 전반적으로 저평가돼 있다는 점을 고려하더라도 목표주가가 지나치게 부풀려졌다는 지적이 대부분이다. 이렇게 증권사가 터무니없이 높은 목표주가를 제시한다는 비판이 거세지자 금융감독원은 객관성을 높이겠다며 2017년부터 목표가 괴리율 공시를 의무화했지만 이러한 현상은 개선되지 않고 있다.

상승장에서는 목표주가 괴리율이 높을수록 현재 주가 대비 상승 여력이 있는 것으로 해석할 수 있지만 하락장에서는 투자심리가 얼어붙었다는 의미가 될 수 있다. 괴리율이 증가하는 표면적인 이유는 지금 당장 재무제표상에 나타나진 않지만 미래지향적인 요소가 존재하기 때문이라고 설명한다. 그러나 실제로는 기업을 상대로 비즈니스를 해야 하는 증권사 입장에서 해당 기업의 눈치를 보기 때문이기도 하다. 그래서 전문가들은 목표주가 괴리율을 투자 판단의 지표로 삼는 것은 매우 위험하다고 조언한다.

증권사 리포트에서 '가장 쓸모없는 게 목표주가'란 말이 있다. 목표가는 '조만간 이 가격에 도달한다.'기보다는 좋게 해석해서 '중장기적으로 모든 상황이 회사에 유리하게 전개된다면 도달할 수도 있는 최대한의 가능성' 정도로 보는 게 좋다.

덕담만 가득한 리포트는 설 자리가 없다

한편 미국 경제 매체 『바론스$_{Barron's}$』에 의하면 2025년 1월 13일 기준 엔비디아 목표가는 최고 220달러, 최저 135달러, 평균 174

달러로 나타났다. 당시 주가는 135.91달러이다. 테슬라 목표가는 최고 528달러, 최저 120달러, 평균 308달러로 제시돼 있으며 주가는 394.74달러다. 현재가보다 비현실적으로 높은 목표가만 제시하는 한국과는 달리 선진국에서는 애널리스트들이 소신껏 자신의 의견을 내기 때문에 목표가에 대한 극심한 차이를 보인다. 현재가보다 아주 높은 목표가가 제시되기도 하고 극단적으로 아주 낮은 가격의 리포트를 쓰기도 하는 것이다. 그래서 테슬라의 경우 현재가에서 40% 이상 상승할 거란 전망과 70% 가까이 폭락할 거란 예상이 동시에 존재하고 있다.

또한 우리나라에서는 괴리율뿐 아니라 오랫동안 병폐로 지적된 증권사의 '매수Buy' 의견 일변도도 변하지 않은 것으로 나타났다. 금융투자협회에 따르면 2024년 12월 31일 기준 17개 국내 증권사의 '매도' 의견 비율은 단지 0.1%에 불과했으며 14개 증권사는 아예 '매도' 의견이 하나도 없었다. 국내에 진출한 외국계 증권사의 매도 의견 비중이 평균 15% 정도인 점을 고려하면 지나치게 낮은 수준이다. 전기차 캐즘 장기화로 이차전지 기업들이 부진한 실적을 내자 관련 기업들의 주가가 일제히 하락했다. 이에 따라 '배터리 겨울'이 길어질 것이란 우려에 많은 증권사들은 전망치와 목표주가를 하향 조정했다. 그렇지만 투자 의견은 매수를 견지했다. POSCO홀딩스 목표주가도 49만 원에서 40만 원으로 20%가량 내렸으나 투자 의견은 매수를 유지했다. 2025년 들어 목표가가 낮아진 삼성전자도 모든 증권사가 매수 의견을 냈다.

자본 시장이 발전하면서 상당한 노력과 정보력으로 프로 못지않은 분석력을 지닌 개인투자자들이 빠르게 늘어나고 있고 애널리스트를 위협하는 수많은 경제 유튜버들이 활발하게 활동하는 상황에서 '비현실적 덕담만 가득한' 이러한 증권사 리포트는 점점 더 설 자리가 없게 될 것이다. 기업 분석보고서는 회사의 실적과는 관계없이 결론은 항상 매수다. 실적이 떨어지면 저가 매수를 하라고 하고 실적이 좋아지면 추격 매수를 하라고 한다. 결국 현실과 동떨어진 높은 목표주가를 제시하고 시장 상황과는 관계없이 무조건 매수만 하라는 상황에서 국내 증시는 소외될 수밖에 없을 것이다.

"선택과 행동을 했으면 반드시 그 결과에 대해 직접 책임을 져야 한다."

2008년 글로벌 금융위기를 예견했던 나심 탈레브가 저서 『스킨 인 더 게임Skin in the game』에서 강조한 말이다. 스킨 인 더 게임은 주로 사회에 큰 영향을 끼치는 의사결정을 하지만 그로 인한 결과나 영향에 대해서는 책임을 전혀 지지 않는 정치인과 경제전문가 등을 지적하기 위해 사용된다. 행동에 따른 책임이 없으면 사회는 극심한 균열을 맞게 된다는 것이다.

'본 내용은 투자 판단의 참고 사항이며 투자 판단의 최종 책임은 본 게시물을 열람하시는 이용자에게 있습니다.'라는 증권사 리포트의 아주 작은 글자로 쓰인 문구만으로 '스킨 인 더 게임'에서 자유로울 수 없다는 것을 명심해야 할 것이다.

5
금리를 따지기 전 경제 상황의
진짜 메시지를 읽어야 한다

"'곧 금리가 내릴 것'이라는 막연한 기대는 반복되는
희망고문일 수 있다."

미국 연준은 주로 '물가와 고용' 지표를 참조하여 금리를 결정한다. 제롬 파월 연준의장은 물가상승률 '2%'를 통화정책의 기준으로 삼고 동시에 고용도 신경 쓴다. 굳이 우선순위를 따지자면 고용이 먼저다. 지금과 같이 물가상승률은 여전히 높고 경제성장이 탄탄하고 고용 환경도 호전되는 상황에서는 굳이 금리를 내릴 이유는 없다. 이런 상황에서 파월 의장은 2024년 봄 워싱턴에서 열린 포럼에서 "작년에 예상보다 빠른 속도로 둔화됐던 인플레이션이 금년에는 진척이 없다."라고 언급하면서 금리 인하를 확신하려면 더 많은 시간이 필요하다고 강조했다.

사람들은 과거를 쉽게 잊어버린다

2022년부터 미국은 11차례에 걸쳐 기준금리를 인상했다. 그리고 2024년 9월 미국 연방공개시장위원회FOMC 회의 전까지 5.25~5.5%

금리를 유지했다. 연준은 인플레이션이 둔화되면서 4년 6개월 만에 기준금리를 0.5% 인하했다. 미국 연준의 금리 인하 단행은 물가 상승률 안정과 경기침체(R의 공포) 우려 때문이었다. 소비자물가지수 상승률은 금리 인상이 본격적으로 시작된 2022년 상반기에 9%까지 올랐으나 2024년 8월에는 2.5%를 기록하며 안정세를 보였다. 미국 연방공개시장위원회ғᴏᴍᴄ는 2024년 11월과 12월에도 연속적으로 0.25%포인트씩 금리를 내리면서 2024년 말 기준금리는 4.25~4.5%가 됐다.

그러나 2024년 말만 해도 2025년 미국 금리 인하 사이클이 본격적으로 시작될 것이라는 예상이 지배적이었지만 막상 2025년에 들어서자 상황이 다르게 전개되고 있다. 인플레이션이 잘 잡히지 않는 상태에서 다행히 고용 환경이 예상보다 좋고 실업률도 안정적이기 때문이다. 모건스탠리는 2025년 미국 금리 인하를 연 2회에서 1회로 낮춰 잡았고 노무라는 연 1회 인하에서 동결로 전망을 변경했다. 애초 한 차례 인하를 내다봤던 맥쿼리는 금리 인하가 없으리라 전망을 수정했다. 뱅크오브아메리카, 도이치뱅크, BNP파리바는 금리 동결이라는 기존 전망을 유지했다. 이로써 주요 투자은행들이 전망하는 2025년 말 미국의 금리는 4.0%~4.25%다. 이렇게 미국 경제가 놀랄 만큼 활기를 띠자 금리 인하 필요성에 대한 회의적인 시각이 제기되고 있다.

존 테일러 스탠퍼드대학교 교수는 2024년 전미경제학회에서 올해 미국의 적정 금리 수준은 5%라고 발표했다. 또한 중장기 기준금리도 3~4% 선에서 형성될 것이며 낮은 금리를 기반으로 자산시장 버블을 만들었던 '제로금리' 시대는 막을 내릴 것이라고 했다. 테일러 교수는 중앙은행의 적정 금리를 결정하는 기준을 제시한 '테일러 규칙Taylor Rule'으로 유명하다. 이 규칙은 인플레이션과 생산량 격차를 기반으로 금리를 산정하는 방식으로 연방준비은행을 포함한 전 세계 중앙은행에서 널리 사용되고 있다. 대부분의 저명한 경제학자들도 인플레이션을 잡기 위해 금리를 급격히 올리면 경기 침체가 불가피하다고 했다. 하지만 미국 경제가 침체에 빠지지 않고 연착륙 가능성이 커지자 100년에 한 번 정도 발생할까 말까 한 팬데믹과 같은 특수한 상황을 기존 경제모형에 기계적으로 적용한 것이 실수였다고 자성의 목소리를 내면서 금리 인하에 대한 신중론을 펴고 있다.

역사는 비슷하게 반복된다. 그러나 사람들은 과거를 쉽게 잊어버린다. 미국 금리가 그렇다. 2023년부터 '금리가 곧 떨어질 것'이라는 전망이 시장을 휩쓸었다. 2024년에만 7차례 금리 인하를 호언장담하는 전문가들이 많았다. 그러나 9월에서야 시작한 금리 인하는 12월까지 단 3차례 인하에 그쳤다. 2025년에 들어서는 미국의 경기 호조와 새롭게 출범한 트럼프 정부의 정책 불확실성 등의 영향으로 미국 연방준비제도Fed가 금리를 추가로 내리기는 쉽지 않은 상황이 전개되고 있다. 그럼에도 불구하고 꾸준히 금리 인하론이 대두된다. '금리는 조만간 내릴 것'이라는 막연한 전망으로 투자자들을 유혹하고 사라지는 희망고문이 지속되고 있는 것이다.

금리에서 절대적인 정상은 없다

역사적으로 보면 미국은 최근 수십 년 동안 '저금리 국가'가 아니었다. 10년 만기 국채금리가 1950년대 2%대에서 1980년대에는 15%까지 올랐다. 1990년대 평균 금리도 6.7%다. 1953년부터 2023년까지 70년간 평균은 5.57%다. 2024년 4월 말 기준 미국 10년 만기 국채 금리는 4.6%를 약간 넘는 수준으로 과거 평균보다 오히려 낮은 편이다.

그럼에도 불구하고 '금리는 낮아야 정상normal'이라는 프레임에 갇힌 전문가들이 많다. 오랜 기간 전 세계가 저금리 저물가에 익숙해 있었기 때문이다. 2008년 글로벌 금융위기를 시작으로 각국 중앙은행들이 무제한에 가까운 금융완화 정책을 펼쳤고 나중에 풀린 돈을 거둬들일 만하면 위기가 터졌다. 2011년 유럽 재정위기, 2020년 팬데믹 등이다. 저금리는 주식과 부동산 등 자산가치를 끌어올렸다. 가처분소득이 늘어난 소비자들도 지갑을 열었다. 국채이자 부담이 줄어든 주요국 정부도 정치적 이득을 노리고 아낌없이 재정을 퍼부었다.

그런데 저금리 시대가 2023년에 급작스레 막을 내렸다. 막대한 유동성의 후폭풍에 러시아-우크라이나 전쟁이 겹치자 물가가 폭등했고 인플레이션을 잡기 위한 금리 인상 행렬이 이어졌다. 미국 중앙은행은 불과 1년여 만에 제로금리를 연 5%대로 끌어올렸다. 같은 기간 한국도 기준금리를 연 0.5%에서 3.5%로 인상했다. 연 3.5%나 5%가 절대적 수치로 높다고 할 수 없지만 10년 이상 저금리에 취해 있던 경제에 미치는 영향은 컸다. 금리가 단기간에 300%, 400%씩 튀어 오르자 경제가 여전히 활황인 미국을 제외하고는 거의 모든 나라가 상당한 충격을 받고 있다. 그래서 많은 국가가 경기부양을 위해 금리를 내리고 싶은 유혹에 시달리지만 높은 물가와 연이어 발발한 러시아-우크라이나, 이스라엘-하마스 전쟁으로 결정이 쉽지 않다. 또한 미국이 고금리를 지속하는 한 다른 나라들도 금리를 내리긴 어렵다.

금리 인하를 주장하는 전문가들은 '금리 정상화interest rate normalization'가 목적이라 한다. 지금 금리가 너무 높기 때문에 금리를 낮춰서 정상normal으로 돌아가야 한다는 것이다. 그런데 재밌는 것은 금리를 올릴 때도 정상화를 강조한다. 너무 낮기 때문에 올려서 정상으로 가야 한다고 한다. 그렇다면 무엇이 정상일까.

제로금리 시대를 기준으로 보면 현재 미국 금리는 지나치게 높다. 70년간의 평균 금리에 비하면 약간 낮은 수준이고 과거 폴 볼커 의장 시절에 비하면 지나치게 낮다. 금리에서 절대적인 정상은 없다. 정상은 언제나 상황의 지배를 받는다. 처한 경제 상황에 따라 얼마든지 달라질 수 있고 달라져야만 한다. 그러나 그때마다 이해관계에 따라 목소리가 다르게 나올 수 있다. 모두를 만족시킬 수 있는 정책이란 존재할 수 없기 때문이다. 지금의 금리는 그럴만한 상황이기 때문에 유지되고 있다. 그러나 상황이 바뀌면 내려갈 수도 있고 올라갈 수도 있다.

한국 경제 입장에서는 통화정책보다도 생산성 저하, 고령화, 저출산 등으로 인한 경제성장 둔화에 어떻게 대처해 나갈지가 훨씬 중요하다. 하루빨리 대한민국 경제가 회복되기를 기대해 본다.

6

경영권 분쟁은 모두 상처 입는 피로스의 승리에 불과하다

"이기는 싸움이 아닌 '지혜로운 승리'가 기업과
사회 모두에 필요한 시대다."

기원전 3세기 그리스 북서부 지역의 작은 왕국 에페이로스의 군주 피로스 1세는 로마를 비롯한 여러 국가를 침공해 뛰어난 용맹과 전술로 연승을 거뒀다. 그러나 그 과정에서 너무나 많은 병력의 손실을 입은 데다 정치적 안목이나 전략적 식견이 부족해 수많은 적을 만들었다. 비록 모든 전쟁에서 승리했지만 목표였던 이탈리아와 시칠리아의 지배는 이루지 못했으며 오히려 쇠퇴하다 결국 멸망하고 말았다. 여기서 '싸움에서 이겨도 별 이득이 없이 손해만 큰 승리, 처음부터 싸우지 않은 것만도 못한 승리, 사실상 진 것이나 다름없는 승리'를 뜻하는 '피로스의 승리Pyrrhic victory'가 유래됐다.

1950년대에 멕시코만의 석유 시추권 입찰이 있었다. 황금알을 낳는 거위라고 생각한 많은 회사가 입찰에 참여했다. 당시는 정확한 석유 매장량을 측정할 방법이 없어서 어림짐작으로 매장량을 가늠하고 낙찰받기 위해 엄청나게 높은 금액을 써낸 회사가 시추권을 갖고 갔다. 그러나 실제 매장량은 기대와는 달리 너무 적어서 최고가를 써낸 회사는 막대한 손실을 보았다. 이렇게 경쟁에서는 이겼으나 경쟁 과정에서 과도한 비용이나 대가를 치르는 바람에 엄청난 후유증에 시달리는 현상을 일컫는 말이 생겨났다. 바로 '승자의 저주'다. 피로스의 승리와 비슷한 개념으로 쓰인다.

최종 승자가 진정한 승자라는 법은 없다

피로스의 승리나 승자의 저주는 지금도 우리 주변에서 흔하게 일어난다. 대표적으로 금호아시아나그룹 사례를 들 수 있다. 2006년과 2008년에 무리하게 인수한 대우건설과 대한통운으로 인해 자금난으로 그룹 전체가 휘청거리다 결국 인수한 지 몇 년도 안 돼 대우건설과 대한통운뿐만 아니라 기존 계열사인 금호렌터카, 금호종합금융, 금호생명, 서울고속버스터미널은 물론이고 그룹의 모태인 금호고속까지 매물로 내놓아야 했다. 이 과정에서 그룹 회장의 형제간 경영권 분쟁도 발생했다. 이러한 것이 시발점이 되어 결국 핵심 계열사인 아시아나항공을 매각하면서 사실상 그룹이 해체됐다.

2023년에는 삼성전자가 반도체 경기가 다운사이클 국면에 접어들면서 수요가 급감했지만 시장의 기대와는 달리 생산량을 줄이지 않으면서 경쟁사는 물론이고 삼성전자에도 엄청난 부담을 안겼다. 시장점유율은 지켰지만 결국 천문학적인 적자를 기록했다. 이에 대해 해외 언론은 '삼성은 피로스의 승리를 원하는가?'라는 비판적 기사를 싣기도 했다. 또한 해외에서 거액의 투자를 받은 카카오엔터테인먼트는 상장을 위해 SM엔터테인먼트를 인수하기로 하면서 하이브와의 경쟁에서 이기기 위해 지나치게 높은 금액으로 주식을 매입했다. 그러나 인수과정에서 행한 여러 불법행위로 인해 그룹의 최고의사결정권자인 김범수 의장이 구속되기도 했다. 2024년 1월 시작된 창업주 가족 간 경영권 분쟁이 1년간 지속되면서 한미약품은 주가가 25% 떨어졌으며 당기순이익도 전년대비 44%나 감소했다. 이들 가족 간에도 고소 고발이 남발돼 극한 대립이 계속되고 있으며 승자의 저주를 우려한 국민연금은 10%를 보유한 주주로서 적극적인 의결권 행사를 예고했다.

한편 2024년 8월 시작된 세계적인 비철금속 제련회사인 고려아연의 경영권을 놓고 다투는 이 분쟁은 어느 쪽도 유리한 고지를 점령하지 못한 채 6개월 동안 진흙탕 싸움만 반복하고 있다. 1949년 장병희, 최기호에 의해 공동 설립된 영풍그룹은 계열사 중 고려아연을 최씨 일가가 맡고 전자 계열사를 장씨 일가가 맡는 분리 경영을 해왔다. 이러한 상황 속에서 고려아연은 비철금속의 수요 증가로 인해 꾸준한 성장세를 보이면서 영업이익 1조 원 이상의 엄청난 현금 창출력과 더불어 시가총액 10조 원이 넘는 우량기업으로 성장했다. 반면에 정작 모회사인 영풍은 시가총액이 8,000억 원 수준으로 쪼그라들었다. 고려아연은 몇 년간 두 자릿수 성장률을 이어가면서 2023년엔 10조 원에 육박하는 매출을 기록하기도 했다. 연간 기준 조 단위 영업이익도 꾸준히 내왔다. 미래 전망은 더욱 밝다. 막대한 자금을 투자했던 이차전지, 자원 순환 사업, 신재생에너지 등에서 성과를 낼 시점이 됐기 때문이다.

그런 상황에서 2022년 말 고려아연 창업주 3세인 최윤범이 취임하면서 두 가문 간의 이해관계가 충돌했다. 회사 유보 자금으로 계속해서 미래 먹거리를 위한 신규사업을 추진하려는 최 회장과 투자보다는 배당을 늘리라는 영풍 측 주장이 팽팽히 맞서면서 본격적으로 경영권 분쟁이 시작된 것이다. 영풍 측이 사모펀드인 MBK파트너스와 손을 잡고 적대적 인수합병M&A을 선언했다. 그로부터 6개월이 지난 2025년 2월 말까지도 경영권 분쟁은 더욱 치열하게 전개되고 있으며 결과를 전혀 예측할 수 없는 국면으로 흘러가고 있다. 그러는 사이 50만 원대의 주가는 경영권 분쟁 과열로 무려 400% 가까이 오르며 200만 원을 넘기기도 했다. 2025년 2월 말 주가는 아직도 50% 이상 오른 80만 원대에 머물고 있다.

양측 모두 수조 원을 투입했기 때문에 누구도 물러날 수 없다. 상대를 향한 민형사상 고소 고발이 급증한 상태라 감정의 골 또한 깊다. 그러나 경영권 분쟁 장기화는 임직원과 투자자를 비롯한 모든 협력 생태계에 상처를 주고 미래 성장률을 떨어뜨리며 기업 이미지도 실추시키고 있기 때문에 하루라도 빨리 이 사태가 마무리돼야 한다. 이때 중요한 것은 어떠한 일이 있더라도 국가의 미래를 위해 핵심기술을 보유한 기업은 보호되어야 하며, 특히 해외로 넘어가는 일은 결코 없어야 한다는 것이다. 결국 최종 승자가 '고려아연'이란 전리품을 얻게 되겠지만 지금까지 양측이 입은 상처만으로도 '진정한 승자'를 찾긴 어려울 것으로 보인다.

사모펀드의 경영권 분쟁 개입이 늘고 있다

상장기업 경영권을 둘러싼 다툼이 곳곳에서 벌어지며 분쟁 건수는 역대 최대치를 기록하고 있다. 특히 규모가 큰 기업을 둘러싼 분쟁이 두드러졌다. 2024년 분쟁 건수는 2023년에 비해 42%나 늘어났다. 상속 과정에서의 가족 간 갈등, 동업자 간 갈등, 최대 주주와 2대 주주 간 지분 싸움 등 유형도 다양하다. 눈길을 끄는 것은 이러한 분쟁에 고려아연 사례와 같이 사모펀드가 그 중심에 서는 경우가 급증하고 있다는 것이다. 경영권 다툼을 벌이게 되면 거액의 자금이 필요한데 2004년 도입된 경영 참여형 사모펀드가 매년 20%씩 성장하며 2023년 말 기준 무려 136조 원을 운용하고 있어서 지속적으로 거액의 투자처를 찾아야 하기 때문이다.

사모펀드가 경영권 분쟁에 개입하는 사례가 늘어나자 금융감독원장은 "과거에는 금융당국이 산업자본의 금융자본 지배에 대한 고민을 해왔다면 이제는 금융자본의 산업자본 지배에 대한 부작용을 고민해봐야 한다."며 "특정 산업군은 20~30년 긴 호흡으로 봐야 하는데 5~10년 사이에 사업을 매각해서 수익을 내야 하는 금융자본이 산업자본을 지배하게 되면 중장기적 관점에서 주주가치 훼손이 있을 수 있다."며 우려를 표명했다. 경영권 분쟁은 승리를 해도 엄청난 내상과 외상을 입게 되기 때문에 극도로 신중을 기해야 한다.

"슬프다. 내가 원했던 건 이런 상처뿐인 영광이 아니었다."

승전 축하 자리에서 수많은 장수와 병사를 잃은 피로스가 눈물을 흘리며 남긴 말이다.

5장

K-이코노미가 위기에 빠지다

1
한국경제는 사상 최악의
퍼펙트 스톰을 앞두고 있다

'겨울이 다가오고 있다Winter is coming'은 몇 년 전 세계적으로 엄청난 인기를 끌었던 베스트셀러 소설이자 드라마 「왕좌의 게임」에 나오는 유명한 대사다. 다가올 위험에 미리 대비하지 않으면 치명적인 재앙을 맞게 된다는 경각심의 의미가 담겨 있다. 그런데 이 겨울은 몇 년 혹은 몇십 년간 지속될지 모를 매우 춥고 긴 겨울이다.

2024년 하반기부터 한국 경제에 대한 우려의 목소리가 더욱 커졌다. 내수 회복세는 더디고 수출은 7분기 만에 마이너스로 돌아섰기 때문이다. 그런데 정작 더 심각한 문제는 강력한 보호무역주의를 표방하는 미국, 악화 일로를 걷고 있는 미·중 갈등, 급박하게 돌아가는 중동 정세, 북한까지 가세한 우크라이나 전쟁, 급격한 인구 감소와 초고령화 시대로의 진입 등 예기치 않았던 부정적인 사건들이 연이어 일어나며 우리 경제를 위기에 빠트릴 수 있다는 것이다.

경제 겨울과 퍼펙트 스톰 앞에서 길을 찾아야 한다

수출에 의존하는 한국경제가 흔들리는 상태에서 한두 가지 불안 요인이 가중되면 '퍼펙트 스톰perfect storm'이 발생할 가능성이 커진다. 퍼펙트 스톰은 작은 경제 문제들이 겹쳐 큰 경제 위기로 발전하거나 두 가지 이상의 악재가 겹쳐 나타나는 심각한 경제 위기를 말한다. 원래는 위력이 강하지 않은 태풍이 다른 자연현상과 만날 때 위협적으로 발전하게 되는 현상을 의미했다. 경제에서도 작은 경제 문제들이 모이거나 두 가지 이상의 악재가 겹쳐 크고 심각한 경제 위기로 발전하는 현상을 퍼펙트 스톰이라 쓰게 됐다.

2025년 2월 트럼프 정부는 관세정책을 공식화했다. 미국에 들어오는 모든 철강과 알루미늄 수입품에 25% 보편 관세, 자동차, 반도체와 의약품 등에도 최소 25% 관세를 부과하겠다고 발표하면서 관련 업계는 비상이 걸렸다. 또한 다양한 보호무역정책도 천명했다. 중국은 현재 부동산 침체와 미국과 유럽의 경제제재로 경제 성장률이 낮아지며 경기 부진이 장기화될 조짐이 보이면서 수출시장 축소가 불가피하다. 이렇게 글로벌 경제에 가장 큰 영향을 미치는 두 나라의 상황이 급변하면서 우리 경제 전반에도 먹구름이 몰려오고 있다.

트럼프가 집권하면서 미국·캐나다·멕시코협정USMCA을 전면 개편하고 한·미 FTA, 반도체법, 인플레이션감축법에서 약속한 무관세나 각종 투자 보조금도 백지화한 상태다. 그동안 미국이 강조했던 '프렌드쇼어링friend-shoring'이나 '니어쇼어링near-shoring'을 인정하지 않겠다는 것이다. 프렌드쇼어링은 미국에 생산시설을 만들기 어려운 경우 미국의 동맹국에 생산기지를 설치하는 것을 의미한다. 인접한 우방국에 생산시설을 건설하는 경우에는 니어쇼어링이라 부른다. 그러나 이제는 무조건 미국 본토에 투자해서 일자리를 만들지 않으면 불이익을 주겠다는 것으로 결국 시장이 있는 곳에 직접 투자하라는 마켓쇼어링market-shoring을 강요하고 있는 것이다. 이렇게 되면 캐나다나 멕시코 등에 공장을 갖고 있거나 건설을 추진하던 삼성, LG, SK, 기아 등 많은 국내기업이 심각한 타격을 입게 된다. 대외경제정책연구원의 보고서 「미국 통상정책의 경제적 영향」에 따르면 트럼프의 정책이 본격화되면 우리나라는 53억~448억 달러 수출이 감소할 것으로 내다봤다.

한편 중국은 2024년에 성장률 목표인 '5%' 달성이 어려워지자 경기를 끌어올리기 위해 안간힘을 써서 결국은 목표를 달성했다. 기준금리를 2024년 7월에 이어 10월에도 또다시 인하했으며 경기 부양을 위해 1,950조 원이라는 천문학적 규모의 특별 국채 발행을 한 것이다. 이 금액은 트럼프와의 경쟁에서 필요하다면 추가로 늘릴 가능성도 열어놓았다. 경기를 살리기 위해 돈을 푸는 방법을 총동원하겠다는 것이다. 그만큼 중국 경제 상황이 안 좋다는 뜻이다.

그러나 경기 침체의 어려움 속에서도 중국은 한국의 레거시 반도체 기술을 상당히 따라잡았을 뿐만 아니라 2023년에는 중국 자동차업체들이 전 세계에서 1,340만 대의 신차를 팔아 1,190만 대를 판매한 미국을 앞질렀다. 중국이 미국을 앞지른 것은 2023년이 처음으로 글로벌 자동차 업계의 판도가 변하고 있음을 보여주는 대목이다. 2023년 기준으로 일본이 29.1%로 전 세계 판매량 1위, 유럽연합이 24.9%로 2위, 중국이 17.9%로 3위, 미국은 15.2%로 4위이며 한국은 8.5%로 5위다. 그런데 놀라운 사실은 자동차 수출에서는 중국이 일본을 제치고 세계 1위 자리에 올랐다는 것이다. 전기차 시장에서 막강한 경쟁력을 갖춘 중국 업체들이 러시아 등 해외시장을 적극적으로 공략한 결과다.

중국의 자동차 수출은 2022년 대비 60% 증가했으며 일본은 15% 증가에 그쳤다. 중국의 자동차 수출은 2018~2020년 100만 대 안팎에서 2021년 200만 대, 2022년 300만 대, 2023년 500만 대로 급증했다. 이렇듯 중국이 배터리와 전기차 등 미래 유망 산업 분야에서 세계 최고 수준의 경쟁력을 지닌 것이 증명되면서 중국 시장에서 점차 우리의 입지는 약화될 수밖에 없다.

설상가상으로 미·중 갈등이 격화되면서 둘 중 하나의 시장만 고르라는 압박도 거세다. 잘못하면 우리 양대 수출시장의 반쪽을 잃을 수도 있다는 말이다. 그야말로 진퇴양난의 샌드위치 신세가 된 것이다. 미국 피터슨국제경제연구소PIIE는 향후 미국 무역정책이 안보 우선주의적으로 변화하면서 미·중 무역전쟁의 골이 더욱 깊어지고 장기화되면서 한국이 벼랑 끝에 몰릴 위험성이 커진다고 분석했다. 국제통화기금IMF도 한국을 미·중 갈등으로 가장 큰 피해를 볼 나라로 꼽았다.

새로운 활로를 찾지 않으면 장기 침체를 피하기 어렵다

지금 한국은 경제의 버팀목인 수출이 부진한 상황에서 중국과 미국뿐만 아니라 지정학적 불안 등 대외 불투명성은 갈수록 커지고 있다. 우크라이나와 중동지역에서 벌어지는 2개의 전쟁 격화도 먹구름을 드리운다. 언제나 유가가 폭등할 수 있다. 달러화 강세도 고민이다. 환율이 급등하면 인플레이션이 심해지고 국내 경기부양을 위한 한국은행의 추가 금리 인하도 어려워지기 때문이다. 모처럼 안정세에 접어드는 듯했던 소비자물가가 다시 요동칠 가능성도 배제할 수 없다. 이런 상황에서 내수 회복은 더디기만 하다. 도소매, 숙박, 외식업 등 자영업은 너무나 어렵다. 대기업들은 해외에 공장을 짓고 국내 일자리를 만드는 중소기업은 상황이 어려워 실업률도 걱정이다. 경제 반등의 모멘텀이 안 보이는 상황이다. 급기야 한국의 2024년 경제성장률은 대폭 낮아져 2.0%를 기록했다. 2025년 성장률은 1.0%라는 사상 최악의 전망도 나오고 있다.

경제 부양과 구조개혁이 시급한 상황이다. 그러나 막대한 재정 적자와 세수 펑크로 정부가 적극적인 재정 정책을 펼칠 여력이 없다. 부동산 가격이나 물가를 고려하면 추가적인 금리 인하도 쉽지 않다. 지금까지 한국의 경제성장을 견인하던 자동차와 철강 등 전통적 제조업의 경쟁력도 한계에 다다랐다. 이대로 가면 결국 퍼펙트 스톰을 피할 수 없을지도 모른다. 이제라도 중국과 미국에 치우쳐 있던 수출 영토를 글로벌 공급망 재편 과정에서 급부상한 인도, 인도네시아, 베트남 등 '스윙 컨트리'로 다변화해야 한다. 동시에 바이오, 로봇 등 미래 혁신 산업을 육성해야 한다. 이를 위해 정부는 모든 역량을 총동원하여 민간기업을 지원하고 걸림돌이 되는 규제를 과감하게 철폐해야 한다.

자연의 겨울은 피할 수 없다. 그러나 현명하게 대처하면 경제의 겨울은 막을 수 있을 것이다. 폭풍이 오고 있다. 이제 모두가 힘을 합쳐야 한다. 대한민국의 저력을 보여줄 시점이다.

2

비메모리 반도체 시대가 되면서
K-반도체가 뒤처졌다

"인공지능 비메모리 반도체 전쟁이 시작됐는데
한국은 여전히 메모리에 갇혀 있다."

2024년 초부터 글로벌 반도체 기업의 시가총액 상위권에 팹리스(설계 전문), 파운드리(위탁생산) 등 비메모리 기업들이 대거 이름을 올리고 있다. 가전, PC, 스마트폰 등 IT 관련 전방산업의 수요가 위축되면서 전형적인 시클리컬cyclical 산업인 메모리 반도체 기업들의 실적이 주춤한 반면 인공지능, 전기차 등 신성장 산업의 핵심인 비메모리 반도체 기업들이 빠르게 성장하고 있기 때문이다.

2024년 3월 중순을 기준으로 전 세계 반도체 기업 시가총액 순위는 엔비디아가 3,000조 원을 넘기며 1위, 대만의 전 세계 최대 파운드리 회사 TSMC가 985조 원으로 2위, 싱가포르와 미국에 공동 본사를 두고 있는 브로드컴이 787조 원으로 3위, 네덜란드 ASML이 509조 원으로 4위, 삼성전자가 442조 원으로 5위에 올라 있다. 종합반도체 기업IDM이면서 메모리가 주력인 삼성전자는 2018년 1위에서 6년 만에 4계단 내려온 것이다. 근소한 차이로 미국 AMD가 6위, 인텔이 7위, 메모리 반도체로 삼성과 하이닉스를 위협하고 있는 마이크론이 13위다. SK하이닉스는 119조 원으로 18위다. 전반적으로 메모리 기업들이 비메모리에 비해 시가총액이 낮은 것이 특징이다. 참고로 엔비디아 시가총액은 우리나라 2,683개 모든 상장사 시가총액을 합한 것보다 크다.

역대급 반도체 폭등장에서 소외되다

생성형 인공지능의 급성장에 힘입어 2023년 반도체 기업들의 주가는 역사적으로 유래를 찾아보기 힘들 정도로 놀라운 성장을 보였다. 2023년에만 엔비디아 236%, TSMC 40%, 브로드컴 97%, ASML 36%, 삼성전자 37%, AMD 128%가 올랐다. 또한 2024년에도 3월 중순까지 불과 두 달여 만에 엔비디아 88%, TSMC 39%, 브로드컴 30%, ASML 30%, AMD 38% 폭등했다. 그러나 선두그룹에서 유일하게 삼성전자만이 -6.2%를 기록하고 있다.

이러한 분위기를 반영하듯 2022년 반도체 기업 매출 1위를 차지했던 삼성전자는 2023년에 TSMC에 1위를 내주며 4위로 내려앉았다. 2위 인텔, 3위는 2022년 8위에서 5단계나 오른 엔비디아가 차지했다. 하이닉스도 재작년 5위에서 7위로 내려왔다. 반도체 기업의 매출은 일반적으로 메모리 전문업체가 크고 수익률은 비메모리 기업이 높지만 엔비디아나 TSMC의 폭풍 성장은 매출과 이익을 동시에 잡았다. 그러나 이렇게 역대급 반도체 폭등장이 펼쳐지는 지금 한국 반도체 기업은 철저히 소외되고 있다.

소품종 대량생산 방식인 메모리 반도체는 IT 산업 전반에 데이터 저장을 위해 활용되는 범용 제품이다. 이 때문에 메모리 산업은 경기 상황에 따라 실적이 크게 영향을 받는 분야다. 2023년부터 경기둔화 우려에 D램, 낸드플래시 등 메모리 반도체 가격이 급락하면서 주가도 자연스럽게 약세를 보였다. 반면 다품종 소량생산 방식인 비메모리는 소비자 수요에 따라 유연하게 제품 생산을 조절할 수 있다는 장점이 있다. 데이터를 단순히 저장하는 메모리와는 달리 비메모리 반도체는 연산 처리 기능이 있다. 그래서 인공지능, 전기차 등 최근 혁신 산업 섹터에서 비메모리 수요가 급격히 증가하고 있다. 더욱 놀라운 것은 메모리에 비해 비메모리 분야의 수익성이 도저히 비교가 안 될 정도로 뛰어나다는 것이다. 일례로 애플, 마이크로소프트 등에 맞춤형 반도체 칩을 공급하는 브로드컴은 영업이익률이 62%에 달한다.

2023년 대만의 1인당 국내총생산$_{GDP}$은 2004년 이후 다시 한국보다 높은 수준으로 올라섰다. 반도체 파운드리 수요 급증으로 TSMC의 유례없는 호황이 커다란 영향을 미쳤기 때문이다. 그러나 대만의 지정학적 리스크로 TSMC에 대한 지나친 의존도를 우려하는 기업들이 늘어나고 있다는 것이 향후 변수다. 로이터통신은 단기간에 TSMC의 위험도를 낮출 수 있는 대안으로 한국 반도체 기업을 거론하기도 했다. 이런 상황에서 2024년 TSMC가 일본 구마모토현에 제1공장을 지어서 양산을 시작했다. 이 공장에 일본 정부는 4조 2,000억 원의 보조금을 주었고 2027년 말 가동 예정인 제2공장에는 6조 5,000억 원을 지원한다고 알려졌다.

과거 영광을 되찾기 위해 절치부심하던 인텔도 2024년에 2나노와 1.8나노 공정을 도입하고 2027년 '꿈의 공정'으로 불리는 1.4나노 초미세 공정에서 칩을 생산하겠다고 밝혔다. 이는 1위 업체인 TSMC와 2위인 삼성전자를 모두 앞지르겠다는 것으로 반도체 파운드리 시장에 충격을 안겼다. 인텔의 참전으로 파운드리 시장의 지각변동은 피할 수 없게 됐다. 주력인 메모리의 경기회복 부진에다 TSMC와의 격차가 벌어지는 상황에서 인텔의 추격은 한국에 더 큰 위협으로 다가온다. 인텔이 무서운 건 전폭적 지원을 아끼지 않는 정부라는 든든한 우군 때문이다. 일단 100억 달러를 제공하고 추후 금액을 늘릴 거란 전망이다.

반도체 산업 생태계를 전방위로 확대하라

인공지능의 등장으로 격변의 시기를 맞은 세계 반도체 시장에서 살아남으려면 압도적인 기술력 확보를 위한 기업의 과감한 투자와 정부의 적극적인 지원이 필수다. 미국은 자국 기업을 전방위로 지원하고 있다. 마이크로소프트, 애플 등 빅테크 기업들도 미국 반도체회사를 우선하고 있다. 반도체 재건의 기치를 내건 일본은 외국 기업에 12조 원의 보조금을 지급했다. 일본 TSMC 공장은 365일 24시간 공사로 20개월 만에 준공했다. 이와는 별개로 2나노 공정 반도체 양산을 위한 래피더스라는 회사를 8개 기업이 공동 설립하기도 했다. 대만의 반도체 사랑은 말할 것도 없다. 세계 최대의 파운드리 기업 TSMC의 보유국으로서 대만 정부는 반도체를 자국의 생존 문제와 결부시키고 있다. '대만을 중국으로부터 지켜주는 것은 무기가 아니라 반도체'라고 공언할 정도다. 심지어는 기술이 한참 뒤처져 있던 중국도 최근 중앙정부의 전폭적 지원 아래 첨단 반도체 제조 기술 개발에 성공했다. 미국이 중국을 철저하게 견제하는 상황이 오히려 기술 자립의 모멘텀이 된 것이다.

메모리 일변도의 한국 반도체 산업은 1990년대 중반부터 빠르게 성장했다. 하지만 이제 우리는 과거의 영광에서 벗어나 현실을 직시해야 한다. 메모리 위주의 생태계에서 벗어나 향후 시장성과 부가가치가 높은 인공지능 반도체 및 첨단장비와 소재 개발까지 반도체 산업의 생태계를 전방위적으로 확대시켜야 한다. 그러나 반도체 경쟁은 뛰어난 기술, 막대한 자금, 그리고 국가적 무한한 지원이 동원되는 사실상 '국가 대항전'이다. 동시에 시간과의 싸움이다. 변화가 늦어지면 도태될 수밖에 없다.

위기가 점차 가시화되자 우리 정부도 대책 마련에 나섰다. 반도체 산업 클러스터를 확충하고 관련 산업인력을 양성하겠다는 것이다. 늦은 감은 있지만 그나마 다행이다. 그러나 갈 길이 너무 험하고 멀다. 실패해서도 포기해서도 안 된다. 촌각을 다투는 상황에서 우리 모두 머리를 맞대야 할 때다.

3

1위였던 삼성전자의 위기는 한국 반도체 생태계의 위기다

"반도체 전쟁은 국가 대항전이고 삼성전자 부활 없이는
한국의 생존도 위태롭다."

애플 다음으로 세계에서 돈을 가장 많이 벌던 삼성전자가 흔들리고 있다. 마지막 보루인 메모리 반도체에서도 경쟁력을 회복하지 못하는 진짜 위기에 처해 있다. 기술 경쟁력과 거버넌스에 대한 의구심이 커지자 외국인들은 2024년 하반기에만 18조 원어치의 삼성전자 주식을 팔아 치우며 코스피 지수를 끌어내렸고 2025년에도 계속해서 삼성전자 주식을 팔고 있다. 결국 현재 삼성전자의 기업가치는 청산 가치에도 미치지 못할 정도로 추락했다.

삼성전자의 2024년 4분기 잠정 영업이익은 3분기 대비 29% 넘게 하락했다. 매출액도 5% 이상 떨어졌다. 이러한 실적은 고스란히 주가에도 반영돼 2024년 8월까지 8만 원대에 머물던 주가는 10월에 5만 원대로 떨어진 후 3개월이 지난 2025년 1월 20일 기준 5만 3,700원을 기록하며 좀처럼 반등의 기미가 보이지 않고 있다. 그러는 사이 2024년 초 475조 원이던 시가총액은 2025년 1월 20일 기준 320조 원으로 155조 원이나 감소했다. 『블룸버그』는 "삼성전자가 역사상 가장 힘든 시간을 보내고 있다."는 평가를 내놓기도 했다.

삼성전자의 부진은 국민연금에도 커다란 영향을 미쳤다. 국민연금이 보유한 주식 평가액이 2024년 4분기에 4조 4,000억 원 넘게 감소했는데 그중 약 57%에 해당되는 2조 5,000억 원이 삼성전자 평가액 하락분이다. 국민연금은 삼성전자 주식 7.68%를 갖고 있는데 주가가 떨어지면서 평가액이 줄어든 것이다. 반면 같은 기간 SK하이닉스에 대한 평가액은 1조 6,000억 원 증가하면서 국민연금이 보유한 주식 중 평가액이 가장 많이 늘어난 종목이 됐다. SK하이닉스는 인공지능 열풍에 고부가 제품인 고대역폭메모리HBM 출하량이 증가한 반면 삼성전자는 고대역폭메모리HBM 양산 일정이 지연되면서 국내 반도체 대장주의 희비가 엇갈린 것이다. 2024년 삼성전자 주가는 달러 가치 기준으로 무려 40%나 하락했다. SK하이닉스는 5.5% 상승했다.

2025년 1월 2일 5만 3,400원을 기록한 삼성전자 주가는 1월 20일 5만 3,700원으로 거의 변화를 보이지 않는 반면 같은 기간 SK하이닉스는 17만 1,200원에서 21만 4,500원으로 25% 이상 올랐다. 미국 경쟁사인 마이크론테크놀로지도 87.3달러에서 105.7달러로 21% 이상 상승했다.

주도권마저 빼앗기고 말다

최근 인공지능을 중심으로 재편되는 글로벌 메모리 반도체 시장에서 삼성전자는 SK하이닉스에 주도권을 내준 상황이다. 특히 SK하이닉스는 2013년 세계 최초로 고대역폭메모리HBM을 개발한 이후 시장에서 영향력을 더욱 공고히 하고 있다. 2024년 5세대 고대역폭메모리HBM 제품을 양산해 엔비디아에 공급하며 기술력을 입증했다. 사실상 SK하이닉스는 엔비디아에 고대역폭메모리HBM을 독점 공급 중인 가운데 삼성전자는 엔비디아에 납품할 고대역폭메모리HBM 품질 테스트 통과에 어려움을 겪고 있다. 고대역폭메모리HBM에서 주도권을 놓친 삼성전자가 긴 암흑기를 보내고 있다. 2025년 2월 초에 발표된 SK하이닉스의 2024년 4분기 영업이익은 8조 원을 훌쩍 넘겼다. 직전 공개된 삼성전자 2024년 4분기 영업이익 6조 5,000억 원을 훨씬 뛰어넘는 숫자다. 이러한 SK하이닉스의 고대역폭메모리HBM 시장 선두 포지션은 단기간 내에 바뀔 가능성은 희박하다.

전문가들은 삼성전자 부진의 첫 번째 원인을 고대역폭메모리HBM 세계 최대 수요처인 엔비디아에 납품을 못 하는 것으로 분석하고 있다. 그렇지만 시장에서는 늦어도 2025년 하반기에는 삼성전자가 엔비디아의 품질 테스트를 통과하고 납품을 시작할 거라 기대하고 있다. 그러나 납품이 성사된다 해도 삼성전자가 엔비디아로 벌어들일 수 있는 수익은 극히 제한적일 수밖에 없다는 게 문제다. 제품 특성상 엔비디아가 2025년 필요한 물량을 이미 SK하이닉스에 주문했기 때문이다. 더 심각한 문제는 엔비디아의 최우선 공급자는 SK하이닉스고 그다음이 마이크론이고 마지막이 삼성전자라는 것이다. 그래서 2025년 고대역폭메모리HBM 시장의 89%를 차지할 것으로 예상되는 5세대 고대역폭메모리3E의 삼성전자 시장점유율은 SK하이닉스나 마이크론테크놀로지의 영향으로 극히 저조할 것으로 전망되고 있다.

또한 2030년까지 비메모리 부문 세계 1위를 하겠다며 막대한 투자를 한 파운드리는 전혀 성과를 내지 못하며 '밑 빠진 독에 물 붓기'라는 평가를 받고 있다. 게다가 수율 부진과 고객 확보 실패 등이 겹치며 지난 2년간 누적 적자가 8조 원이나 난 것으로 나타났다. 전통적인 메모리 분야에서도 스마트폰과 PC 수요 부진에 따른 범용 메모리 가격 하락이 지속되는 가운데 재고가 쌓이고 있다. 또한 중국 창신메모리테크놀로지의 생산능력 확대로 향후 반도체 가격이 대폭 떨어질 가능성이 커지고 있어서 갈 길 바쁜 삼성전자의 발목을 잡고 있다. 창신메모리가 위협요인으로 떠오른 이유는 냉정하게 보면 삼성전자의 기술력이 과거처럼 압도적이지 못하기 때문이다.

미·중 갈등으로 인한 미국 정부의 반도체 규제도 커다란 부담이 되고 있다. 그러나 보다 본질적인 문제는 삼성이 옛날 같지 않다는 것이다. 기술만 단단하면 중국과 미국이 어떠한 규제나 조치를 한다고 해도 헤쳐 나갈 수 있지만 지금은 기술 격차가 거의 없어서 크게 영향을 받을 수밖에 없다. 결국 삼성이 '얼마나 빠르게 기술력을 회복할 수 있느냐?'가 관건이다.

이런 상황에서 삼성전자가 하염없이 추락하는 주가를 방어하기 위해 자사주 매입과 소각 계획을 발표하고 하루에 100만 주가 넘는 자사주를 사들이고 있지만 주가에 미치는 영향은 미미한 것으로 나타났다. 한국거래소에 따르면 삼성전자는 2024년 11월 20일부터 36거래일간 보통주 3,880만 주와 우선주 536만 주 등 총 4,416만 주의 자사주를 사들였다. 총 10조 원의 자사주를 매입해서 이 중 3조 원의 자사주를 직원들에게 상여금으로 지급하기로 했다. 자사주 매입 발표 이후 매일 평균 거래량의 10%에 육박하는 엄청난 주식을 사들이고 있다. 하지만 주가는 오르지 않았다. 오히려 떨어지는 것을 간신히 막고 있다는 느낌이다. 결국 주가 반등은 대내외 정책 여건과 내부 경쟁력 강화가 선결돼야 한다는 것을 보여준다.

반도체는 국가대항전이다

"기억날지 모르겠지만 원래 엔비디아가 최초로 사용한 고대역폭메모리HBM은 삼성전자 제품이었다."

세계가전전시회CES 2025에서 젠슨 황은 그렇게 말하며 삼성전자는 성공할 것이라 확신한다고 강조했다. 그러나 지금 엔비디아에 납품을 하기 위해서는 '삼성은 새로운 디자인New Design이 필요하다.'고 공개적으로 부정적 평가를 내놓다. 설계부터 다시 해야 한다는 말이다. 삼성전자가 엔비디아의 성능 테스트를 통과하지 못했고 설계를 다시 하지 않으면 테스트를 통과하지 못할 거라는 말로 해석된다. 불과 얼마 전까지 세계 최고의 지위를 누리던 삼성으로서는 그야말로 자존심이 상하는 대목이다.

삼성전자가 과거의 영광을 되찾고 다시 세계 최고의 자리에 오르려면 무엇보다 메모리 경쟁력을 회복해야 한다. 그래서 삼성전자는 세계가전전시회CES에 6세대 고대역폭메모리HBM인 고대역폭메모리4를 소개했다. 개발 단계에 있는 제품을 선보이는 건 이례적으로 고객사에 삼성의 기술력을 알리고 제품을 미리 각인시키려는 포석이다. 차세대 시장인 고대역폭메모리4로 승부를 걸겠다는 것이다.

삼성전자가 주춤하는 사이 2025년 초 기준 전 세계 반도체 공급망에서 차지하는 매출액 비중은 미국 40%, 대만 22%, 한국 10%다. 한국은 대만의 절반 이하다. 이게 한국의 현실이다. 일반 사람들이 생각하고 있는 것만큼 지금의 우리 반도체가 강하지 않다.

반도체는 국가 대항전이다. 전 세계 최고 메모리 반도체회사 1, 2등이 한국회사다. 삼성과 SK가 엔비디아를 놓고 제로섬게임을 벌여서는 안 된다. 오히려 발상의 전환으로 서로 합심하면 더 큰 부가가치를 올릴 수 있다. 최근 인공지능 반도체 시장에 브로드컴 등 새로운 강자들의 등장으로 엔비디아 독주체제에 균열이 생기고 있다. K-반도체가 다시 비상할 기회가 생긴 것이다. 삼성전자의 화려한 부활과 더불어 우리나라가 '반도체 월드컵'의 진정한 승자가 되기를 기대한다.

4
알리와 테무가 한국 이커머스 시장을 빠르게 잠식하고 있다

"중국 앱들은 가격 파괴와 게임화된 쇼핑 경험으로
고객을 사로잡았다."

중국 이커머스 플랫폼이 최근 우리나라 시장에서 급격히 세를 확장 중이다. 알리익스프레스에 이어 테무도 무서운 진격을 보이고 있다. 알리익스프레스가 2023년 3월 한국 시장에 공식 진출한다며 배우 마동석을 홍보 모델로 기용하고 대대적인 투자계획을 내놨을 때만 해도 의아해하는 반응들이 많았다. 중국 앱에 대한 국내 소비자들의 거부감이 높은 데다 이미 한국 이커머스 시장은 쿠팡과 네이버가 주도하고 있었기 때문이다. 하지만 이런 의구심을 깨뜨리는 데는 오랜 시간이 걸리지 않았다.

이들 두 기업은 2023년 사용자 수가 가장 많이 증가한 앱 순위에서 나란히 1, 2위에 올랐다. 2023년 12월 말 기준 월간 활성 사용자MAU가 알리익스프레스 713만 명, 테무 453만 명으로 중국 이커머스 플랫폼 사용자는 1,000만 명을 훨씬 넘기며 쿠팡에 이어 단숨에 2위의 자리에 올랐다.

그러는 사이에 2024년 들어 매일 쿠팡에서 상품을 사는 부인에게 잔소리하던 남편들이 오히려 알리익스프레스나 테무에서 매일 물건을 사면서 아내에게 잔소리를 듣는 신세가 됐다는 인터넷 글이 자주 눈에 띈다. 한번 들어서면 헤어 나오기 힘들다는 소위 알리지옥, 테무지옥에 빠진 사람들이 급속도로 늘어나면서 우리나라 유통시장이 중국기업에 급속도로 잠식되고 있는 것이다.

중국 플랫폼의 전방위 공세에 맞설 전략이 절실하다

테무와 알리익스프레스는 세계적인 대기업이다. 2024년 1월 15일 기준 나스닥에 상장된 테무를 운영 중인 핀둬둬의 시가총액은 260조 원이나 되고 홍콩에 상장된 알리익스프레스의 모기업인 알리바바그룹은 240조 원이다. 핀둬둬의 2대 주주는 텐센트(시가총액 460조 원)로 글로벌 이커머스 시장에서 알리바바와 텐센트가 맞붙은 형국이다. 참고로 뉴욕증권거래소에 상장된 쿠팡의 시가총액은 39조 원이고 코스피의 이마트 시가총액은 1조 9,000억 원이다.

고객이 알리익스프레스와 테무에 열광하는 가장 큰 이유는 단연 가격경쟁력이다. 알리익스프레스와 테무 앱에 접속해보면 쿠팡과 네이버스마트스토어에서 판매되는 비슷한 물품의 가격이 최소 절반에서 많게는 5분의 1 수준에 판매되는 경우가 수두룩하다. 심지어는 동일한 제품도 절반 가격에 살 수 있다. 막강한 자금력을 바탕으로 보조금이나 물류에 천문학적인 돈을 쏟아부으며 글로벌 시장을 상대로 초저가 전략을 쓰고 있다.

미국 시장에서의 기세는 더욱 놀랍다. 테무는 인스타그램, 유튜브 등을 제치고 2023년 미국에서 가장 많이 다운로드된 앱이다.

더욱이 이커머스 플랫폼에서 미국 고객이 아마존에서 하루 평균 10분을 소비하는 데 비해 테무에서는 18분을 보내며 1위를 차지했다. 특히 젊은 사용자가 더 많은 시간을 쓰는 것으로 나타났다. 알리익스프레스는 11분으로 2위다. 미·중 갈등이 최고조에 이른 상황에서 중국 이커머스 플랫폼이 미국 시장에서 선풍적 인기를 끌고 있다는 것은 그야말로 아이러니다.

이들 기업은 모기업과 주요주주가 세계적인 빅테크 기업이라 플랫폼의 운영과 공급망 관리가 굉장히 뛰어나고 데이터 기반의 마케팅 전략을 구사하면서 세계시장을 빠르게 공략하고 있다. 아울러 고객들은 워낙 가격이 저렴하기 때문에 품질에 대한 기대치가 높지 않다. 오히려 가격 대비 고품질의 상품이 배송되면 보물을 찾은 듯한 희열을 느끼기 때문에 계속 사이트에 머물면서 '보물찾기'에 열중하게 된다. 하지만 무료 배송과 무료 반품에 엄청난 물량의 할인 쿠폰까지 제공하는 마케팅 전략이 과연 지속가능할까에 대한 의문을 품게 한다.

글로벌 초저가 공습 앞에 무방비로 무너질 수 있다

구체적으로 이들 플랫폼에 열광하는 이유는 크게 일곱 가지로 요약할 수 있다. 첫째, 평상시에도 말도 안 되는 가격을 자랑한다. 하지만 명절, 크리스마스, 블랙프라이데이 프로모션을 통해 더욱 싼 가격에 살 수 있다. 또한 다양한 이벤트를 진행하기 때문에 더욱 저렴하게 구매할 수 있다. 둘째, 쇼핑에 게임이나 도박의 요소를 가미하여 고객의 흥미를 유발시켜 플랫폼에 머무는 시간을 극대화한다. 셋째, 이메일로 간편하게 가입할 수 있다. 해외 직구지만 배송을 위해 복잡한 절차 없이 그냥 한국에서 쇼핑하듯이 한국어로 주소를 적으면 된다. 카카오페이로도 간단히 결제할 수 있다. 넷째, 모든 주문에 대해 무료 배송 정책을 실시하고 있다. 심지어는 1,000원짜리도 공짜 배송을 해준다. 다섯째, 상품이 분실되든 파손되든 간에 고객이 원하면 무료 반품과 전액 환불이 가능하다. 여섯째, 구매한 상품의 가격이 인하된 경우 그 차액을 보상한다. 일곱째, 다양한 제품들이 있다는 것이다. 뭔가 이런 제품들이 있으면 좋겠는데 싶어 네이버나 쿠팡에 검색해도 나오지 않는 것들이 조금만 찾아보면 있는 경우가 많다. 소위 있으면 편할 것 같지만 없어도 불편하지 않은 것들이다.

그렇지만 여러 가지 단점도 지적되고 있는데 대략 여섯 가지 정도로 정리된다. 첫째, 명품이나 타 브랜드의 짝퉁이나 유사한 디자인으로 지적재산권 침해의 우려가 크다. 둘째, 사이트는 한국어를 잘 지원하지만 제품에 대한 상세 설명이 아쉬운 면이 있다. 셋째, 아무래도 해외 직구라 배송이 국내보다는 당연히 느리다. 급한 게 아니면 큰 단점이 아니지만 로켓 배송에 익숙한 사람들이 느끼는 가장 큰 단점이다. 보통 3~7일 걸리며 길면 14일 정도까지도 소요된다. 넷째, 대체로 가격 대비 무난한 품질을 자랑하지만 질이 아주 낮은 것도 존재한다. 다섯째, 처음에는 고객센터의 응대가 굉장히 빠르고 친절했지만 고객이 늘어나면서 불만이 증가하고 있다. 여섯째, 해외 직구이기 때문에 온라인으로 관세청의 '개인통관고유번호'를 발급받아 등록해야 한다. 한 번만 등록하면 모든 사이트에서 계속 쓸 수 있다.

알리와 테무가 글로벌 시장에 불어 닥친 고물가와 경기 침체 속에서 '억만장자처럼 쇼핑하기'라는 슬로건을 내세우며 등장했다. 우리로서는 유통 질서를 파괴하는 수준의 초저가 전략으로 위축된 소비심리를 정확하게 파고들며 새롭게 등장한 유통 골리앗과 어려운 싸움을 해야 한다. 다윗의 신박한 지혜가 그 어느 때보다 절실한 시점이다.

5
혁신을 규제하면 글로벌 무대에서 살아남을 수 없게 된다

"플랫폼 규제가 잘못 설계되면 한국은 '스스로 무너지는 나라'가 되고 만다."

글로벌 디지털 경제패권을 둘러싼 세계 각국의 경쟁이 갈수록 치열해지고 있다. 특히 미래 성장동력인 인공지능 주도권을 잡기 위해 미국과 중국은 일찌감치 자국의 기술 플랫폼 기업을 육성하는 전략을 펼치고 있다. 미국은 미래산업 동력을 훼손한다는 판단에 따라 기존에 발의된 플랫폼 규제 법안을 대거 폐기했다. 중국은 바이두와 텐센트 등을 인공지능 혁신 플랫폼으로 선정해 지원하고 있다. 하지만 한국은 어이없게도 토종 플랫폼 기업을 강력하게 규제하겠다는 방침이다.

우리나라는 미국과 중국에 당당히 맞설 수 있는 토종 디지털 플랫폼을 보유한 유일한 나라다. 구글과 페이스북에 대항해 네이버와 카카오가 선전하고 있고 쿠팡은 로켓배송이라는 혁신적인 서비스로 세계 최강 아마존의 국내 진출을 막아 내고 있다. 또한 우리나라 플랫폼 기업들은 국내총생산GDP의 상당 부분에 기여하며 고용이나 국민들의 편익을 담당하고 있다. 2022년 기준 4,800만 명이 이용하는 네이버에는 55만 개의 스토어가 입점하여 비즈니스를 영위하고 있다. 쿠팡은 5만 명이 넘는 직원을 고용하여 2,000만 명이 넘는 고객에게 서비스를 제공 중이다. 또한 국내 대표 배달 앱인 배달의민족에는 30만 개가 넘는 음식점이 입점해 있으며 매일 수만 명의 라이더에게 일자리를 제공하고 있다.

인터넷기업협회에 따르면 2021년 기준 국내 인터넷기업의 총 매출액은 490조 원으로 국내총생산$_{GDP}$의 25.4%를 차지하고 있다. 그뿐만 아니라 네이버와 카카오는 팬데믹으로 전 국민이 고통받을 때 코로나19 발생 현황, 백신 접종 현황 및 관련 정보를 제공했으며 음식점에 입장할 때 QR코드 시스템을 제공하는 등 공공의 이익에도 기여했다.

플랫폼 기업들이 안팎으로 위기를 맞다

2023년부터 알리익스프레스와 테무가 국내에서 무서운 속도로 시장을 잠식하면서 국내 플랫폼 기업들은 엄청난 위기를 맞고 있다. 이들 중국기업은 모두 시가총액 기준으로 네이버, 카카오의 8~10배나 크고 특히 자금력이 풍부한 것으로 알려져 있다. 미·중 갈등이 최고조에 이른 정치적 상황에서도 2023년에 미국에서 인스타그램과 유튜브를 제치고 가장 많이 다운로드된 앱으로 젊은 층에서 선풍적인 인기를 끌고 있다. 이렇게 막강한 중국 플랫폼이 미국 시장을 장악하고 여세를 몰아 국내에도 진출하면서 우리 기업들의 위기감은 더욱 높아지고 있는 상황이다.

그런데 이러한 위기 속에서 우리나라 플랫폼 기업들을 더욱 맥

빠지게 하는 일이 벌어졌다. 2023년 12월 정부는 느닷없이 '플랫폼 공정경쟁 촉진법'이라는 칼을 꺼내 들었다. 이 법은 시장지배력이 큰 대형 플랫폼 기업을 미리 지정해 자사 우대, 끼워 팔기, 멀티호밍 제한(자사 이용자에게 경쟁 플랫폼의 이용을 금지하는 것), 최혜 대우 요구 등의 행위를 집중감시하겠다는 것이 핵심 내용으로 알려졌다. 현행 공정거래법상 '사후 규제' 방식에서 한발 더 나아가 위법 여부를 상시 들여다보는 '사전규제'를 도입하고 입증 책임을 기업에 부과하는 것이 포함되는 것이다. 이 법이 통과되면 기업의 혁신이 제한돼 우리나라 기술 및 산업 경쟁력은 급속도로 약화될 것이라고 전문가들은 우려하고 있다. 특히 토종 플랫폼 기업의 역량을 바탕으로 빠르게 성장 중인 우리나라 인공지능 발전에도 스스로 족쇄를 채우는 꼴이 된다는 의견이다. 법안이 면밀한 검토 없이 신속하게 추진되는 것에 반해 산업과 시장에 미칠 영향은 굉장히 클 것으로 예상된다.

　이러한 우려를 인식해 공정위는 해외기업도 규제 대상으로 하겠다고 하지만 쉽지 않으리라 예상된다. 이미 주한미국상공회의소는 통상마찰 가능성을 이유로 반대의견을 내놓았다. 지난 2021년 통과된 인앱결제 규제법도 구글과 애플을 상대로 실질적인 효과를 거두지 못했다. 마찬가지로 플랫폼 공정경쟁 촉진법이 통과되면 국내 플랫폼 기업에만 적용돼 해외기업들에 국내시장을 내어주는 결과를 가져올 수 있다. 특히 현재 시장점유율이 낮아 규제 대상에 포함되지 않을 중국 플랫폼들이 우리의 안방을 차지하는 것은 시간문제다. 또한 무엇보다 어렵게 키워낸 국내기업들이 글로벌 시장에서 경쟁력을 잃게 되지 않을까 우려된다.

한국의 규제 환경은 글로벌 평균보다 높다. 이는 기업의 생존과 혁신을 어렵게 만드는 주요 요인이다. 이 점을 고려하면 공정위가 추진하려는 사전규제는 정부가 할 수 있는 방법 중에 가장 편하고 쉬운 길을 선택한 것은 아닌지 되돌아볼 필요가 있다. 아울러 우리 정부가 벤치마킹하는 유럽의 DMA 입법 취지가 거대한 글로벌 플랫폼으로부터 유럽연합의 IT 산업을 보호하기 위한 것이라는 것을 다시 한번 되새겨야 할 것이다.

우리 스스로 우리의 손발을 묶어서는 안 된다

'기술은 두 가지 유형의 사람들, 기술에 대해 충분히 잘 아는 전문가지만 안타깝게도 의사결정을 할 수 없는 자리에 있는 사람과 기술에 대해서는 잘 모르지만 정책을 수립하고 관리하는 자리에 있는 사람에 의해 지배된다.'라는 유명한 '퍼트 법칙Putt's Law'이 있다. 아치볼드 퍼트가 쓴 『퍼트 법칙과 성공적인 경제관료Putt's Law and the Successful Technocrat』에 나오는 내용이다. 퍼트의 법칙은 기술에만 적용되는 것이 아니고 기업 또는 국가의 각종 프로젝트나 중요한 의사결정을 내리는 경우에도 흔히 나타난다. 그래서 현명한 의사결정을 위해서는 정책 방향이 모호하지 않고 명확하고 구체적이어야 한다. 또한 끊임없는 의사소통을 통해 모든 정보를 공유해야 한다. 이 과정에서 중요한 것은 의사결정권자가 권력의 힘으로 밀어붙이거나 자신의 무지가 드러나는 것을 두려워해서 잘 모르는 부분을 피해 가는 어리석음을 저질러서는 안 된다.

코로나19에서 힘겹게 벗어났다. 하지만 그 후폭풍은 아직 끝나지 않았다. 특히 러시아-우크라이나 전쟁이 장기화되고 중동전쟁도 격화되고 있다. 게다가 세계 곳곳의 기상이변이라는 돌발 악재와 함께 글로벌 경기 침체, 경제 불확실성도 좀처럼 가시지 않고 있다. 이 모든 상황은 전혀 예측하지 못한 상태에서 블랙스완처럼 나타난 것들이다. 이처럼 세상은 굉장히 빠르게 변하고 있다. 그것도 전혀 예측하지 못한 일들이 빈번하게 일어난다. 전 세계를 휩쓸고 있는 생성형 인공지능 열풍은 불과 탄생 1년 만에 벌어진 일이다. 과연 이러한 변화를 누가 꿈에서라도 예측할 수 있었을까? 이처럼 혁신생태계의 변화는 어지러울 정도로 변화무쌍하다. 사전규제를 굉장히 우려하게 되는 이유다.

규제가 혁신의 발목을 잡는 일은 더 이상 없어야 한다. 더욱이 우리 스스로 우리의 손발을 묶는 일은 절대 없어야 할 것이다.

6

투자자들이 수익을 찾아
해외 주식으로 이민 가고 있다

"한국 주식시장 경쟁력을 회복하려면 '혁신기업'의
등장이 시급하다."

2023년 7월부터 2024년 6월 말까지 1년 동안 전 세계 주요 주식시장의 변동률은 커다란 차이를 보였다. TSMC에 힘입은 대만 가권지수가 35.7%로 상승률 1위, 엔비디아가 속한 나스닥이 31.3%로 2위, 인도SENSEX 23.9, 일본 니케이 19.6, 다우지수 15.6, 독일DAX 14.1, 캐나다 10.7, 영국FTSE 9.0, 코스피 8.7, 스위스 7.4, 프랑스CAC 3.3 그리고 사우디는 2.3% 상승했다. 반면에 중국 심천은 -18.7%로 가장 하락 폭이 컸다. 홍콩 항셍(-7.6%), 상하이(-7.5%), 코스닥(-3.1%)도 마이너스 성장률을 기록했다. 비교적 규모가 적은 이머징 국가에서는 튀르키예BIST 85.4%, 베트남VN 12.9% 등이 올랐다. 2024년 하반기에도 대만, 나스닥, 인도는 높은 성장을 이어갔지만 한국, 일본 그리고 중국은 부진한 모습을 보였다.

비록 코스피가 2024년 5월에 반짝 상승했지만 2021년 6월 말 3300을 넘어 사상 최고치를 경신한 뒤 2024년 6월 30일 기준

2700대에 머물며 16% 정도 지수가 떨어진 상태로 지난 3년 동안 길고 긴 약세장이 이어지고 있다. 코스닥은 2000년 닷컴 버블 당시 3000선에 육박했으나 그로부터 24년이 지난 현재 800대에 머물고 있다. 이렇게 우리나라 주식시장이 상대적으로 좋지 않은 성적을 거두자 개인투자자를 비롯해 국민연금도 국내 주식보다는 해외투자로 눈을 돌리면서 이른바 '주식 이민'이 급증했다. 예탁결제원에 따르면 2024년 12개월 내내 개인투자자들은 유가증권시장에서 지속적으로 매도했으며 확보한 자금을 엔비디아 등 미국 주식을 대거 매입한 것으로 나타났다. 국민연금도 기금관리위원회에서 국내 주식 비율을 2024년 15.4%에서 2025년에는 14.9%로 낮추고 해외 주식을 33.0%에서 35.9%로 늘리기로 했다.

참고로 2013년부터 2023년까지 지난 10년간 국내 증시 총수익률(배당 포함)은 연평균 5%로 미국(13%), 일본(11%), 대만(10%)보다 낮았다. 또한 2024년 상반기 국내에 상장된 해외 주식형 ETF의 평균수익률은 19.9%에 달했으나 국내 주식형은 4.14%로 무려 5배 가까이 차이가 났다.

한국 경제의 역동성이 떨어졌다

전문가들은 이러한 수익률의 차이를 고금리 장기화와 국내 대표 기업들의 실적 부진, 중국 경기둔화 등을 원인으로 분석했다. 거기에 낮은 주주환원율과 후진적 기업 지배구조와 같은 제도적 요인들이 더해지면서 동학개미들이 국내 증시를 외면하게 됐다는 것이다. 그러나 보다 핵심적인 원인은 신기술 혁신과 산업구조 재편이 더디게 진행되는 등 국내 경제의 역동성이 전반적으로 떨어지고 있고 미래 전망이 밝지 않다는 데 있다.

2025년 2월 24일 기준 글로벌 시가총액 상위 5개 사는 애플 (5,311조 원), 엔비디아(4,735조 원), 마이크로소프트(4,365조 원), 아마존(3,301조 원), 메타(2,491조 원) 순이다. 모두 소위 '맨땅에 헤딩'하며 스타트업으로 출발한 혁신기업들이다. 그러나 코스피 상위 10대 기업은 셀트리온을 제외하곤 모두 전통적인 대기업들이다. 세계 각국에서 혁신기업들이 쏟아지면서 증시 판도가 숨 가쁘게 뒤바뀌는 동안 한국은 새로운 스타 플레이어의 등장 없이 기존 대기업 위주의 '고인 물'이 증시를 여전히 지배하고 있다. 우리나라 상장기업은 총 2,635개(코스피 849, 코스닥 1,786)이며 전체 시가총액은 2,569조 원이다. 글로벌 5대 혁신기업들은 모두 한국의 전체 시가총액보다 크다. 그만큼 국내시장은 굉장히 작고 열악하다는 뜻이다. 상장기업 숫자는 많지만 삼성전자와 일부 대기업을 제외하면 대부분 상장기업이라 하기에는 부끄러울 정도로 아주 낮은 시가총액을 보이고 있다.

한국 주식시장에서는 엔비디아나 테슬라 같이 엄청난 성장성을 지닌 혁신기업이 태어나기도 어려운 환경에다가 기업들의 배당 성향은 낮고 경기 민감형 산업이 많아서 투자자들이 수익을 내기 위해서는 적극적으로 매매해야 한다. 하지만 시장에는 온갖 테마주와 단타 종목들이 활개를 치면서 한국 주식시장은 너무 어려운 시장이 되어버렸다. 그래서 대학생부터 젊은 직장인은 물론이고 어린 자녀를 둔 부모와 중년 세대까지 다양한 계층의 개미들이 국내 주식을 포기하고 미국 주식을 비롯한 해외 주식 공부에 열중하며 투자를 늘려가고 있다.

이런 상황에서 어쩌면 주식 이민은 너무나 자연스러운 현상일 수 있다. 특히 미국으로의 투자 증가세가 두드러진다. 2024년 6월 말 기준 국내 투자자들의 미국 주식 보유 금액은 코로나19 발생 전인 2019년 말 대비 10배 가까이 늘어났다. 또한 모디 총리의 3연임 성공과 내수시장의 눈부신 성장으로 주목받는 인도에도 투자가 몰리고 있다. 그러나 2024년 초 반짝 반등했지만 미국, 유럽과의 갈등으로 어려움을 겪고 있는 중국이나 증시가 고점을 찍었다는 평가를 받는 일본에서는 순유출이 나타나고 있다.

한국판 엔비디아가 나와야 한다

매번 새로운 정부가 들어서면 주가를 끌어올리겠다고 입버릇처럼 얘기한다. 그러나 그러한 약속은 지켜진 적이 없다. 사실 의도적으로 주가를 올리겠다는 발상 자체가 문제다. 몇 가지 정책으로 시장이 생각과 같이 그렇게 쉽게 움직이지도 않을뿐더러 실제로 그럴 수 있는 치트키가 세상에 존재하지 않기 때문이다. 그럼에도 주식 이민자들이 늘어나자 최근 금융당국은 '코리아 디스카운트'를 해소해서 주가를 끌어 올리겠다는 '밸류업 프로그램'을 내놨다. 그러나 지난 10년간 코스피지수, 나스닥지수, 다우지수를 분석해 보면 주가를 움직인 핵심 변수는 회사의 실적이었다. 상장사 실적에 따라 주가가 수렴해왔다는 뜻이다. 결론적으로 한국기업들의 실적이 좋지 않았기 때문에 주가가 낮게 형성되고 있다는 얘기다.

이런 상황에서 미국 주식에만 투자하면 마치 떼돈을 벌 수 있을 거란 분위기가 팽배하다. 과거 예일대학교 경제학과 교수였던 어빙 피셔는 자신의 이론을 바탕으로 주식투자를 하여 큰돈을 벌었다. 주식시장 최고의 전문가로 칭송받던 어느 날 한 세미나에서 그는 "미국 주식시장은 이제는 내려갈 수 없는 영원한 고원 지대에 도달했다."라고 말했다. 그러나 불과 사흘 뒤 주가는 '검은 화요일'로 불리는 대폭락을 맞았고 대공황이 시작됐다. 그로 인해 경제학자로서 명성은 물론 재산까지 모두 날렸다. 피셔 교수는 주식투자 실패의 아이콘이 됐다.

그런데 주식 이민이 왜 문제일까? 2024년 네이버웹툰이 성공적으로 미국 증시에 상장했다. 쿠팡도 미국에 상장되어 있으며 넥슨은 일본에 상장되어 있다. 야놀자도 미국 시장에 상장을 추진 중이다. 우리나라 회사가 해외에 높은 가치를 인정받으며 성공적으로 상장하면 모두 축하해주고 국민들은 자부심을 느낀다. 그런데 해외에 상장한 이들 회사에 투자하면 주식 이민자가 되는 것이다. 그렇다면 우리나라 기업들의 해외 상장도 막아야 한다는 것인가.

투자자들에게 애국심에 호소해서 한국 주식을 사라고 할 수 없다. 흥미로운 사실은 엔비디아를 비롯한 일부 대형 인공지능 관련 주를 제외하면 미국 주식시장의 2024년 상반기 상승률은 4% 정도다. 같은 기간 코스피 상승률은 8.4%로 2배 이상 높다. 중요한 것은 미국 주식, 한국 주식이 아니고 좋은 회사에 투자하는 것이다. 결국 수익성이 높고 성장 가능성이 큰 회사들이 한국 주식시장에 많이 있어야 한다. 그럼 주식 이민을 가라고 해도 가지 않을 것이다. 한국판 엔비디아가 많이 나와야 한다. 혁신 생태계 활성화가 중요한 이유다.

7

국민연금 개혁은 더 이상 미룰 수 없는 시대적 숙제다

"국민적 동의와 정치의 결단만이 연금 고갈이라는 재앙을 막을 수 있다."

연금의 원조는 그리스와 로마 시대 군인연금이다. 중세에 와서 신부와 공직자로 확대됐다. 근대적 의미의 연금은 독일 비스마르크가 1889년 도입한 근로자 노령·장애 보험이다. 20세기 들어서 일반 국민으로 확대됐다.

우리나라는 1960년 공무원연금이 처음으로 시행됐고 1963년에 군인연금이 공무원연금에서 분리됐다. 그리고 사학연금이 1975년 시행됐다. 국민연금은 1988년 10인 이상 사업장을 대상으로 처음 시행돼 1995년 농어촌까지 확대됐고 2006년에 비로소 전 국민이 가입 대상이 됐다. 2023년 말 기준 적립금은 1,036조 원에 달하며 일본 공적연금(1,987조 원), 노르웨이 국부펀드(1,588조 원)에 이어 세계 3위 연기금으로 성장했다.

고갈 위험에 시달리는 국민연금을 구하라

엄청난 성장에도 불구하고 국민연금제도에 늘 따라다니는 말이 '고갈 위험'이다. 국민연금은 1988년 도입 때부터 2049년 정도면 기금이 바닥날 것으로 전망됐다. 당시 보험료율(내는 돈)은 3%로 낮았지만 소득대체율(받는 돈)은 파격적으로 높은 70%였다. 그러다 2007년 소득의 9%를 내고 평균 소득의 40%를 받도록 개정됐지만 여전히 국민연금의 심각한 재정문제는 해소되지 않고 있다.

현재 국민연금제도가 현행대로 유지된다면 적립 기금은 2039년에 1,972조 원으로 최고치에 도달한 후 점차 감소해 2054년에 소진되는 것으로 전망되고 있다. 그 이유는 세계에서 가장 낮은 출생률과 엄청나게 빠른 고령화 때문이다. 경제활동 인구는 급속히 줄어드는 반면 부양 노인층은 빠르게 늘어나고 있다. 2023년 우리나라 합계출산율은 0.72명으로 전 세계 최저이며 심지어 4분기에는 0.65를 기록했다. 참고로 경제협력개발기구OECD 38개 국가 평균출산율은 1.5 수준이다.

만일 기금이 소진되면 현행 연금제도는 보험료를 올리도록 설계돼 있다. 그래서 앞으로 연금 급여를 감당하려면 보험료율을 33%~35% 정도로 인상해야 한다. 그래서 앞 세대는 낮은 보험료를 내고도 많은 돈을 받을 수 있었지만 지금의 청년세대는 훨씬 더 많은 돈을 내고도 상대적으로 적은 연금을 받게 돼 있다. 그렇기 때문에 무작정 보험료율을 올릴 순 없다. 세대 간 형평성이 지나치게 훼손되기 때문이다. 이 문제를 조속히 해결하지 않으면 세대 간 갈등이 증폭되고 엄청난 혼란이 생길 수 있다. 다양한 해결책이 제시되고 있지만 저출생 문제가 예상보다 훨씬 심각하다. 게다가 기대 수명이 계속해서 늘어나는 최근 상황을 고려하면 상대적으로 소수인 청년층의 보험료로 다수의 노령층을 부양하는 현 연금제도에서는 뾰족한 대안이 나올 수 없다. 미래 세대에게 일방적으로 막대한 돈을 부담하게 하는 현 제도를 획기적으로 개혁하지 않으면 안 된다.

그러나 우리나라 고령층이 상대적으로 더 나은 연금 혜택을 누리고 있다고는 하지만 경제협력개발기구OECD 국가 중 노인 빈곤율은 38.1%로 제일 높다. 이런 상황에서 고령층은 앞으로 받을 연금액이 줄어들까 걱정이 깊다. 청년들은 많은 돈을 내고도 나중에 제대로 받지 못할 수 있다는 우려 때문에 연금을 바라보는 눈이 곱지 않다. 그러다 보니 차라리 없는 게 낫다는 의견도 나온다. 그만큼 세대 간 갈등이 심각하다. 연금을 바라보는 시각도 다양하다. 사회보장제도로서 노후를 든든히 하는 데 방점을 두기도 하지만 재정의 지속가능성에 무게를 두고 미래세대의 부담을 합리적으로 조정해야 한다는 견해도 있다.

이제는 코끼리를 옮겨야 할 때다

불교에서는 코끼리를 매우 신성한 동물로 여긴다. 하지만 경제학에서는 주로 부정적인 의미로 사용된다. 막대한 재정이 소요되는 국민연금이 대표적인 '코끼리'다. 연금개혁은 선진국이 반드시 겪어야 하는 통과의례가 됐다. 출산율은 줄고 평균 수명이 늘어나기 때문이다. 그래서 연금 전문가인 카를 힌리히스 브레멘대학교 교수는 연금 개혁의 어려움을 '코끼리 옮기기'에 비유했다. 연금 수혜자들은 지금보다 조금이라도 더 내고 덜 받는 식의 구조개혁은 결사반대하기 때문이다. 이러한 상황을 덩치가 매우 크고 다루기 힘든 코끼리를 원하는 장소로 안전하게 옮기는 일에 비유한 것이다. 불가능에 가까울 만큼 어렵다는 것이다. 그래서 많은 위험도 따른다. 정권이 무너지기도 했다. 슈뢰더 전 독일 총리, 프로디 전 이탈리아 총리, 고이즈미 전 일본 총리 등은 연금 개혁에 손을 댔다가 중도 낙마하거나 정권 재창출에 실패하기도 했다.

이런 상황에서 국회 연금개혁특별위원회가 2024년 2개 안의 국민연금개혁안을 확정했다. 1안(소득보장안)은 현재 9%와 40%인 보험료율과 소득대체율을 13%와 50%로 모두 인상하는 것이다. 2안(재정안정안)은 12%와 40%로 내는 돈만 소폭 인상하고 노후에 받는 돈은 그대로 두는 것이다. 2개 안 중 어느 쪽을 택해도 연금 고갈 시점이 단지 7~8년 정도 늦춰질 뿐 개혁의 효과는 미미하다. 그러나 2007년 이후 지금까지 연금개혁의 시계추가 멈춘 데다 세대 간 갈등과 당리당략을 넘어선 사회적 합의가 쉽지 않은 현실을 고려하면 이 정도의 대안이 제시된 것도 의미는 있다. 연금개혁은 현 정부 출범 직후 '인기 없는 일이지만 해야 하는' 3대 개혁 과제로 제시했으나 여야가 서로 공을 떠넘기듯 특별한 진전 없이 아까운 시간만 낭비하며 표류해왔다.

연금개혁의 공은 이제 국회로 넘어갔다. 국회 연금개혁특별위원회는 22대 국회에서 연금개혁안을 통과시키겠다고 하지만 현실은 녹록지 않다. 문제는 연금개혁을 둘러싼 여야 평행선이 여전하다는 점이다. 여야는 소득 보장과 재정 안정 사이에서 국민연금 개혁의 방점을 어디에 둘지를 놓고 견해차를 좁히지 못하고 있다.

서울과기대학교 김영순 교수는 가장 성공적으로 평가받고 있는 영국 연금개혁을 연구하고 분석해『코끼리 쉽게 옮기기』라는 책을 펴냈다. 영국 정부는 방대한 자료를 수집하고 면밀하게 분석하여 쉽게 이해할 수 있도록 자료를 만들어 모든 국민의 동의를 구했다. 그 결과 '대중의 이해'를 끌어내며 개혁을 성공적으로 끝낼 수 있었다는 것이다.

　우리도 '총론 찬성 각론반대'만을 외칠 게 아니라 이제 코끼리를 옮겨야 한다. 최선만 찾다가 실기하여 결국 최악으로 가는 경우만은 막아야 한다. 우리 모두의 안정적인 노후가 걸린 일이기 때문이다. 좀 더 솔직하고 진지하게 다가가면 국민들 모두 코끼리 옮기는 일에 동참하리라 믿는다.

6장

기술 혁신이 새로운 부의
지도를 만들다

1
엔비디아는 AI 골드러시 시대의 진정한 승자다

"엔비디아는 칩 하나로 세계 기술 패권의 정점에
가까워지고 있다."

2024년 6월 10일 기준 전 세계 시가총액 톱 10은 마이크로소프트, 애플, 엔비디아, 알파벳, 아마존, 아람코, 메타, 버크셔 헤서웨이, TSMC, 일라이 릴리 순이다. 빅테크 기업들이 상위권에 포진한 현재의 순위는 엔비디아를 제외하곤 지난 10년 동안 크게 변화가 없었다. 삼성전자는 25위, SK하이닉스는 150위다. 그런데 조만간 1위의 자리가 바뀔 거란 전망이 쏟아진다. 그 주인공은 전 세계 인공지능 열풍의 중심에 선 엔비디아다. 엔비디아의 주가는 2023년에만 236% 상승했으며 2024년 상반기에도 143%나 올랐다. 경이적인 속도로 기업가치를 키우며 엔비디아 시가총액은 2조 9,760억 달러로 마이크로소프트(3조 1,500억 달러)와 애플(3조 190억 달러)에 이어 근소한 차이로 3위다. 한때 3조 달러를 넘기며 애플을 제치고 2위에 오르기도 했다.

재주는 오픈AI가 부리고 돈은 엔비디아가 번다

1993년 창업한 엔비디아는 6년 만인 1999년에 시가총액 6,250만 달러로 상장했으며 24년이 지난 2023년 6월 1조 달러를 돌파했다. 그리고 불과 8개월 만에 2조 달러를 넘어섰으며 다시 4개월 만인 지난 6월 5일 3조 달러도 넘겼다. 1조 달러를 달성한 후 1년 만에 기업가치가 2조 달러가 더 늘어난 것이다. 참고로 현재 우리나라 전체 상장회사는 2,568개이며 이들을 모두 합친 시가총액은 2,640조 원으로 2조 달러가 안 된다. 엔비디아는 지난 1년 동안 우리나라 전체 시가총액보다 더 큰 성장을 이룬 것이다. 엔비디아의 시가총액은 25년 전 상장 당시에 비해 무려 4만 8,000배나 성장했으며 상장 당시 투자자들은 배당금을 제외하고도 4,780배라는 경이적인 수익률을 기록했다.

엔비디아는 AMD의 엔지니어로 근무하던 커티스 프리엠, 젠슨황, 크리스 말라코스키 3명이 중앙처리장치CPU 제조 판매를 위해 설립했다. 그러나 인텔 등 막강한 시장 지배자가 있는 상황에서 승산이 없다고 판단하여 비디오 게임으로 인해 수요가 높아진 그래픽처리카드로 눈길을 돌렸다. 처음 시장에 내놓은 제품은 처참하게 실패했지만 다시 출시한 새로운 그래픽처리카드가 크게 히트하면서 재기에 성공했다. 그 후 비트코인 열풍으로 초호황을 누리다가 수요감소로 그래픽처리카드 가격이 폭락하고 신규 아이템이 실패하는 등 여러 악재가 겹치면서 다시 위기에 몰리기도 했다. 이 당시 4대 주주였던 소프트뱅크는 주식 전량을 매각하고 손을 털었다. 품질 문제로 애플로부터 거래 중단 통보를 받았던 암흑기도 있었다.

그러나 2022년부터 시작된 생성형 인공지능 열풍으로 인공지능 가속기_{AI accelerator}라는 인공지능 전용 반도체의 수요가 폭증했다. 인공지능 기술은 막대한 양의 데이터를 분석, 학습, 추론할 수 있는 연산 능력이 핵심이다. 이를 구현할 수 있느냐는 인공지능 반도체의 성능에 달려 있다. 엔비디아가 이러한 반도체 분야에서 독보적인 기술로 80%라는 압도적인 시장점유율을 갖고 있었기 때문에 인공지능을 연구하는 모든 회사는 엔비디아 제품이 필수 구매 품목이 됐다. 품귀 현상을 빚으며 가격이 폭등했지만 수요를 따라갈 수 없었다. 그때부터 엔비디아의 주가도 날았다. 그러다 2023년에 들어서 오픈AI-마이크로소프트와 구글의 생성형 인공지능 전쟁으로 그야말로 최고의 황금기를 맞게 됐다.

그러나 세계적인 투자회사 시코이어캐피털의 2023년 인공지능 시장 분석에 따르면 오픈AI의 챗GPT로 촉발된 인공지능 열풍으로 실제 수익이 크게 늘어난 회사는 엔비디아가 유일하다. 거의 모든 인공지능 회사들은 막대한 투자를 하고도 뚜렷한 수익 모델이 없어서 엄청난 적자를 기록하는 것으로 나타났다. 인공지능 개발에 투입된 천문학적인 자금은 상당 부분 핵심 하드웨어를 제공하는 엔비디아로 흘러갈 수밖에 없는 구조였기 때문이다. 과거 골드러시 시대에 황금보다는 청바지로 돈을 벌었다는 비슷한 상황이 벌어진 것이다. 정작 인공지능 회사는 적자를 면치 못하고 있는데 도구를 파는 엔비디아만 대박이 났기 때문이다. 결국 '재주는 오픈AI가 부리고 돈은 엔비디아가 벌고' 있는 상황이 된 것이다.

현재에 만족하지 않고 더 큰 그림을 그린다

엔비디아의 급성장이 사실 생성형 인공지능의 등장으로 인한 행운이긴 하지만 이면에는 지금까지 엔비디아가 펼쳐 온 뛰어난 전략들이 숨어 있다. 첫째, 많은 사람의 반대를 무릅쓰고 100억 달러 이상을 투자하여 그래픽처리카드 개발자들이 무료로 사용할 수 있는 소프트웨어를 제공하여 엔비디아를 중심으로 한 강력한 플랫폼을 구축하여 인공지능 생태계를 주도한 것. 둘째, 모든 기업이 뛰어든 스마트폰 시장에서 발 빠르게 철수하고 계산 능력을 높이는 컴퓨팅에 올인한 것. 셋째, 3만 명의 임직원 중 75%가 연구개발 인력인 강력한 기술 중심 조직문화를 만들었다는 것. 마지막으로 넷째, 좋은 기술을 가진 스타트업에 끊임없이 벤처캐피털보다 훨씬 더 많은 투자를 했다는 것 등이다. 그렇기 때문에 지금의 고도성장은 당연한 결과일 수 있다.

2024년 기준으로 엔비디아는 그래픽처리카드 시장 1위를 기록하고 있으며 인공지능 반도체 분야에서도 압도적인 시장점유율로 1위다. 또한 자율주행 자동차 시장에서도 선두를 지키고 있다. 삼성전자, 인텔을 제치고 세계 반도체 매출 1위에도 등극했다. 그 결과는 수치로 나타났다. 1년 만에 매출은 3배고 영업이익은 8배나 커졌다. 이런 추세는 당분간 지속될 거란 전망이 우세하다. 이렇게 놀라운 기세를 고려하면 조만간 세계에서 가장 비싼 기업이 되는 것은 당연하고 단지 시간문제라는 평이다. 기업가치가 앞으로도 더욱 가파르게 상승하여 지금의 3배가 넘는 10조 달러(약 1경 3,840조 원)에 이를 거라 예상하는 애널리스트도 등장했다.

그렇다면 엔비디아의 상승세는 앞으로 얼마나 더 이어질까? 시장조사기관 IDC는 생성형 인공지능 시장 규모가 2023년 149억 달러에서 2027년 1,511억 달러로 10배 이상 커질 것으로 전망한다. 글로벌 시장조사기관 스태티스타는 2024년 인공지능 시장 성장률을 43.5%로 예상했다. 이처럼 인공지능 시장이 성장을 이어간다면 아직 뚜렷한 경쟁상대가 없는 엔비디아의 상승세는 지속될 수밖에 없다.

그렇다고 엔비디아의 앞길이 순탄한 것만은 아니다. 구글, AMD, 브로드컴, 시스코, 구글, 휴렛팩커드, 인텔, 메타, 마이크로소프트 등 전 세계 모든 빅테크 기업이 연대해 '엔비디아 독주'에 제동을 걸겠다며 '프로모터 그룹Promotor Group'이라는 새로운 인공지능 이니셔티브를 2024년 5월 출범시켰다. 여기에 인공지능 시장에서 존재감이 미미했던 애플, 테슬라까지 직접 인공지능 칩을 개발하겠다고 선언하면서 반反 엔비디아 전선에 합류했다. 또한 후발 경쟁자들이 상대적으로 우수한 품질의 그래픽처리카드GPU를 3분의 1 가격으로 제공하겠다고 선언했다. 가파르게 오른 주가가 버블이란 주장도 제기되고 있으며 실적 둔화 가능성도 많이 언급되고 있다. 미국 법무부가 인공지능 반도체 시장의 80% 이상을 점유하고 있는 엔비디아에 대해 반독점 조사에 착수했다는 뉴스도 있었다.

그러나 엔비디아는 현재에 만족하지 않고 더 큰 그림을 그리고 있다. 젠슨 황은 2024년 6월 대만에서 열린 포럼에서 "엔비디아는 최소 1년 단위로 혁신을 추구할 것이며 모든 영역에서 기술의 한계까지 도달하려고 한다."라고 말하며 수많은 경쟁자 앞에서 2026년 런칭 예정인 차세대 플랫폼 루빈Rubin을 공개했다.

막강한 경쟁자들의 견제로 좌초될지, 아니면 전 세계 1등 기업으로 우뚝 설지의 30년 전 설립된 스타트업의 놀라운 성장 스토리의 결말이 궁금해진다.

2

MS는 늙은 공룡에서 새 왕으로
변신해 돌아왔다

"모든 것을 아는 사람이 되지 말고 모든 것을
배우는 사람이 되세요."

월스트리트에서는 주가 상승을 이끌고 있는 회사들을 그룹화하여 수시로 신조어를 만들어낸다. 2010년 초에는 트위터, 구글, 애플, 페이스북의 주가가 강세를 보이자 'TGIF'를 주식시장을 이끄는 대표 종목이란 의미로 사용했다. 2017년에 트위터 주가가 급락하고 아마존과 넷플릭스가 급부상하자 페이스북, 애플, 아마존, 넷플릭스, 구글을 통칭하는 'FAANG'이란 용어가 등장했다. 그러다 2023년 초 인공지능 상용화의 수혜를 입으며 지수 상승을 이끌고 있는 7개의 뛰어난 빅테크기업을 '매그니피센트 7'으로 명명하기 시작했다. 애플, 마이크로소프트, 알파벳, 아마존, 엔비디아, 테슬라, 메타로 구성된 M7의 2023년 평균 주가 상승률은 무려 100%에 달했다. 그러다 M7 중 옥석 가리기를 통해 향후 인공지능 시대를 주도할 회사로 마이크로소프트, 엔비디아, 메타를 지목해 'MnM'으로 부르고 있다.

모바일과 클라우드 퍼스트로 살아나다

2024년에는 생성형 인공지능 붐에 힘입어 시장을 주도하고 있는 마이크로소프트, 엔비디아, TSMC, 브로드컴, AMD가 'AI 5'로 탄생했으며 1년 동안 이들 기업의 주가는 엔비디아 300%, 브로드컴 122%, AMD 121%, 마이크로소프트 61%, TSMC 44%라는 놀라운 상승률을 기록하고 했다.

이렇게 2024년 주식시장을 선도할 기업 리스트에 모두 이름을 올린 회사는 마이크로소프트와 엔비디아 2개다. 2024년 2월 말 기준 전 세계 시가총액 1위 기업은 3조 달러가 넘는 마이크로소프트, 2위는 애플, 3위는 사우디 석유회사 아람코다. 엔비디아는 아마존과 구글을 제치고 4위에 올라있다. 그런데 2024년 초까지 늙은 공룡, 늙은 호랑이로 불리며 쇠락해 가던 마이크로소프트가 어떻게 세계 최고의 기업으로 화려하게 부활했을까?

마이크로소프트 부활의 주인공은 단연코 '모바일 퍼스트, 클라우드 퍼스트'를 내세우며 PC 기반으로 성장한 마이크로소프트를 송두리째 바꿔버린 사티아 나델라 CEO다. 최근 CNN 비즈니스는 생성형 인공지능 돌풍을 일으킨 오픈AI의 샘 올트먼, 인공지능 반도체의 혁명을 이끈 엔비디아의 젠슨 황, 미국 최대 은행 JP모건의 제이미 다이먼 등 쟁쟁한 경쟁자들을 제치고 나델라를 '2023년 최고의 경영자'로 선정했다. 그는 『포춘』지가 선정한 '가장 과소평가된 CEO'에 2017년부터 2022년까지 7년 연속 뽑히기도 했다.

인도 태생인 나델라는 2014년 마이크로소프트가 나빠질 대로 나빠진 최악의 상황에서 CEO 자리에 올랐다. 입사한 지 20년 만의 일이다. 그에게 CEO 자리는 성공이라기보다 숙제에 가까웠다.

그 당시 시장은 이미 PC에서 모바일로 넘어갔는데 마이크로소프트는 설 자리가 없었다. 스마트폰은 애플이 석권했고 소프트웨어는 구글이 장악했다. 그나마 강세였던 태블릿도 애플과 삼성에 밀려난 상태였다. PC를 기반으로 성장한 마이크로소프트에 모바일은 악몽이었다. 전임자인 스티브 발머가 13년간 성장은커녕 주가가 30%나 하락한 상태에서 그만두고 후임 CEO를 찾고 있을 때 블룸버그는 「왜 아무도 마이크로소프트의 CEO가 되고 싶어하지 않을까」라는 기사에서 '폐쇄성'과 '혁신이 없는' 기업의 암울한 미래를 예견하기도 했다. 그러다 나델라가 CEO에 임명되자 망가진 회사를 일으키기에는 너무나 부족한 사람이라며 모든 언론은 일제히 혹평을 쏟아냈다.

모두의 우려와 지탄 속에 취임한 그는 무엇보다 먼저 자기만족에 빠져 침몰하던 마이크로소프트의 폐쇄적인 조직문화를 개방적으로 바꾸었다. 주력 사업이었던 윈도, 오피스 등 PC 소프트웨어 대신 클라우드에 회사의 모든 자원을 집중하기 시작했다. 과거의 영광인 '윈도'를 걷어내고 '클라우드'를 새로운 먹거리로 삼겠다는 것이다. 클라우드 시장에 마이크로소프트의 미래가 있다고 확신한 것이다. 그러나 아마존웹서비스aws가 선점하는 클라우드에 집중하는 것이 무모하다는 내부 반대가 많았다. 나델라는 혁신을 강조하며 강력하게 밀어붙였다. 현재 캐시카우 역할을 톡톡히 하고 있는 클라우드 '애저'가 이때의 산물이다.

또한 오픈소스 전략을 펼치며 경쟁사인 애플, 구글, 리눅스와도 기꺼이 손을 잡았다. 이는 전임 CEO 시절에는 상상도 할 수 없었던 일이다. 노키아를 인수하며 펼쳤던 휴대폰 사업은 과감히 접었다. 신사업 발굴을 위해 모장 스튜디오(3조 원), 링크드인(31조 원), 깃허브(9조 원), 뉘앙스 커뮤니케이션(24조 원), 제니맥스 미디어(9조 원), 액티비전 블리자드(82조 원) 같은 엄청난 규모의 인수합병을 성 공적으로 성사시키며 새로운 수익원을 창출했다.

과거 영광을 잊고 되돌아보지 않는다

위기를 신속하고 차분하게 극복하면서 업계 관계자들을 놀라 게 했던 나델라는 2023년 초 생성형 인공지능이라는 개념을 전 세 계인에게 각인시킨 챗GPT 개발사 오픈AI에 130억 달러(17조 원) 를 투자하며 최대 주주로 등극하는 신의 한 수를 두었다. 마이크로 소프트를 인공지능 혁명을 주도하는 기업으로 탈바꿈시킨 순간이 었다. 사실 생성형 인공지능은 아직 구체적인 비즈니스 모델이 없 는 상태지만 미래 트렌드를 예견하여 선제적으로 베팅한 것이다. 차후에 생성형 인공지능이 활성화되면 클라우드 비즈니스가 엄청 난 수혜를 입을 거란 판단이 있었다. 또한 오픈AI 투자와 동시에 워드, 파워포인트, 엑셀 등 자사 주력 제품에 인공지능을 접목시켜 수익성을 강화했다.

그 결과 2023년 실적을 보면 나델라의 전망대로 클라우드 애저 매출이 전년 대비 30% 폭풍 성장하며 마이크로소프트의 실적을 이끌고 있다. 또한 2024년 초 10년 만에 기업가치를 10배 늘리며 전 세계 1등 기업으로 올라섰다. 윈도 성공 이후 수십 년 만에 다시 세계 최고의 혁신 선도자라는 타이틀도 되찾았다. 언론은 나델라 를 GOAT(Greatest of All Time, 역대 최고 인물)로 칭송하며 '영혼을 잃 어가던 회사'를 다시 일으킨 인물이고 '평범함의 수렁'에 빠져 있던 마이크로소프트를 부활시킨 영웅이라며 찬사를 아끼지 않았다.

10년 전 CEO 취임식에서 "전통보다는 혁신만을 추구하겠다."던 나델라는 윈도 라이선스 판매에 안주하며 쇠락하던 마이크로소프트를 '리셋'하고 과거의 영광을 잊고 폐쇄성을 탈피하고 과감히 혁신에 모든 것을 걸었다. 10년이 지난 2024년 엄청난 성공을 거두고 세계 1위에 올랐다. 하지만 그는 "요즘 우리는 과거 영광을 뒤돌아보지 않는 법을 배우고 있다."며 긴장감을 늦추지 않고 있다. 또다시 더 큰 성장을 추구하는 나델라 앞에 독점규제의 칼과 새로운 수익원 창출이라는 어려운 숙제가 기다리고 있기 때문이다.

"모든 것을 아는 사람이 되지 말고 모든 것을 배우는 사람이 되세요."

새로운 지식과 경험을 바탕으로 끊임없는 혁신을 추구하라는 나델라의 철학이 담긴 조언이다.

3

1인 창작 크리에이터 이코노미가
산업 지형을 바꾼다

"크리에이터가 플랫폼을 떠받치던 시대에서 플랫폼이
크리에이터를 모시는 시대다."

과거에는 기업이 일방적으로 고객에게 콘텐츠를 제공하는 구조였다면 이제는 온라인 플랫폼을 통해 누구나 손쉽게 콘텐츠를 제작해 올리고 수익을 낼 수 있게 됐다. 이렇게 자신들의 창의성, 재능, 열정을 활용하여 온라인에서 콘텐츠, 상품 및 서비스를 통해 수익을 창출하는 '크리에이터 이코노미' 생태계가 활성화되면서 엄청나게 빠른 속도로 관련 비즈니스가 성장하고 있으며 앞으로도 고도성장이 예상된다.

내 창작물을 기반으로 직접 수익을 만든다

크리에이터 이코노미Creator Economy(창작자 경제)란 자신의 창작물을 기반으로 수익을 만드는 전체 산업을 지칭한다. 크리에이터는 유튜버나 인플루언서는 물론 가수, 작가, 디자이너, 예술가 등 뭔가를 만들고 창작하는 모든 사람을 포함한다. 1인 미디어 성장과 더불어 대중적 용어로 자리를 잡았다.

크리에이터 이코노미가 성장하는 데는 유튜브의 영향이 컸다. 유튜버가 하나의 직업으로 인정되면서 그 영향력과 수익은 커졌고 더 많은 크리에이터가 시장에 진입했다. 공급자가 많아지니 콘텐츠를 소비하는 수요자도 증가했고 시장 규모는 점점 더 커지고 있다.

포토샵으로 유명한 미국 소프트웨어사 어도비는 크리에이터를 '매달 글, 사진, 동영상 등을 만들어 소셜미디어에 게시하고 홍보하는 사람들'로 정의했다. 또한 대부분 취미나 부업으로 하고 있지만 10명 중 6명은 수입이 발생하며 미래의 사회, 경제, 문화, 심지어는 사람들의 정신건강에도 커다란 영향을 미칠 것이라고 했다.

골드만삭스는 글로벌 크리에이터 비즈니스가 2023년 2,500억 달러에서 2027년에는 100% 가까이 늘어난 4,800억 달러로 성장할 것으로 전망하면서 크리에이터들이 영화와 드라마 등 엔터테인먼트뿐 아니라 뷰티와 패션 등 다양한 산업에서 영향력을 키우고 있어서 가까운 미래에 기존 시장 질서를 뒤흔드는 독보적 입지를 갖게 될 것이라고 했다. 또한 글로벌 마케팅 회사인 인플루언서 마케팅 허브Influencer Marketing Hub의 자료에 의하면 2024년 9월 기준 전 세계에는 2억 명 정도의 크리에이터가 있으며 이 중 30% 이상이 전업으로 활동 중인 것으로 나타났다.

이런 상황에서 최근 경쟁이 치열해진 플랫폼 업계에서는 양질의 콘텐츠와 크리에이터를 확보하는 것이 주요 과제로 떠올랐다. 생존을 위해 이용자를 플랫폼에 묶어두는 록인Lock-in 효과를 극대화해야 하기 때문이다. 이를 위해서 거대 플랫폼들도 다양한 정책과 아이디어로 크리에이터 생태계에 합류하고 있다.

메타는 창의적인 콘텐츠 제작을 위한 '인스타그램 크리에이터 비즈니스 스쿨'을 운영하고 있으며 크리에이터의 소득 증대를 위한 다양한 제도를 제공하고 있다. 틱톡은 교육, 패션, 푸드, 운동 등 13개 카테고리 전문 크리에이터를 발굴하고 성장을 돕기 위한 '틱톡 파트너 크리에이터'를 운영하고 있다. 매월 주어지는 미션을 달성하는 크리에이터에게는 상금을 지급하며 성장을 위한 집중 케어, 광고, 협찬 등 활동을 장려한다.

네이버는 '창작하며 돈을 버는 플랫폼C2E, Create to Earn'으로 탈바꿈하기 위해 플랫폼 전반에 텍스트, 동영상, 이미지 등 다양한 형태의 콘텐츠 생산을 지원하고 이를 위한 보상체계를 구축하고 있다. 소셜미디어 기업뿐 아니라 생존을 위해 신사업을 발굴해야 하는 레거시 기업들도 크리에이터 이코노미로 눈을 돌리고 있다.

개인에게 주권을 돌려주는 시대가 열렸다

지금까지 인터넷은 두 번의 커다란 변화가 있었다. 초기 인터넷은 콘텐츠 제공자가 정보를 제공하면 이용자는 일방적으로 받아들이기만 하는 단계인 '웹 1.0'으로 뉴스나 논문 등을 검색하고 읽는 것 정도만 하는 공간이었다. 불과 10여 년 전만 해도 라디오, 텔레비전, 신문, 잡지, CD, 카세트와 같은 주류 미디어 플랫폼에만 의존했다. 그러다 아마존, 메타, 유튜브, 네이버 등과 같은 플랫폼의 등장으로 '웹2.0'으로 진화했다. 개인들도 콘텐츠를 만들어 플랫폼을 통해 수익을 내는 구조가 만들어진 것이다.

동시에 크리에이터의 수익원도 더욱 다각화됐다. 또한 주요 액세스 포인트가 휴대폰이기 때문에 매년 더 많은 사람이 쉽게 온라인에 접속하고 온라인에서 돈을 지출한다. 따라서 콘텐츠로 수익을 창출하는 크리에이터들도 점점 더 늘어나게 됐다. 누구나 카메라만 있으면 유튜버가 될 수 있었던 것처럼 누구나 크리에이터가 될 수 있는 세상이 된 것이다.

그러나 팬데믹을 거치며 플랫폼의 영향력이 엄청나게 커지면서 인터넷이 플랫폼의 통제하에 놓이게 됐다. 그러자 콘텐츠를 만들고 제공하는 사람들보다 콘텐츠를 관리하는 플랫폼이 대부분의 수익을 갖게 되는 모순과 개인정보 이슈가 대두되면서 콘텐츠의 주권을 제공자나 이용자에게 돌려주자는 '웹 3.0'이 시작됐다. 크리에이터들이 그동안 써온 글, 사진, 영상 등이 플랫폼의 수익을 올려주는 수단일 뿐이었다면 이제부터는 크리에이터가 주인공인 시대를 추구하는 것이다. 결국 현재의 막강한 플랫폼 영향력이 앞으로는 빠르게 크리에이터로 이동하게 될 것이다.

2024년 6월 LA에서 열렸던 크리에이터들의 세계 최대 축제인 '비드콘 2024'에는 세계 각국에서 온 크리에이터들이 그야말로 문전성시를 이루었다. 특히 예년에 비해 어린이, 10대, 이들과 함께 온 가족 단위 참관객이 많았다. 체험 이벤트마다 긴 줄이 늘어섰으며 현장은 활기가 넘쳤다. 산업 콘퍼런스에 이렇게 많은 어린이가 참석했다는 것은 크리에이터 경제의 전망이 아주 밝다는 것을 보여주는 단면이다.

요즘처럼 전 세계에서 한국 콘텐츠가 관심과 사랑을 받았던 적은 없었다. 크리에이터 이코노미는 위기의 우리 경제에 한 줄기 빛과 같은 희망을 이야기하고 있다. 지금이야말로 K-크리에이터에게는 절호의 찬스다. 정부의 과감한 지원과 정책이 절실한 시점이다.

4

딥테크 스타트업은 기술보다
비즈니스로 증명해야 한다

"좋은 기술은 많지만 살아남는 기술은 고객과
시장의 신뢰를 얻은 것이다."

스타트업을 논할 때 우리나라에서는 유독 테크 기업을 강조하는 경향이 있다. 최근에는 테크를 넘어 딥테크Deep Tech를 키워야 한다는 목소리가 높다. 왜 해외에는 딥테크 유니콘, 제조업 유니콘이 많은데 국내에는 아무런 기술도 없는 서비스 플랫폼 일색이냐는 것이다.

그러나 우아한형제들이나 야놀자 등과 같은 플랫폼 기업도 연구 인력만 수백 명을 보유하며 상당한 수준의 기술을 확보하고 있고 이를 비즈니스에 활용하여 경쟁자들과 격차를 벌리고 있다. 그렇기 때문에 글로벌에서는 기술이 내재화된 우버, 우아한형제들, 당근마켓, 에어비앤비 등과 같은 플랫폼 기업들을 모두 테크 기업으로 분류하고 있다.

기술 자체보다 비즈니스를 구현해야 한다

2014년 인도의 벤처캐피털리스트 스와티 차투르베디가 처음 사용한 딥테크는 사회에 큰 파장을 끼칠 수 있지만 아직 발견되지 않고 수면 밑에 있어 보이지 않는 기술로 정의된다. 주로 비즈니스 모델의 혁신보다는 바이오, 에너지, 청정기술, 컴퓨터 과학, 신소재 등 세상을 바꿀 만한 획기적인 기술을 말한다. 또한 그런 기술을 개발하는 회사를 딥테크 기업이라 부르는데 인공지능 기술로 알파고를 만든 딥마인드가 원조 격이고 최근 주목받는 오픈AI가 대표적이다.

그러나 딥마인드는 알파고로 유명하긴 했지만 매년 엄청난 적자를 기록했다. 뛰어난 인재를 유치하고 천문학적인 개발비가 필요했기 때문이다. 2010년에 설립된 이 회사는 수천억 원의 적자를 기록하다가 결국 2014년 구글에 인수됐으며 설립 10년 만인 2020년에 소규모 흑자를 기록했다. 하지만 구글이 인수하지 않았더라면 파산할 수밖에 없었을 것이다. 2015년 설립된 오픈AI도 사람이 할 수 있는 모든 지적 업무를 해낼 수 있는 '범용 인공지능'을 최종 목표로 수십조 원을 투자했지만 결과물까지는 요원한 상태다.

사실 딥테크는 초기 연구 단계이거나 실체는 없고 개념만 존재하는 경우가 대부분이다. 비용이 매우 많이 들어갔지만 상용화가 이루어진 것은 극히 드물다. 비록 상용화 단계에 도달해도 어떤 제품이나 서비스가 될지, 어떤 규제가 있을지도 알 수 없다. 그래서 이들 기업에 대한 초기 투자는 대부분 공적 자금으로 이뤄진다. 이러한 이유로 하이텍과는 별도로 딥테크라는 말이 만들어졌다. 엄청난 파괴력은 있지만 아직 발견되지 않았다는 말은 뛰어난 기술이긴 하지만 시장성이 약해 투자들로부터 관심을 끌지 못한다는 뜻이기도 하다.

스타트업은 연구기관이 아니고 타인으로부터 자금을 조달해 짧은 시간에 성과를 내야 하는 영리기업이다. 딥테크 스타트업, 첨단 기술 스타트업 등 수식어는 의미가 없다. 파괴적 기술 혁신이 일상화된 시대 기업은 기술 혁신만으론 성공을 보장받을 수 없다. 기술 자체보다는 그 기술을 활용해 진정한 비즈니스를 구현하는 것이 더 중요한 것이다.

혁신의 저주에 걸리더라도 멈출 수는 없다

일반적으로 사람들은 혁신을 만나면 두 가지 상반된 유형으로 갈라진다. 새로운 기술의 긍정적인 영향에만 초점을 맞추고 부정적인 영향이나 위험성을 무시하거나 경시하는 혁신 편향Pro-Innovative Bias을 나타낸다. 혹은 혁신으로 인한 새로운 변화를 두려워해 혁신을 무조건 배척하려는 혁신 저항Innovation Resistance이 강화되는 경향을 보인다.

혁신 편향은 새로운 아이디어나 기술에 대해 무의식적으로 지나치게 긍정적인 태도를 보이는 인지적 편향이다. 이러한 편향은 혁신과 창의성을 촉진할 수 있으며 문제에 대한 해결책을 찾거나 새로운 제품이나 서비스를 개발하는 데 도움이 될 수 있다. 그러나 비판적인 사고를 감소시키고, 기존의 방식이나 아이디어를 지나치게 무시하고, 새로운 게 무조건 좋은 거라는 접근방식이다. 혁신이라는 이유만으로 과대평가하는 것이다.

예를 들면 1950년대에는 미래의 발전소는 모두 원자력이 될 것이며 석탄과 석유가 필요 없어지고 음식물 살균부터 우주여행까지 그야말로 원자력 만능 시대를 예고했던 전문가들이 많았다. 70년이 흐른 지금 그런 일은 일어나지 않았다. 원자력에 대한 과도한 혁신 편향이다.

한편 블록체인의 등장도 엄청난 주목을 끌었다. 활성화를 위한 근본적인 3가지 문제인 확장성Scalability, 탈중앙화Decentralization, 보안성Security이라는 이른바 트릴레마Trilemma(삼중 모순)에 대한 마땅한 해법이 없는 상태에서 혁신의 크기가 지나치게 과장된 면이 없지 않았다. 현재 광풍이 불고 있는 생성형 인공지능에 대한 무한한 경외심도 마찬가지다.

반면에 혁신 저항은 '혁신 그 자체에 대한 부정적 태도가 아니라 혁신이 일으키는 변화에 대한 저항'이다. 고객이 혁신을 수용하기 위해서 더 비싸거나, 어렵거나, 시간이 오래 걸리거나, 기존 사고방식을 바꿔야 한다면 현재의 익숙한 생활방식을 고수하려는 성향이 강해지며 혁신을 거부하는 것이다. 그래서 혁신의 크기가 클수록 고객의 행동 변화를 최소화하지 않으면 저항하게 되는 것이다. 좋고 나쁨을 떠나 어떠한 변화도 무조건 거부하려는 현상 유지 편향의 일종이다. 또한 기득권층이 자신들의 이익을 위해 혁신의 폐해를 침소봉대하여 국민들의 편익을 가로막기도 한다.

카테고리마다 다르지만 신기술의 사업화는 높은 비율로 실패한다. 대부분 성능이나 기술보다는 사람들의 마음을 얻지 못하기 때문이다. 혁신 저항에 굴복하는 것이다. 혁신 수명은 점점 짧아지고 앞으로도 상상을 뛰어넘는 혁신이 쏟아져 나올 것이다. 동시에 혁신 편향과 혁신 저항도 항상 나타날 것이다. 아무리 뛰어나도 단점이 없는 혁신은 없다. 그렇다고 혁신을 멈출 수는 없다. 혁신이 없으면 국가의 미래도 없기 때문이다.

스타트업의 성공은 빠르게 발전하는 기술만큼 재빠르게 세상에 적응하고 비즈니스 기회를 포착할 수 있는 '비즈니스 모델'을 어떻게 구현하는가에 달려 있다.

"세계 최고 기술의 90% 이상이 시장에서 실패했다."

하버드대학교 비즈니스스쿨 존 구어빌 교수의 「혁신의 저주」라는 논문의 결론이다.

5

혁신 기업가 집단 페이팔 마피아가
정치까지 넘본다

"페이팔 마피아의 집단지성은 팔란티어를 통해
다시 한번 혁신을 이끌고 있다."

'팔란티어 테크놀로지스'가 나스닥의 새로운 강자로 떠올랐다. 주가가 폭등세를 이어가고 있다. 2023년 180%, 2024년 382% 오른 주가는 2025년에도 2월 17일 기준으로 한 달 반 만에 50% 이상 상승했다. 나스닥은 같은 기간에 3.7% 올랐다. 2023년 초 20조 원이던 시가총액은 무려 20배 가까이 늘며 392조 원을 기록하여 334조 원의 삼성전자를 추월했다.

팔란티어는 데이터를 분석하는 정보 통합 플랫폼을 구축해 국가기관이나 민간기업들의 문제 해결을 도와주는 의사결정 솔루션을 제공하는 소프트웨어 기업이다. 수익 모델이 거의 없는 생성형 인공지능 분야의 바람직한 롤모델이 되고 있다. 초기에는 주로 미국 국방성, CIA, FBI 등을 대상으로 국가 안보 차원의 의사결정 시스템을 구축하는 사업을 전개했다. 그 후 영국 비밀정보국 등 서방 국가의 국가기관이나 민간 금융기업을 중심으로 고객을 늘려나갔다. 시장이 빠르게 성장하고 있지만 매우 민감한 데이터를 다루기 때문에 극도의 보안을 필요한 데다가 고도의 기술력까지 겸비해야 하기에 진입장벽이 아주 높아 경쟁사가 들어오기 쉽지 않다.

2011년에는 데이터 분석 기술로 오사마 빈 라덴의 은신처를 찾아내는 데 혁혁한 공을 세웠다. 이렇게 대對 테러 작전 지원을 위한 데이터 분석 소프트웨어로 시작해서 2020년 상장 당시까지 주로 CIA, FBI 등 정부의 기밀 데이터 분석 프로젝트로 매출을 키웠다. 우크라이나와 이스라엘 전쟁에서도 팔란티어의 군사 전략 솔루션을 사용한 것으로 알려졌다. 상장 이후에는 그동안 쌓아온 기술과 노하우를 일반 기업에 적합한 비즈니스 솔루션으로 개발해 민간기업 고객을 늘리기 시작했다. 그러다 생성형 인공지능이 세상에 나오자 기존 비즈니스 플랫폼에 인공지능 기술을 접목시키면서 일반기업 고객이 급증했다. 매출과 영업이익도 빠르게 늘어나기 시작했다. 최근에는 민간 부문 수요가 더 많이 늘어나고 있다.

페이팔 마피아는 실적으로 역량을 증명했다

팔란티어의 주가 랠리는 실적이 뒷받침하고 있다. 상장 이후 18번의 분기가 지나는 동안 단 한 번을 제외하곤 언제나 매출액이 시장 콘센서스를 웃돌았다. 2024년 4분기 매출액도 전년 동기 대비 52%나 늘었다. 영업이익률은 45%나 된다. 알렉스 카프 팔란티어 CEO는 "회사가 현재 경험하고 있는 성장 모멘텀은 그 어느 때와 비교할 수 없는 수준이다. 앞으로 수십 년에 걸쳐 펼쳐질 혁명의 초기 단계에 있다."라고 전망에 대한 엄청난 자신감을 보였다.

물론 팔란티어에 대해 긍정적인 평가만 있는 것은 아니다. 실적

호조와 가파른 주가 상승세를 지속하고 있지만 오히려 애널리스트들의 향후 주가 전망에 대한 평가는 의외로 부정적이다. 2025년 초 팔란티어에 대한 분석보고서를 쓴 22명의 애널리스트 중 '매수' 의견은 단 4명뿐이다. 13명은 '보유' 의견이고 '매도' 의견도 5명이나 된다. 그러나 이러한 평가는 회사 미래 전망이 좋지 않다는 것이 아니다. 너무나 높아진 밸류에이션과 변동성에 대한 우려 때문이다. 2025년 순이익 전망치 기준 주가수익비율$_{PER}$이 210배를 넘는다. 2024년 기준으로는 무려 600배가 훌쩍 넘는다. 이러한 가치평가는 유래를 찾아볼 수 없는 높은 수준이다. 전 세계 최고의 빅테크 기업들의 평균 주가수익비율$_{PER}$이 30~40배 수준인 것을 고려하면 7~8배 이상 높다는 뜻이다. 따라서 아무리 팔란티어의 실적이 지속적으로 좋아진다 해도 지금의 주가는 높아도 너무 높다는 것이다. 아울러 개인투자자 비중이 50%가 넘기 때문에 변동성 리스크가 클 수밖에 없다는 것도 문제로 지적됐다. 40%로 추정되는 테슬라를 제외한 빅테크 기업들의 개인투자자 비중은 통상 20%를 넘지 않는다.

그럼에도 불구하고 월가 최고의 기술주 애널리스트로 꼽히는 댄 아이브스는 "팔란티어는 인공지능 혁명의 선두 주자로서 독보적인 경쟁력을 갖췄다."라고 평가하며 "비관론자들은 전통적인 재무 분석 틀에 갇혀 팔란티어의 기술 혁신 가치를 간과하고 있다."라고 지적했다. 또한 모건스탠리와 뱅크오브아메리카도 인공지능 시대가 본격적으로 열리면서 주요 산업 전반에 걸쳐 거대언어모델$_{LLM}$이나 생성형 인공지능이 필수적으로 접목될 수밖에 없는 상황을 거론하며 팔란티어의 전망을 밝게 보고 있다. 비즈니스 빅데이터를 통합하고 분석해 최적의 솔루션을 제공하는 인공지능 플랫폼^{AIP,Artificial Intelligence Platform}을 선제적으로 구축한 팔란티어가 인공지능 시대의 '게임체인저'가 될 것으로 전망하면서 향후 주가 상승 여력은 충분하다고 했다.

팔란티어는 2003년 스탠퍼드대학교 출신 변호사인 피터 틸이 설립했다. 틸은 일론 머스크 등과 공동 창업했던 핀테크 회사 페이팔을 매각한 후 대학 동창인 알렉스 카프를 영입해 보안 관련 빅데이터 회사를 설립했다. 당시 발생한 9·11 테러로 국가 안보와 보안 이슈가 국가의 최우선 과제로 대두되면서 보안을 비즈니스 모델로 내세운 팔란티어는 FBI를 비롯한 정부 관련 기관들의 관심을 끌게 됐다. 덕분에 회사 시작과 동시에 CIA로부터 프로젝트 수주와 CIA 산하 인큐텔_{In-QTel}에서 거액의 투자를 받는 행운을 맞기도 했다. 실력을 인정받은 팔란티어는 FBI와 국방부 등에서도 투자를 유치했으며 대규모 프로젝트가 이어졌다. 그 후 성장을 거듭하다 2020년 시가총액 193억 달러로 뉴욕증권거래소에 상장했다. 회사가 상승기에 접어든 2024년 11월 말 나스닥으로 이전 상장했다.

실리콘밸리 장악에 이어 정치에 입문하다

세계적 베스트셀러 『제로 투 원』의 저자이기도 한 피터 틸은 일론 머스크 등과 함께 이른바 '페이팔 마피아' 일원이다. 페이팔 마피아는 페이팔을 공동으로 창업해 성공적으로 엑시트한 초기 멤버들을 뜻한다. 부와 인맥을 기반으로 실리콘밸리 스타트업 활성화에 막대한 영향을 주면서 이들이 형성한 인적 교류 네트워크를 일컫는 신조어로 2007년 『포춘』지가 처음 사용했다. 마치 마피아처럼 끈끈한 유대 관계를 유지하며 상호 협력한다고 해서 붙여진 명칭이다. 페이팔은 2002년 15억 달러의 가치로 이베이에 매각됐으며 창업자들은 거금을 쥔 부자가 됐다. 이들은 회사를 그만두고 대저택, 슈퍼카, 명품 등 사치품을 소비하거나 은퇴해 안락한 여생을 누리는 대신에 다시 스타트업을 시작하거나 투자자의 길을 선택했다. 또다시 리스크를 감수하고 더 높은 가치 혁신을 추구한 것이다.

페이팔 마피아는 테슬라, 스페이스X, 유튜브, 옐프, 링크드인, 팔란티어, 슬라이드, 어펌 등 엄청난 회사들을 만들었다. 그뿐만 아니라 페이스북, 오픈AI, 우버 등을 발굴해서 투자했다. 또한 테크놀로지 시대의 사생활 보호, 실리콘밸리의 차별 철폐, 표현의 자유, 금융 규제, 소득 불균형, 암호화폐의 유용성 등 시대의 흐름을 이끌어온 다양한 사회·문화·정치적 논쟁도 주도했다. 전화 한 통으로도 서로에게 조언과 자금을 아낌없이 지원하는 이들의 관계는 지금의 실리콘밸리 문화로 자리 잡았다. 이러한 페이팔 마피아에 대한 상세한 이야기는 2022년에 출간(한국어판 2024년 출간)된 지미 소니의 『부의 설계자들』에 소개됐다. 지금은 엑스 구글러, 페이스북 마피아, 스탠퍼드 마피아 등 다양한 '테크 마피아'가 등장했다.

혁신 기업가 집단의 페이팔 마피아가 요즘은 트럼프 행정부에서 새로운 역할로 조명을 받고 있다. 요직에 기용되고 있다. 머스크는 정부효율부DOGE 수장으로 상당한 영향력을 행사하고 있으며 데이비드 색스 전 페이팔 최고운영책임자COO는 인공지능·가상자산 차르(총책임자)로 지명됐고 페이팔 공동 창업자 켄 하워리는 덴마크 주재 미국대사로 지명됐다. 틸이 추천한 밴스는 부통령이 됐고 짐 오닐은 보건복지부 장관이 됐다. 중국과의 기술 패권 전쟁에서 이기고 '미국을 다시 위대하게MAGA, Make America Great Again'를 실현하기 위해서는 추진력과 혁신적인 도전 정신으로 무장한 이들의 도움이 절실하다는 것이다.

탄생 20년이 넘은 페이팔 마피아는 실리콘밸리를 완전히 장악하고 이제 정치의 영역까지 들어갔다. 과연 어떤 결과가 나올까 궁금해진다. 지켜볼 일이다. 우리나라에서도 경제 재도약과 혁신을 이끌 많은 'K-테크 마피아'가 탄생하기를 기대한다.

6
인공지능 딥페이크의 역습에
어떻게 대응할 것인가

"딥페이크는 범죄의 도구가 될 수도 있고 의료와
예술의 미래가 될 수도 있다."

2024년 초 홍콩의 한 다국적기업이 딥페이크 기술로 만들어진 가짜 화상회의 영상에 속아 340억 원의 손해를 입었다. 세계적인 팝스타 테일러 스위프트의 얼굴이 음란물에 합성된 영상이 'X(전 트위터)'를 통해 전 세계에 뿌려졌다. 미국에서는 바이든 대통령의 목소리를 합성한 가짜 전화 음성파일이 논란이 됐다. 이탈리아에서는 마테오 렌치 전 총리가 다른 정치인들을 모욕하는 가짜 영상을 실제로 인식한 국민들이 거세게 비판하기도 했다. 영국의 「가디언」은 지난 3월 딥페이크 웹사이트 5곳을 분석한 결과 2024년 초까지 전 세계 유명인 약 4,000명이 딥페이크 피해자가 됐다고 보도했다.

이처럼 딥페이크 악용으로 인한 피해는 가짜 음란물 생성 및 유포, 보이스피싱, 가짜 뉴스 양성, 저작권 침해, 정치적 악용 등 그 종류도 다양하다. 그러나 정교하게 만들어진 딥페이크 영상은 전문가도 구분하기 어려울 뿐만 아니라 완성도가 높지 않아도 선량한 피해자가 속출하고 있다. 정치적 목적의 선전 선동에 악용될 가능성이 커져서 이에 대한 대책이 시급한 상황이다.

이렇게 세계적으로 딥페이크의 폐해가 심각한 문제로 대두되는 가운데 우리나라도 셀럽들은 물론 심지어는 초중고 학생들의 딥페이크 피해도 급증하고 있다. 방송통신심의위원회에 따르면 국내 '딥페이크 성적 허위 영상물 차단·삭제 시정 요구 사례'는 2020년 473건에서 2023년에는 6,000건을 넘기며 불과 4년 만에 12배 이상 증가했다. 또한 서울시교육청의 학교 실태조사에서는 최근 5년간 학생들의 딥페이크 피해 사례가 매년 2.8배씩 증가한 것으로 나타났다. 딥페이크 성 착취물로 인한 피해자의 절반 이상이 한국인이라는 조사결과도 있다.

2024년 8월 말에는 서울대학교 졸업생들이 동문 여성의 얼굴을 합성한 음란물을 제작하고 유포하여 사회적으로 커다란 파장을 일으켰던 이른바 '서울대 딥페이크' 사건에 대한 법원 판결이 있었는데 피고인은 5년형을 선고받았다. 최고의 지성을 자랑하는 상아탑도 딥페이크 범죄의 예외는 아니었다.

그런데 이번에 드러난 충격적인 사실은 우리나라 청소년들에게 딥페이크를 악용한 디지털 성범죄는 이미 만연한 문제로 하나의 장난이나 놀이문화처럼 번져 있으며 10대들의 딥페이크 영상물의 피해자와 가해자 모두 연령대가 낮다는 것이다. 경찰청이 공개한 '딥페이크 범죄 현황'에 따르면 지난해 검거된 허위 영상물 피의자 중 10대가 75.8%였으며 2024년에도 73.6%를 차지하고 있다.

절대 악이 아니라 혁신 기술이다

딥페이크Deepfake는 딥러닝Deep Learning과 거짓Fake의 합성어로 인공지능을 통해 특정 인물의 이미지 혹은 음성을 동영상, 사진, 음성파일 등 디지털 콘텐츠에 합성하는 기술을 말한다. 인공지능의 발전과 함께 딥페이크 서비스를 제공하는 수많은 앱이 개발되면서 전문가뿐만 아니라 일반인들도 쉽게 딥페이크 콘텐츠를 생산할 수 있게됐다. 사진을 넣고 채 5초가 지나기 전에 인공지능이 생성한 합성영상을 만들 수 있는 딥페이크 제작 앱도 무료로 제공되고 있다.

이렇게 절대 악으로 인식되는 딥페이크는 처음부터 부정적인 용도로 사용하기 위해 만들어진 기술이 아니다. 딥페이크는 '적대적 생성 신경망GAN, Generative Adversarial Network'이라는 인공지능 기술이 사용된다. 적대적 생성 신경망GAN은 실제와 가상의 이미지를 더 정확하게 식별하거나 구현하기 위해 2014년 머신러닝 기법을 활용해 만든 혁신 기술이다. 적대적 생성 신경망GAN은 현재 엔터테인먼트 산업이나 의료분야 등 다양한 영역에서 활발하게 사용되고 있다.

오픈AI 투자를 받은 유니콘 기업 신디시아는 딥페이크 더빙 기술을 활용해 영국 축구선수 데이빗 베컴이 능숙하게 중국어, 힌디어, 아랍어 등 9개 언어를 구사하는 말라리아 퇴치 캠페인 영상을 만들었다. 할리우드를 비롯한 영상 제작 업계에서는 딥페이크 기술로 특수효과를 만들어내고 있다. 특히 과거를 재현하거나 더 이상 실존하지 않는 인물을 그리고자 할 때 유용하게 활용되고 있다. 증강현실AR, 가상현실VR 콘텐츠 제작에도 널리 쓰이고 있다. 미국 플로리다에 있는 달리 박물관은 몇십 년 전에 작고한 훌륭한 예술가 달리를 되살려냈다. 키오스크 속에 등장하는 달리와 사진도 찍고 대화도 할 수 있다. 유관순 열사, 안중근 의사 등 애국선열이나 연예인은 물론 고인이 된 일반사람들의 생전 모습을 재현하기도 한다. 범죄자를 색출하거나 테러범을 차단하는 등 신원 확인 작업도 딥페이크를 통해 정확도를 높일 수 있다.

독일 뤼벡대학교 의료정보학연구소는 적대적 생성 신경망GAN을 이용하여 원본 영상과 진위를 구별할 수 없을 정도의 딥페이크 의료영상을 만들어 인공지능이 질병을 학습하고 정확히 진단할 수 있는 알고리즘을 만들었다. 환자의 사생활 침해 우려와 부족한 의료영상 데이터 문제를 해결한 것이다. 연세대학교 치과대학 연구팀이 적대적 생성 신경망GAN을 적용해 치아 신경망 사진의 품질을 획기적으로 개선했다. 대만 타이베이대학교 의대에선 표현이 어려운 환자들의 영상에 딥페이크를 적용해 진찰 역량을 끌어올리기도 했다. 이처럼 딥페이크 기술은 많은 산업 분야에서 필수 기술로 자리를 잡으며 유용하게 활용되고 있고 미래 전망도 밝지만 한편으로는 가짜 뉴스나 성범죄에 악용되면서 피해가 급증하고 혼란을 가중시키고 있다.

인공지능의 역습은 이미 시작됐다

인공지능 영상 속 사람의 피부나 머리카락까지 실제와 너무 비슷한 이미지를 생성하기 때문에 적대적 생성 신경망GAN의 수준이 이미 '불쾌한 골짜기uncanny Valley'를 뛰어넘은 것으로 판단되고 있다. 불쾌한 골짜기는 인간이 '인간이 아닌 존재'를 볼 때 그 존재가 인간과 많이 닮으면 닮을수록 호감도가 높아지지만 구별하기 어려울 정도로 너무 똑같아지면 오히려 불쾌감을 느낀다는 의미로 독일 정신과 의사 에른스트 옌치가 사용한 개념이다. 미국 버클리대학교 연구진은 실제 얼굴과 인공지능이 합성한 얼굴을 구별하는 실험을 통하여 사람들이 인공지능이 합성한 가짜를 판별하지 못하며 오히려 가짜를 더 신뢰한다는 연구결과를 발표하기도 했다.

이런 상황에서 가짜 영상을 찾아내는 기술도 급속도로 진화하고 있으며 시장 규모도 급증하고 있다. 인텔은 사람 얼굴의 혈류 변화를 추적해 실시간으로 딥페이크 유무를 판별하는 '페이크캐처'를 개발했고 구글 딥마인드는 인공지능 플랫폼에서 만들어진 이미지에 사람의 눈에는 보이지 않는 워터마크를 넣어서 딥페이크를 쉽게 식별할 수 있게 하고 있으며 메타, 오픈AI 등도 미 대선을 앞두고 가짜 뉴스를 가려내기 위해 딥페이크 이미지에 워터마크를 심겠다고 밝혔다. 미국국방부 산하 연구기관인 미국고등연구계획국 **DARPA, Defense Advanced Research Projects Agency**은 딥페이크 생성 과정에서 나타날 수 있는 아주 미세한 '인공지능의 실수'를 단서로 가짜를 찾아내는 기술을 개발했다. 『월스트리트저널』은 '딥페이크 기술 향상과 함께 새로운 검증 방법이 개발되면서 쫓고 쫓기는 '고양이와 쥐' 게임 같은 양상이 일어나고 있다.'라고 했다.

그간 인공지능 기술과 시장의 성장에 환호하는 사이에 '인공지능의 역습'이 본격적으로 시작된 것이다. 마치 하늘에서 떨어진 '부시맨의 콜라병'과 같은 느낌이다. 항상 그렇지만 양면성을 지닌 혁신 기술을 어떻게 받아들이고 다룰지는 우리들의 몫이다,

7장

글로벌 시장과 소비 트렌드가 바뀌고 있다

EMOTIONS

ON

OFF

1
'질병이 된 비만'이 제약 산업의 패러다임을 바꾼다

"비만치료제의 폭발적 수요가 제약업계의 경쟁 구도를
다시 쓰고 있다."

2024년 초 일라이 릴리Eli Lilly는 존슨앤존슨을 제치고 글로벌 제약 바이오 분야 시가총액 1위에 올랐으며 전 세계 시가총액 순위 10위를 기록했다. 2024년 9월 30일 기준 7,903억 달러의 기업가치를 기록하고 있는 릴리는 2023년에만 주가가 무려 60% 상승했다. 2024년에도 9월 말까지 43%라는 놀라운 성장률을 보였다. 모건스탠리는 일라이 릴리가 미국회사 중 애플, 마이크로소프트, 엔비디아, 알파벳, 아마존, 메타, 테슬라 등 7대 빅테크 기업인 '매그니피센트 7'을 제외하고 최초로 '1조 달러'를 넘어서는 회사가 될 것으로 전망했다.

노보 노디스크도 2023년 초부터 2024년 9월까지 80% 이상 주가가 오르면서 5,387억 달러의 시가총액으로 덴마크의 국내총생산GDP을 넘어선 데 이어 유럽 기업 시가총액 1위, 전 세계 제약과 바이오 분야 시가총액 2위 자리를 차지하고 있다. 노보 노디스크는 공장을 연중무휴로 하루 24시간 가동하는데도 공급량이 부족해지자 '수요를 자극하지 않기 위해' TV 광고를 중단하기도 했다. 반면에 오랫동안 1위 자리를 지키고 있던 존슨앤존슨은 2023년에 18% 넘게 주가가 떨어지면서 3위로 추락했다. 시가총액도 3,885억 달러로 1, 2위와 커다란 격차를 보인다. 또한 코로나 팬데믹으로 엄청난 수혜를 입었던 모더나의 시가총액도 2023년보다 45%나 하락했으며 화이자 역시 43% 이상 주저앉았다.

질병으로 주목받게 된 비만이 제약 시장을 바꾸다

글로벌 제약사 시가총액 1, 2위를 차지하며 초거대 기업으로 성장한 일라이 릴리와 노보 노디스크는 모두 'GLP-1'이라는 물질 기반의 비만치료제를 앞세워 급성장했다. 비만치료제 시장은 당뇨병 치료제로 개발된 GLP-1이 비만 치료에 사용되면서 주목받기 시작했다. 노보 노디스크가 최초의 GLP-1 계열 비만치료제 '삭센다'로 미국 식품의약국FDA 승인을 받았고 2021년에는 '위고비'를 출시하면서 시장이 커지기 시작했다. 또한 일라이 릴리도 2023년 위고비보다 성능이 향상된 '젭바운드'를 선보이며 시장을 견인하고 있다.

GLP-1은 음식 섭취 시 소장에서 분비되는 호르몬의 일종으로 인슐린의 합성과 분비의 증가, 글루카곤 분비 억제, 소화 흡수 지연의 기능을 담당한다. 이러한 특징으로 GLP-1은 당뇨병 치료제로 처음 개발됐으나 현재는 비만, 지방간, 퇴행성 뇌질환, 심혈관질환 등 다양한 질병에 그 활용 범위가 확대된 상황이다.

하루에 한두 번 맞는 이전 비만치료제에 비해 일주일에 한 번 주사로 3배 이상의 체중감량 효과가 나타나는 것이다. 그런데 더욱 놀라운 사실은 체중이 줄어듦과 동시에 심부전 증상이 완화되고 심장마비 및 뇌졸중 위험이 낮아진다는 것이다. 이러한 내용은 『뉴잉글랜드 의학저널』에 발표됐으며 비만치료제가 건강을 개선시켜주는 효과까지 있음을 뜻한다.

과학잡지 『사이언스』는 놀라운 체중감량 및 건강 개선 효과를 인정해 GLP-1 기반의 비만치료제를 2023년 '올해의 성과Breakthrough of The Year'로 선정했다. 미국 MIT가 발행하는 『MIT 테크놀로지 리뷰』도 '2024년 10대 혁신 기술'에 비만치료제를 포함시켰다. 또한 『사이언스』는 '비만이 임자를 만났다'라는 제목의 발표 자료에서 '비만 약물치료는 체중감량에 대한 사회적 압박과 비만은 약한 의지력의 결과라는 잘못된 믿음이 얽힌 안타까운 과거에서 시작됐다.'라며 '새로운 종류의 약물 치료법이 등장해 유망한 결과를 보여주고 있다.'라고 평가했다. 실제로 이 제품을 사용해서 효과를 본 많은 셀럽들이 자신의 경험담을 틱톡 등 소셜미디어로 공유하기도 했다.

일라이 릴리의 2024년 2분기 매출은 113억 280만 달러로 전년 동기 대비 36% 늘었다. 순이익은 68% 이상 급증한 29억 6,700만 달러를 기록했다. 이는 월스트리트의 전망을 넘어선 성적이다. 비만치료제인 마운자로의 매출이 2023년 대비 3배 이상 늘어났으며 2023년 말 출시된 신규 비만치료제인 젭바운드도 예상을 깨고 엄청난 매출을 기록했기 때문이다. 노보 노디스크의 2분기 영업이익은 38억 달러로 전년 동기 대비 8% 증가했으나 비만치료제 위고비는 공급이 수요를 따라가지 못하는 상황에서도 55%라는 놀라운 성장을 기록했다.

월가의 많은 애널리스트가 비만치료제에 대한 글로벌 수요가 급증하는 상황에서 양사는 최대 수요가 있을 것으로 예상되는 2025년 초 공급에 적극적으로 대비하고 있어 양사의 높은 성장률은 한동안 이어질 것으로 보인다. 골드만삭스는 제약, 바이오 업종은 연평균 10% 미만의 성장을 예상되지만 비만치료제는 이보다 5배 이상의 성장이 기대된다고 했다. 또한 비만치료제 시장이 연평균 50%씩 성장해서 2030년에는 130조 원 규모가 될 것으로 전망하면서 의약품 시장의 강력한 '게임체인저'로 부상했다고 했다. 아울러 2030년 노보 노디스크와 일라이 릴리의 점유율을 85%로 전망했다.

한편 세계비만재단WBF 아틀라스 보고서에 따르면 미국 성인의 70%, 유럽 성인의 50% 이상이 과체중 상태다. 전 세계 인구 중 10억 명이 비만이다. '비만은 질병'이라는 인식이 확산하면서 약으로 비만을 치료하겠다는 수요가 급속히 늘어나고 있다고 했다. 이는 비만치료제의 잠재적 시장가치와 파급 효과가 그만큼 엄청나다는 것을 뜻한다.

비만치료제로 제약업 세계 1등 자리에 오르다

코로나19 백신 이후 세계 제약업계의 최대 화두는 단연코 비만치료제다. 선풍적인 인기 속에 품귀 현상까지 빚자 굴지의 제약 대기업들이 황금알을 낳는 거위로 떠오른 비만치료제 시장에 속속 뛰어들고 있다. '기적의 비만약'으로 불리며 현재 전 세계 시장을 석권하고 있는 노보 노디스크의 위고비와 일라이 릴리의 젭바운드는 주 1회 투약하는 방식이다. 그런데 암젠은 월 1회 투약하는 신약 개발에 박차를 가하고 있으며 화이자는 주사약이 아닌 먹는 약으로 승부를 벼르고 있다. 아스트라제네카, 로슈, 머크 등도 뛰어들었으며 국내에서도 한미약품, 동아에스티, 일동제약, 대웅제약 등 많은 회사들이 비만치료제 시장에 참전하고 있다.

1876년 남북전쟁 당시 북군 대령 출신의 화학자가 '붉은 릴리 마크가 있다면 틀림없이 좋은 약'이라는 슬로건 아래 만든 일라이 릴리는 불과 10년 전만 하더라도 생존이 위태로운 상황에 있었다. 그러나 비만치료제가 생존에 급급하던 회사를 당당히 세계 1등 자리에 올려놓으며 새로운 여정으로 이끌고 있다. 전례 없는 성공의 순간에도 일라이 릴리의 CEO인 데이브 릭스는 "후발 주자들이 끊임없이 들어오는 상황이라 조금만 시간이 흐르면 결국 우리도 평범해진다."고 말하며 "우리는 계속해서 평범함을 뛰어넘기 위해 노력할 것"이라고 했다. 1등 기업에 안주하지 않고 조금도 방심하지 않겠다는 것이다.

그러나 이러한 열풍에 대해 미국 소크연구소 사치다난다 판다 박사는 "비만치료제는 만병통치약이 아니다. 어떤 사람에게는 아예 효과가 없거나 부작용이 상당하다."면서 지나친 기대감을 경계하기도 했다.

우리나라에서도 2024년 말 노보 노디스크의 '위고비'가 출시된 가운데 비만 치료뿐 아니라 노화까지 늦춘다는 연구결과가 나와 예약 전쟁까지 빚어지는 만큼 K-비만치료제도 세계 시장에서 품귀 현상이 벌어지는 날이 오기를 기원해본다.

2
경제 불황에서도 초프리미엄 명품은 성장하고 있다

"장인정신과 브랜드 충성도를 무기로
불황의 파고를 넘고 있다."

엔데믹 후 전 세계에 걸친 인플레이션과 높은 이자율로 가처분소득이 급격히 줄면서 명품시장의 성장률은 그야말로 급락했다. 컨설팅업체 베인앤드컴퍼니에 따르면 2021년 31.8%, 2022년 20.3%에 달했던 세계 럭셔리 시장 성장률이 2023년엔 3.7%에 그친 것이다. 그로 인해 주식시장에서도 럭셔리 관련주는 약세를 면치 못했다. 그나마 LVMH가 비교적 선방했다는 평을 받고 있지만 주요 기업들의 실적과 주가 흐름은 다소 비관적이다.

참고로 2024년 6월 24일 기준으로 전 세계 럭셔리 회사의 시가총액은 LVMH가 3,830억 달러로 1위를 차지하고 있으며 에르메스(2,420억 달러), 디올(1,310억 달러), 에실로룩소티카(1,010억 달러), 리치몬드(900억 달러), 케링(410억 달러), 타이탄(360억 달러), 프라다(180억 달러), 몽클레르(170억 달러), 판도라(120억 달러) 순으로 톱 10을 기록하고 있다. 명품회사 중 유일한 비상장 기업인 샤넬은 여러 지표가 에르메스보다 좋다.

고객은 확고한 브랜드에 끌린다

럭셔리 시장의 어려움에도 불구하고 최고 명품 브랜드로 꼽히는 소위 '에루샤(에르메스, 루이뷔통, 샤넬)'는 2023년에도 세계 각국에서 고른 성장을 보이며 예상을 뛰어넘는 매출을 기록했다. 에르메스는 2022년 116억 유로에서 2023년에는 134억 유로로 16% 성장했다. 에르메스는 이런 성과를 반영해 전 세계 2만여 직원에게 특별 보너스까지 지급했다. 주주에게도 주당 10유로를 특별 배당했다. 2024년 1분기에도 애널리스트들의 예상치를 웃돌면서 전년 동기 대비 17% 증가하며 성장세를 이어갔다.

한편 샤넬도 2021년부터 3년 연속 성장세를 보이며 2023년 매출 200억 달러로 전년 대비 16% 증가하면서 역대 최고 매출액을 기록했다. 순이익은 매출의 25%로 매우 높다. 샤넬의 오너 가문은 2021년부터 3년 동안 124억 달러에 달하는 배당금을 받은 것으로 알려졌다. 코코 샤넬과 함께 창업한 베르트하이머 가문이 소유하고 있다. LVMH도 시장의 예상을 깨고 2023년 매출 861억 유로로 사상 최대의 실적을 냈다. 2022년보다 13% 늘어난 것이다.

반면에 구찌, 버버리, 베르사체, 마이클코어스, 페라가모 등 중산층 고객 비중이 높은 브랜드들은 경기 침체의 직격탄을 맞고 있다. 구찌의 모기업 케링은 2022년부터 2년 동안 정체를 보이다가 2024년 상반기에는 10% 이상 매출이 감소하고 영업이익은 45% 가까이 줄었다. 분석가들의 예상치를 훨씬 넘어서는 수치다. 버버리는 주가가 2023년 1년 동안 50% 정도 하락했다. 마이클코어스는 실적이 부진하자 2023년에 코치의 모기업인 태피스트리에 매각되는 수모를 겪었으나 2025년 초 최종 계약이 불발되면서 독자적으로 회생의 길을 가게 됐다.

컨설팅회사 마자르Mazars에 따르면 2021년 이후 럭셔리 브랜드의 소비는 대부분 부유한 MZ세대가 주도했다. 전자상거래와 실시간 소셜 미디어 트렌드 덕분에 비교적 소득수준이 높은 젊은 층이 고급 핸드백, 신발, 주얼리 소비를 주도했다. 그러나 2030년까지 전 세계 명품 구매의 80%를 차지할 것으로 예상됐던 MZ세대가 점차 지갑을 닫고 있는 것으로 분석됐다. 이들 다수가 팬데믹 기간에 저축한 돈은 고갈되고 인플레이션이 길어지면서 구매력이 크게 상실됐기 때문이다. 이로 인해 그동안 구매했던 명품을 리셀recell 시장에 내다 팔면서 새로운 비즈니스 모델이 생겨나고 있다.

국내에서도 이 같은 현상이 뚜렷이 나타나고 있다. 하이엔드 명품은 여전히 잘 팔리지만 가격대가 상대적으로 낮은 매스티지(대중명품)의 실적은 매우 저조하다. 명품 소비가 감소하는 시기에는 소비자들은 보다 확고한 브랜드에 끌리게 된다. 그야말로 진검승부가 벌어질 수밖에 없다.

장인 정신의 가치로 불황을 극복한다

일반적으로 불황기에 비싼 명품이 잘 팔리는 이유를 '베블런 효과Veblen effect'로 해석한다. 베블런 효과는 가격이 오르면 수요가 줄어드는 일반적인 경제법칙과는 달리 가격이 오르면 오히려 수요가 증가하는 현상을 말한다. 미국 경제학자 베블런은 저서 『유한계급론』에서 '수요와 공급의 법칙'을 정면으로 반박하면서 자신의 부와

명성을 남들에게 과시하기 위해 비싼 물건을 망설임 없이 구매하는 특수한 계층이 존재한다고 주장했다. 그래서 아무리 가격이 올라도 수요가 늘어날 수 있다는 것이다. 그의 주장은 베블런 효과라는 경제학 용어로 자리를 잡으며 소비로 자신을 규정하고 과시하려는 심리상태로 정의되고 있다.

한편 미국 USC대학교 엘리자베스 커리드핼킷 교수는 『야망계급론』이란 저서에서 남들에게 보이기 위해 과시적 소비에 열중하는 유한계급이 존재한다는 베블런의 이론으로는 현재 부유층의 소비 형태나 의식구조를 설명하기에는 역부족이라 지적하며 유한계급을 대체할 개념으로 야망계급을 제시했다. 야망계급은 남들에게 보이기 위한 과시적이고 물질적인 소비 대신 남들 눈에 쉽게 띄지 않는 비과시적이고 문화적인 소비를 통해 자신의 지위를 확인하고 대물림하는 새로운 지배계급을 의미한다. 전체적인 경제 수준의 향상으로 과시적인 물질적 소비가 더 이상 지배계급의 전유물이 될 수 없기 때문에 다른 방식으로 차별화하는 전략을 택한다는 것이다. 단순한 고가제품이나 명품을 소유하는 것에서 벗어나 고가의 교육, 의료 혜택, 유기농 식품, 고급 스포츠, 환경단체 후원 등 다양한 것들이 모여 야망계급의 정체성을 이룬다. 이를 통해 과거 소비 위주의 유한계급과는 달리 '도덕의식과 권리의식'을 강조하며 새로운 지배계급으로 부상하고 있다는 것이다.

『포브스』는 "불황기에도 최고급 럭셔리 브랜드가 성장을 하는 이유는 장인 정신을 바탕으로 클래식 디자인, 세심한 생산, 재고관리에 초점을 맞추며 경기 침체에 거의 영향을 받지 않는 고소득 고객층이 소비를 늘린 결과"라고 분석했다. 또한 하버드대학교 문영

미 교수는 명품의 고객들은 대부분 수많은 경쟁 브랜드가 존재하고 있음에도 불구하고 특정 브랜드에 대한 강한 애착을 버리지 않는 '브랜드 로열리스트'라고 했다. 고객의 극소수를 차지하고 있지만 충성도가 워낙 높아서 가격과 상관없이 브랜드를 쉽게 바꾸지 않는다는 특징이 있다는 것이다.

럭셔리 제품에 대한 소비를 단지 부를 과시하기 위한 목적으로만 치부하기에는 설명이 부족하다. 그들의 기업가치와 순이익은 상상을 초월하고 불황이 와도 굳건하다. 2024년 6월 24일 기준 전 세계 최고의 부자는 LVMH의 아르노 회장이다. 기업가치는 532조 원으로 삼성전자보다도 높다. 루이뷔통 1852년, 에르메스 1837년, 샤넬은 1909년에 설립되어 유구한 역사를 지니고 있으며 모든 기업이 꿈꾸는 지속가능 경영을 100년을 넘어 200년 가까이 실천하고 있다. "우리는 그 어떤 지름길도 택하지 않는다."는 에르메스 장인들의 이야기처럼 그들의 성공에는 인공지능 시대에도 변치 않는 우보천리牛步千里, 마보십리馬步十里의 진정한 장인 정신이 있는 것이다.

"최고의 소나무를 심어도 진정한 멋을 갖추고 운치를 내려면 최소한 10년은 기다려야 한다. 뿌리를 내리고, 새순이 나고, 그 밑에 있는 바위에 이끼가 앉으려면 이 정도의 시간은 걸린다. 그러니 절대 돈으로 시간의 무게를 사려는 어리석은 짓은 하지 말아야 한다."

세계 최대 명품 핸드백 제조회사인 시몬느 박은관 회장의 경영철학이다. 이제는 우리도 세계적인 명품을 가질 때가 됐다. 은근과 끈기의 DNA를 가진 대한민국을 응원한다.

3

리커머스는 단순 중고 거래를 넘어 차세대 소비 문화다

"중고 시장이 기술과 MZ세대의 참여로 주류 소비
트렌드로 급부상했다."

세계적으로 '리커머스(중고 거래) 리퍼(리퍼비시)' 시장이 급성장
하고 있다. 국내에서도 대형 유통업계까지도 중고 시장 선점을 위
한 경쟁에 뛰어들고 있다. 무신사, 코오롱FnC, 신세계사이먼, 현대
백화점, 쿠팡, 11번가, 현대홈쇼핑 등이 앞다퉈 '중고·리퍼' 사업을
키우고 있다. 롯데쇼핑은 2021년 컨소시엄을 형성해 원조 중고 거
래 플랫폼 '중고나라'를 인수한 바 있다. 또한 최근에는 기술력을
바탕으로 다양한 중고 거래 플랫폼들이 급성장하고 있다. 글로벌
시장 리서치 회사 맥시마이즈에 따르면 2023년 글로벌 리커머스
시장은 4,600억 달러(약 637조 원)를 기록했으며 2030년까지 매년
13.6%의 고도성장이 전망되고 있다.

리커머스 시장이 비주류의 한계를 벗어나다

리커머스Recommerce란 '리버스 커머스Reverse Commerce'의 줄임말로

사용했던 물건을 파는 '중고 거래'의 새로운 이름이다. 중고 거래는 역사가 오래된 비즈니스 모델이다. 현재는 농기구, 육아용품, 중고차, 의류와 같은 일상 용품부터 명품, 보석, 고가구, 미술품, 공연 티켓 등에 이르기까지 다양한 영역으로 확대되고 있다.

한국인터넷진흥원에 따르면 2023년 국내 중고 거래 시장 규모는 30조 원을 넘었으며 2025년에는 43조 원 규모로 성장할 것으로 전망된다. 2008년 4조 원에 불과하던 시장 규모가 15년 만에 8배 성장한 것이다. 이는 디지털 친화적인 MZ세대가 플랫폼 성장을 견인하는 형태로 이루어졌다. 기존 중고 거래에 인공지능 등 첨단 기술이 접목되면서 다양한 품목과 복잡한 형태의 거래도 가능해지면서 나타난 결과이다.

비주류로 인식되던 중고 거래가 대중화되자 중고 상품에 대한 거부감이 줄어드는 등 시각 자체도 긍정적으로 바뀌는 추세다. 리서치 전문 기관 컨슈머인사이트에 따르면 2023년에 고객 5명 중 3명꼴로 최근 1년 사이 온라인 중고 거래 이력이 있었다. 이 중 판매와 구매를 모두 경험한 응답자는 31%에 달했다. 판매 사유로는 '불필요한 물품 정리'가 많았다. 구매 사유로는 '저렴한 가격' '신상품 구매 부담' 등이 꼽혔다.

비즈니스를 떠나 리커머스의 중요성은 재화의 선순환 생태계가 만들어진다는 것이다. 누군가에겐 더 이상 필요 없는 물건, 쓰지 않는 중고 제품이 어떤 이에게는 반드시 필요하고 생활에 도움을 주는 선물이 될 수 있기 때문이다. 다시 말해 물건의 가치와 수명이 한 번의 거래로 끝나는 것이 아니라 N차 거래를 통해 시장에 다시 투입돼 순환되고 그 가치와 수명이 연장된 것이다. 너무 많이 만들어지고 너무 쉽게 버려지는 현대 사회에서 중고 거래는 경제적 역할에 이어 환경적 역할까지도 수행한다. 리커머스라는 새로운 이름이 붙여진 이유다.

또 하나 주목할 점은 시장을 견인하는 MZ세대는 과거의 중고 거래 시장 참여자들과는 다른 동기로 중고 거래를 한다는 점이다. 자신이 좋아하는 브랜드에 대한 높은 충성도를 가진 MZ세대들은 신제품이 아니더라도 크게 신경 쓰지 않는다는 특징이 있다. '소유'하기 위해 구매하던 기성세대와 달리 '경험'하기 위해 지갑을 여는 것이다. '소유'보다 '경험'을 원하는 MZ세대들은 제품의 사용 기간 역시 기성세대보다 월등히 짧다. SNS를 이용한 '플렉스' 문화가 팽배해지면서 인스타그램 포스팅 하나가 MZ세대가 사용하는 물건의 수명이라고 말하는 사람들도 있다. 이렇게 제 역할을 다한 물건은 이내 곧 리셀resell을 위해 중고 거래 시장으로 나오게 된다. 그러다 보니 중고 시장에는 사용되지 않고 바로 시장에 나오는 제품도 많아서 정상가격의 80~90% 할인된 가격으로 원하는 상품을 얻는 횡재를 하기도 한다.

비단 MZ세대가 아니더라도 급속한 트렌드 변화와 기술 발전으로 제품의 수명, 이른바 '사용주기'가 짧아지고 있다. 버려지는 의류나 전자제품이 늘어나면서 환경 오염을 비롯해 지구 환경에 심각한 피해를 주고 있다. 환경공단에 따르면 2022년 생활폐기물이 1,675만 톤으로 그야말로 엄청난 양이 버려지고 있다. 환경 오염에 따른 기후변화로 자연 재난이 잦아지면서 지속가능성에 대한 사회적 요구는 갈수록 커지고 있다. 지속가능성이란 관점에서도 중고 거래가 중요한 솔루션으로 주목받고 있는 이유다.

중고 거래의 핵심인 신뢰를 보장해야 한다

중고 거래 시장의 다면적이고 복합적인 성장도 이루어지고 있다. 많은 사람이 시간이 지나면서 가격이나 품질을 소비의 기준으로 삼는 소비 행태와 달리 자신의 신념이나 윤리적 가치에 따라 소비를 결정하는 '가치소비'를 추구하는 경향이 강해지면서 자신이 중시하는 취미나 여가생활을 위해서는 아낌없이 투자한다. 한편 일상에서는 중고 거래를 활용하거나 가성비 높은 제품을 구매하는 등 '합리적 소비'와 '감성적 소비'가 공존하는 '앰비슈머(양면성의 Ambivalent와 소비자의 Consumer의 합성어)'가 늘고 있다. 이러한 소비 행태의 변화와 앰비슈머의 증가가 관련 시장을 키우고 있다.

글로벌 시장조사업체 유로모니터는 「글로벌 톱 5 디지털 소비자 트렌드 보고서」에서 주요 트렌드 중 하나로 '리커머스 2.0'을 꼽았다. 리커머스 2.0은 중고 거래 시장 잠재력에 대한 기업과 브랜드의 인지가 확산되면서 중고 거래에 이커머스의 편리함이 도입되고 거래 대상 지역이나 제품 카테고리가 확장되는 형태로의 성장이 이루어지는 시기를 말한다. 이미 국내 중고 거래 플랫폼들도 리커머스 2.0 시대에 걸맞게 기능과 영역을 확장하고 있다. 지역 커뮤니티와 동네 상권을 연결하는 하이퍼로컬 기능이나 가치소비를 추구하는 고객의 커뮤니티를 형성하며 새로운 소비문화 조성의 역할도 수행한다. 또 최근 한 플랫폼에서는 일본 중고 거래 플랫폼과의 연동으로 하나의 플랫폼 안에서 국경 없는 중고 거래도 가능케 했다.

국내 대표적인 리커머스 플랫폼인 '번개장터'는 패션 중심 서비스로 개편하면서 효과를 톡톡히 보고 있다. 2024년 1분기 패션 카테고리 유료 결제액이 역대 최대치를 기록했다. 검품 검수 서비스를 추가하며 차별화를 꾀했다. 중고 패션 카테고리 거래 이용자들의 78%가 MZ세대다. 명품 브랜드들이 주로 거래되는 만큼 젊은층의 긍정적인 구매 경험이 효과를 본 것으로 분석된다. '차란'도 인기 브랜드 중고 의류를 위탁받아 수거, 검수, 살균, 판매 등으로 상품화하는 곳이다. 차란의 주 고객도 25~39세로 전체의 60%에 달하는 것으로 알려졌다. 평균 재구매율은 60% 수준으로 매우 높다. 전자제품 중고 거래 '퀵셀'은 제품 사진을 앱에 올리면 인공지능 시스템이 상태를 분석해 판매 대금을 즉시 지급하는 것이 특징이다. 실물 검수 과정을 과감히 생략해 편의성을 높인 사례다.

그러나 국내 리커머스 산업의 지속적 성장을 위해서는 현재 지적되는 여러 문제점을 시급히 개선해야 한다. 무엇보다 먼저 거래 당사자 간의 정보 비대칭성을 해소하고 불법이나 사기 거래를 방지해야 한다. 구매자는 판매자가 제공하는 정보를 무조건 믿고 결정해야 한다. 판매자에게 물건을 받기 전에 결제를 먼저 해야 물건을 받는 방식이 일반적인 관행이기 때문이다. 결국 구매자는 불안이나 염려를 안고 거래해야 한다. 그렇기 때문에 어떤 상대와도 안전하게 거래할 수 있는 법적 안전장치와 체계적 시스템이 구축돼야 한다. 중고 거래 플랫폼이나 관련 사이트에서는 다양한 보증제도들을 만들고 있고 금융 앱에서 솔루션을 제공하려는 시도가 있지만 근본적인 해결책이 되지는 못하는 상황이다. 관련 정책과 법도 미흡하다. 중고 거래의 핵심은 '신뢰'다. 신뢰의 중심에는 합리적인 정책과 미래지향적인 법체계가 필수다.

우리나라는 IMF를 겪으면서 아나바다(아껴 쓰고 나눠 쓰고 바꿔쓰고 다시 쓰자) 운동으로 어려움을 극복한 경험이 있다. 전 국민이 중고 거래를 실천했다. 미래 먹거리인 리커머스 시장에서 글로벌 강자 가 탄생하기를 기대한다.

4

Z세대는 저소비 코어를 통해
절제된 개성을 드러낸다

"SNS 속 '저소비 코어'는 궁상이 아니라
'영리하고 멋진 선택'으로 통한다."

유튜브, 틱톡, 인스타그램을 보면 10년 이상 신어서 너덜너덜해진 운동화를 신고 있거나, 금방이라도 부서질 것 같은 의자에 앉아 있거나, 올인원 바디 제품으로 샤워를 하거나, 오래 써서 케이스가 깨진 화장품을 버리지 않고 쓰는 등의 영상이 많이 올라온다. 저소비를 실천하거나 장려하는 것이다. 가급적 기존 상품을 수명이 다할 때까지 사용하고 리커머스(중고 거래)를 최대한 활성화하고 목적이 비슷하면 새로 구매하지 말고 기존 상품으로 해결하자는 것이다.

미국에서는 이러한 현상을 '저소비 코어Underconsumption Core'라 부르고 있다. 저소비를 뜻하는 'Underconsumption'과 일상적이고 편안함을 의미하는 'Normcore'의 합성 신조어인 저소비 코어는 Z세대를 중심으로 빠르게 확산되고 있다. Z세대들은 검소함과 미니멀리즘을 옹호하며 오래된 가구와 빈티지 의류 등을 사진으로 찍어 소셜미디어에 공유하면서 인플루언서들이 주도하는 노골적인 소비주의 마케팅을 거부하는 이른바 '디인플루언싱Deinfluencing'활동에 적극적으로 나서고 있다. 과거 과소비를 자랑하는 일명 '플렉스' 문화에서 이젠 소비를 절제하는 것으로부터 멋을 느끼는 젊은 층이 늘고 있다.

쏟아지는 인플루언서들의 광고, 상품 추천, 사치성 '하울haul' 영상에 반대한다는 점에서 단순 절약과는 다른 개념이다. 충동적이고 과소비를 부추기는 광고 문화에 지친 젊은 소비자들의 저항이자 물건에 대한 필요와 가치를 망각한 채 그저 '소비'만을 추구한 것에 대한 일종의 자기반성이다. 또한 기존 절약 정신과 다른 점이 있다면 소비를 줄이는 행위에만 그치지 않고 사진이나 영상 등 콘텐츠를 제작해 저소비 코어를 '널리 알리고 자랑하는 것'에 있다. 적은 지출을 위한 노력을 궁상으로 치부하지 않고 불필요하거나 충동적인 과소비를 지양하여 고물가와 경기 침체에 대응하는 '지혜롭고 적절한 대처'라고 여기기 때문이다.

최소한 소비로 최대한 만족을 추구한다

남들이 쉽게 사지 못하는 아이템에 대한 소비와 필요 이상의 과소비가 일상으로 자리 잡은 시점에 등장한 저소비 코어는 이상적인 삶에 대한 가치관 변화라는 주장도 있다. 『뉴욕타임스』에 따르면 화려한 명품과 유행하는 패션 아이템 등 물질만으로는 더 이상 '꿈꾸는 삶'을 이룰 수 없다는 것을 깨닫고 그 빈자리를 지구 환경 등 '지속가능성'이라는 의미 있는 가치로 채우려 한다는 것이다.

아울러 인플루언서 마케팅의 한계와 과소비를 조장하는 소셜미디어 제품 홍보에 대한 반감도 일조하고 있다는 분석이다. '여름 필수 뷰티템 추천' '지금 사지 않으면 안 되는 패션 아이템' 등 각종 소셜미디어나 영상매체 피드를 보다 보면 관련 콘텐츠들이 끊임없이 나온다. 빨리 쉽게 현혹될 아이템들을 보여주며 당장 구매하지 않으면 안 될 것 같은 심리적 압박감을 준다. 어느새 결제 버튼을 누르게 된다. 이러한 소비 패턴에 지친 영미권 Z세대를 중심으로 저소비 코어가 떠오르고 있다는 것이다. 미국 핀테크 회사인 크레디트 카르마의 보고서에 따르면 소셜미디어 사용자 중 청년층의 88%가 인플루언서 마케팅에 흥미를 잃었으며 그 이유는 과소비를 촉진하는 제품 홍보 때문이라는 것이다.

한편 컬럼비아대학교 MBA 교수인 브렛 하우스는 주기적으로 큰 경기 침체가 있을 때마다 비슷한 소비 트렌드가 나타났다고 말하며 이번 사이클은 포스트 코로나로 시작된 보복 소비에서 비롯됐다고 분석했다. 급격한 물가 상승, 고금리 장기화, 경기침체로 경제적 지출 여력이 크게 떨어지면서 2010년대 초반부터 10년 가까이 청년층의 주요 소비 트렌드로 자리를 잡았던 '욜로YOLO'가 막을 내리고 전 세계적으로 '요노YONO'가 최근 새로운 흐름으로 부상했다는 것이다. 욜로는 '단 한 번뿐인 인생You Only Live Once'이라는 뜻으로 미래나 타인을 위해 희생하기보다는 현재의 즐거움을 위해 과도한 지출도 기꺼이 마다하지 않는 소비 행태를 말한다. 그에 비해 요노는 '하나만 있으면 충분하다You Only Need One'를 모토로 꼭 필요한 것만 사고 불필요한 소비를 줄여서 최소한의 소비로 최대한의 만족을 추구한다는 뜻이다.

Z세대는 소비가 놀이이자 지혜의 자랑거리다

저소비 트렌드는 미국과 유럽의 Z세대를 '듀프dupe'족으로 만들기도 했다. 듀프는 복제품을 뜻하는 'duplication'의 줄임말로 인기가 있는 유명 브랜드 제품을 따라 만든 '저렴한' 제품을 의미한다. Z세대는 이런 듀프 소비를 숨기는 게 아니라 오히려 대놓고 자랑한다. 예를 들어 아마존에서 '룰루레몬 듀프'로 검색해서 100달러가 넘는 룰루레몬 레깅스와 기능과 디자인이 비슷하지만 가격이 훨씬 저렴한 CRZ요가와 같은 브랜드를 찾는다. 그리고 이렇게 구매한 레깅스를 입고 운동하는 모습을 소셜미디어에 자랑스럽게 올린다. '패션으로 자기 자신을 표현하기 위해서 굳이 비싼 브랜드가 필요한 것은 아니다.'라는 것을 당당히 말하는 것이다.

이러한 트렌드는 럭셔리 주식시장에도 영향을 미치고 있다. 2024년 10월 CNBC는 LVMH, 디올, 케링 등 유럽 럭셔리 회사의 주가 전망을 부정적으로 보도했으며 『월스트리트저널』은 룰루레몬이 미국 Z세대에게 외면받고 있다는 기사를 내보냈다. 실제로 14분기 연속 15% 이상 매출이 증가했던 룰루레몬은 2024년 3월부터 매출이 급감하면서 1년 전에 비해 주가가 50%가량 하락하기도 했다.

구글 트렌드에 따르면 'dupe'로 검색한 건수는 2023년부터 미국에선 13개월, 영국에선 6개월 만에 100% 증가했다. 또한 틱톡에는 향수부터 가구까지 각종 카피 제품 구매를 자랑하는 영상이 무수히 많다. 조회 수가 무려 63억 회에 달한다. 듀프는 이른바 '짝퉁'이라 불리는 위조품과는 다르다. 가짜 로고를 새겨 상표권을 침해하거나 특허를 침해하는 위조품은 불법이지만 그냥 디자인이나 주요 특징을 비슷하게 따라 하기만 한 복제품은 대체로 법적으로는 별문제가 없다. 뉴욕대학교 로스쿨 크리스토퍼 스프리그먼 교수는 "복제품 문화는 오랫동안 매우 활발했고 일반적으로는 불법이 아니다."라고 강조했다. 물론 복제품을 불편해하는 브랜드 회사도 많지만 소비층이 다르기 때문에 복제품이 늘어난다고 해서 오리지널 제품 판매에 커다란 영향은 주지 않는다는 것이 전문가들의 중론이다.

카피 제품은 이전에도 있었지만 2024년 들어 달라진 건 크게 두가지다. 첫 번째는 인기 브랜드 제품을 복제하는 속도가 엄청나게 빨라졌다는 것이고 두 번째는 Z세대는 복제품을 샀다는 걸 아주자랑스럽게 기꺼이 공개한다는 점이다. 미국 시장조사업체 와이펄스의 최근 설문조사에 따르면 MZ세대들은 듀프 구입에 대해 압도적으로 긍정적인 반응을 보였다. 그 이유는 큰돈 들이지 않고 '럭셔리'한 느낌을 준다(69%)는 것이다. 특히 60%는 오리지널 제품을살 여유가 있어도 여전히 복제품을 선택한다고 했다. 또한 복제품을 찾는 일이 '재미'가 있기 때문이라는 것이다(51%). 한마디로 저렴한 복제품을 찾는 것 자체를 즐기는 것으로 쇼핑이 일종의 게임이 된 것이다.

자클린 밥 노스웨스턴대학교 교수는 "복제품을 '명예의 휘장'으로 여기기 때문에 일부러 구매한다."라고 해석했다. 또한 찰스 린드시 버팔로대학교 교수는 "Z세대는 얼마나 많은 돈을 절약했는지보여주는 걸 좋아한다. 구매하는 제품이 유명 브랜드인지엔 아예관심이 없는 것 같다."라고 분석했다.

그런데 과연 Z세대는 더 나이가 들고 경제력이 생긴 뒤에도 지금처럼 복제품에 열광하고 저소비 코어를 이어갈까? 아니면 나이가 들고 돈이 많아지면 선택이 달라질까? 미국 시장조사기관 모닝컨설트는 '듀프 문화가 젊은 소비자들의 습관에 영구적으로 자리 잡을 가능성이 크다.'고 내다봤다.

부머Boomer와는 달리 Z세대에게 소비는 이미 놀이이자 지혜의 자랑거리다. 새로운 소비 트렌드가 지구를 지키는 데 일조하기를 기대한다.

5

K-유니콘의 해외 상장은
글로벌 시장 진출 전략이다

"네이버 웹툰의 나스닥 상장은 K-유니콘의
글로벌 시장 진출 가능성을 높였다."

2021년 쿠팡의 뉴욕증권거래소 상장에 이어 2024년 6월 네이버 자회사인 웹툰엔터테인먼트WBTN가 나스닥에 성공적으로 상장하면서 국내기업들의 해외 주식시장 진출에 관심이 커지고 있다. 시장에서는 야놀자를 비롯한 국내 유니콘 기업들의 해외 상장에 청신호가 켜졌다고 고무된 분위기다.

2005년 국내에서 서비스를 시작한 네이버웹툰은 2016년 미국에 웹툰엔터테인먼트라는 자회사를 설립했다. 2020년 글로벌 시장을 적극적으로 공략하기 위해 미국 자회사를 본사로 바꾸고 한국 본사를 자회사로 편입시켰다. 소위 한국회사를 미국으로 본사를 옮기는 플립flip을 한 것이다. 150개국에서 월 1억 7,000만 명이 사용할 정도로 급성장했지만 적자를 벗어나지는 못하고 있다. 작년에도 약 2,000억 원의 순손실을 기록했다. 그러나 대규모 적자에도 불구하고 K-웹툰의 열풍에 힘입어 나스닥시장에 성공적으로 상장을 했다. 시가총액이 3조 7,000억 원에 달하며 상장을 통해 4,400억 원이라는 거금을 확보한 것이다.

해외 상장은 지속성장을 위한 당연한 선택이다

1994년부터 2023년까지 한국기업의 해외 상장 건수는 총 37개로 뉴욕증권거래소NYSE 11, 나스닥 4, 런던증권거래소 14, 싱가포르 3, 도쿄증권거래소 3, 토론토증권거래소 1, 홍콩증권거래소 1건이다. 그러나 많은 회사가 다양한 이유로 상장 폐지되어 2023년 말 기준으로 해외 상장기업은 20개 정도다. 그러나 2024년까지 남아 있는 기업의 대부분은 삼성전자, 포스코 등 국내 대기업들로 미국과 영국에 동시 상장Dually-listed된 것이고 실제 상장된 기업은 극소수다. 그나마 조 단위 이상의 시가총액은 쿠팡, WBTN과 일본에 상장된 넥슨 등 3개 회사뿐이다. 엄밀히 말하면 쿠팡은 처음부터 미국에 설립됐고 WBTN은 본사를 미국으로 옮겼기 때문에 미국회사가 미국 시장에 상장한 것이다. 넥슨도 2005년 본사를 한국에서 일본으로 플립 한 후 2011년 도쿄증시에 상장했기 때문에 법적으로는 일본기업이 일본 시장에 상장한 것이다. 결국 국내기업이 직접 해외시장에 유니콘 기업 가치 이상으로 상장한 사례는 아직 없는 것이다.

기업이 상장하는 주목적은 자금조달이다. 그렇기 때문에 국내는 물론 해외까지 할 수만 있다면 최대한 높은 기업가치를 인정해 주는 시장에 상장하려고 한다. 나스닥의 분석에 따르면 2024년 기준 미국 주식시장에서 주가는 미래 수익 대비 평균 20.6배로 형성되어 유럽 12.8배, 아시아 태평양 지역 12.6배보다 월등히 높게 평가받는 것으로 나타났다. 아울러 선진국 주식시장에 상장하면 기업의 인지도와 신뢰도가 올라가고 글로벌 사업 전개가 유리해진다. 그래서 전 세계 수많은 기업이 미국 주식시장에 문을 두드린다. 네이버는 2024년 주총에서 "웹툰엔터테인먼트가 미국 시장에 상장하는 이유는 브랜딩 효과, 인지도, 할리우드 제작사와의 협력 등에서 도움이 될 것이기 때문이다."라고 밝힌 바 있다.

『블룸버그』에 따르면 2024년 초부터 5월 말까지 뉴욕증권거래소에 상장한 기업의 39%가 해외기업이며 미국 기업은 61%였다. 시가총액 기준 1위는 버뮤다의 크루즈업체 바이킹 홀딩스, 2위는 핀란드의 아머 스포츠, 3위는 카자흐스탄의 핀테크 업체로 모두 해외기업이었다. 이런 추세는 미국 시장이 기업가치를 더 높게 인정해 주기 때문으로 해석된다.

2023년에 전 세계 주식시장에 상장된 기업은 총 1,298개로 2022년 1,415건에 비해 8% 감소했다. 총조달 금액은 1,232억 달러로 전년 대비 33% 떨어졌다. 중국과 홍콩의 기업공개IPO 규모와 금액이 계속 하락하며 아시아태평양 지역에서는 732개 기업이 상장했다. 조달 금액은 44% 줄어들었다. 그러나 미주 지역은 전년 대비 15% 증가한 153건의 기업공개가 성사됐고 조달 금액은 전년 대비 3배 가까이 늘어났다. 유럽·중동·인도·아프리카EMEIA 지역은 전년 대비 7% 증가한 413건의 기업공개를 했으나 조달 금액은 39% 감소했다. 2024년 1분기에도 전 세계 기업공개 건수는 287건으로 2023년 동기 대비 7% 감소했다. 이렇게 미국을 제외한 주요국 자본 시장이 위축된 모습을 보이면서 미국으로의 쏠림 현상은 훨씬 가속화되고 있다.

국가별로 상장 심사 기준은 다르다. 미국은 미래가치에 훨씬 높은 가중치를 두고 상장 여부를 시장에 맡기는 반면 우리나라는 현재의 재무 건전성을 중요하게 판단하고 상장 심사 기준 또한 굉장히 까다롭다. 그래서 기술특례나 유니콘 특례상장 등 특별한 경우를 제외하곤 한국에서는 적자 회사가 상장 문턱을 넘기는 어렵다. 심사를 통과해도 밸류에이션이 높지 않다. 그래서 엄청난 기업가치를 인정받으며 뉴욕증권거래소에 상장한 쿠팡도 국내에 상장을 추진했다면 쉽지 않았을 거란 평가다. 또한 웹툰엔터테인먼트 역시 적자가 커서 국내에서는 상장 여부가 불투명했을 것이다.

결국 현재 재무 상태가 좋지 않고 미래 성장 가능성밖에 내세울게 없는 유니콘이나 스타트업 등 첨단기술 기업과 혁신기업이 지속성장하기 위한 대규모 자금조달은 해외 상장이 유일하거나 상대적으로 더 나은 선택이 된다. 또한 비즈니스가 주로 해외에서 일어나고 해외 매출 비중이 높은 기업은 주 무대에 상장하는 것이 자연스러울 수 있다. 그래서 현대차 인도법인이 인도 증시에 상장하거나 해외 매출이 많은 야놀자가 미국에 상장하는 것은 당연한 선택일 것이다.

상장은 끝이 아니라 진검승부의 시작이다

국내기업의 해외 상장은 매우 신중한 의사결정이 필요하다. 일단 해외시장에 상장해야 하는 당위성이 확고해야 한다. 그리고 한다면 어느 시장에 할 것인가도 명확해야 한다. 단지 회사의 희망사항에 그쳐서는 안 된다는 것이다. 시장별 장단점과 상장요건을 철저히 분석하여 최선의 선택을 해야 한다. 우선 지리적·문화적 근접성과 배후 시장도 고려해 상장하려는 회사와 친숙한 자본 시장이 어디인지 파악해야 한다. 아울러 정치적 환경, 세법, 밸류에이션, 상장신청과 유지비용, 금융시장 인프라, 자본 시장 유동성, 산업별 특화된 분야 파악, 기업지배구조 및 사외이사 제도와 같은 요건 등을 모두 평가한 후에 결정해야 한다는 것이다.

무엇보다 미국 증시는 입성도 쉽지만 퇴출도 쉽다는 것을 명심해야 한다. 실적이 부진하거나 일정 기준에 미달되면 우리나라와는 달리 냉정하게 시장에서 내보낸다. 그래서 2024년 기준으로 나스닥에 상장된 한국계 회사는 웹툰엔터테인먼트를 포함하여 그라비티, 더블다운 인터랙티브, 한류홀딩스, 캡티비전 등 5개지만 웹젠, 픽셀플러스, 와이더댄, 지마켓, 미래산업, 두루넷, 하나로텔레콤, 이머신즈, 피에이치파마 등 많은 기업이 상장됐다가 폐지됐다. 2023년에 상장된 한류홀딩스는 2024년 7월 기준 주가가 0.2달러대에 머물고 있어서 상장폐지 경고를 받은 상태다.

한편 쿠팡은 2021년 상장 첫날 공모가 대비 41% 상승하며 뉴욕증시에 화려하게 데뷔했지만 14개월 만에 최고가 대비 85%나 폭락했다. 실적이 개선되면서 주가는 다시 올랐으나 2024년 7월 15일 기준 21.8 달러로 최고가 대비 60% 이상, 공모가(35달러) 기준 37% 떨어진 상태다. WBTN도 2024년 6월 27일 나스닥에 공모가보다 9.5% 상승하며 순탄한 출발을 보였지만 3주 후부터 주가는 공모가를 밑돌기 시작했다.

상장은 끝이 아니라 진검승부의 시작이다. 그래서 어디에 상장하는가 보다 글로벌 경쟁력을 키우는 것이 더욱 중요하다. 특히 빅마켓으로 진출하려면 세계 최고가 되어야만 살아남을 수 있다. 세계 시장에서 고군분투하는 K-기업을 응원한다.

6

왜 엔비디아 직원들은 과도한
업무에도 떠나지 않는가

"잡호핑 시대에 엔비디아는 장기 인센티브 제도로
인재 유지를 한다."

2025년 초 기준 전 세계 기업가치 순위 1~3위를 오르내리고 있는 엔비디아의 임직원들은 대부분 엄청난 부자가 됐지만 여전히 격무에 시달린다는 보도가 있었다. 『블룸버그』에 따르면 엔비디아 직원들은 주 7일 근무는 물론이고 심지어는 새벽 2시까지 일해야 하는 고강도 근무 환경에 놓여 있다고 한다. 그럼에도 불구하고 2023년까지 5.3%에 달하던 퇴사율이 2024년 초부터 꾸준히 하락해 2.7%를 기록하며 빅테크 기업 중에서 가장 낮은 이직률을 기록하고 있다. 참고로 반도체 기업의 평균 퇴사율은 17.7%다. 엔비디아의 평균 근무연수는 3.2년으로 애플 1.7년, 아마존 1.8년, 메타 1.8년, 테슬라 2년 등에 비해 상대적으로 굉장히 긴 것으로 나타났다. 과도한 업무로 개인적인 여가가 절대적으로 부족하고 회의 시간에 짜증을 내고 싸우는 경우도 많아졌지만 연봉 체계가 이직률을 줄이고 있다는 것이다.

노동 시장의 새로운 트렌드 잡호핑을 잡아라

미국 고용통계국Bureau of Labor Statistics의 보고서에 따르면 미국인들은 평생 평균 12번 이상 직장을 옮기는 것으로 나타났다. 평균 근속 기간은 4.6년이지만 35세 이전에는 직장을 자주 옮기기 때문에 2.8년으로 훨씬 짧았다. 이직 사유는 급여와 직급 상승이 65%로 압도적으로 높았으며 직장 상사와의 갈등이 15%로 그 뒤를 이었다.

이러한 분위기는 '잡호핑job-hopping족'이라는 신조어를 탄생시켰다. 직업을 의미하는 '잡job'과 뛰는 모습을 표현한 '호핑hopping'이 결합된 단어로 자주 회사를 옮기는 사람을 의미한다. 회사에 얽매이지 않고 스스로 더 나은 연봉, 근무 환경, 커리어 관리 등을 위해 회사를 쇼핑하듯 옮겨 다니는 것이다. 과거 노동시장에서 이직은 '사회 부적응자'라는 인식이 강했던 것과 달리 오늘날 Z세대 사이에선 이러한 부정적 인식은 사라지고 '경력개발'의 일부로 보고 있다. 동시에 이직하면서 덩달아 따라오는 것은 '임금인상'이다. 애틀랜타 연방준비은행에 따르면 한 직장에 그대로 남아 있는 근로자보다 이직한 근로자들이 연간 30% 정도 임금을 더 많이 받는다고 한다.

잡호핑이 늘어나면서 Z세대는 이직의 긍정적인 측면을 높게 사고 있는 반면 경영자들에게는 여간 큰 골칫거리가 아니다. 조직 내 우수한 직원이 조기 퇴사하면 다른 직원들도 덩달아 동요하며 이직률이 높아지고 있다. 이직이 많아지면 회사의 기회비용은 늘어나고 생산성은 떨어질 수밖에 없다. 그렇기 때문에 기업들은 높은 보너스와 다양한 인센티브제도를 도입하며 우수 인재들을 잡기 위해 노력하고 있다. 잡호핑을 취재한 『월스트리트저널』은 '이 시대의 승자는 퇴직자들In this economy, quitters are winning'이라는 기사에서 근로자들은 '즐거운 비명' 지르고 기업들은 '고통의 비명'을 지르고 있다고 했다.

인재 확보를 위한 새로운 인센티브를 제시하라

그런 차원에서 엔비디아의 급격한 이직률 하락은 관심을 끌기에 충분하다. CEO인 젠슨 황은 언론과의 인터뷰에서 '실적이 저조한 직원을 해고하는 것보다 유능한 직원으로 만드는 것'을 선호한다고 했다. 스톡그랜트Stock Grant를 포함한 파격적인 급여제도를 도입한 배경이다. 주가와 연계된 급여제도는 4년을 근무해야 최대한을 받을 수 있게 돼 있어서 조기 퇴직을 하는 직원들은 불이익을 받게 되는 구조다.

스톡그랜트는 회사 발전에 기여했거나 향후 성장에 도움이 될 임직원에게 무상으로 주식을 제공하는 인센티브 방식으로 주식을 싸게 살 수 있는 권리만을 주는 스톡옵션과는 차이가 있다. 예를 들어 현재 주가가 1만 원인 주식 100주를 스톡그랜트로 받았다면 즉시 100만 원의 이익이 발생한다. 주식을 공짜로 받았기 때문이다. 그리고 2년 후 주가가 10만 원으로 오른다면 임직원은 1,000만 원의 수익을 보게 되는 것이다. 단기성과에 집착해 도덕적 해이를 일으킬 가능성이 있는 스톡옵션 대신 장기 성과를 유도하게 하는 제도로 주목받기 시작한 제도다. 지급 조건이 까다롭지 않고 양도 시점이나 지급 시점도 장기로 설정할 수 있어 유능한 임직원을 오랫동안 회사에 근무하게 할 수 있다. 자사주 매입을 통한 주가 안정화를 기대할 수 있으며 정관변경 등 복잡한 절차를 거치지 않아도 된다. 또한 신주가 발행되는 것이 아니기 때문에 기존 주주의 가치가 희석되지 않는다.

그러나 회사 입장에서는 주식을 취득해야 하므로 비용이 발생한다. 특히 주가가 많이 오르면 예상보다 큰 지출로 부담이 될 수 있다. 권리 확정이 단순히 근속기간이라면 회사 성장에 직접적인 기여 없이 무임승차를 하는 문제가 발생할 수도 있다. 반면에 성과 조건 달성의 난이도가 너무 높게 설정되면 동기부여 의도가 퇴색될 수도 있다. 스톡옵션과는 달리 세제 혜택이 없어서 세금 부담이 클 수도 있다.

스톡그랜트는 우리나라 법적 용어로는 성과 조건부 주식 교부 계약이라고 한다. 주식이 교부되는 시기에 따라 선지급형 조건부 주식보상RSA, Restricted Stock Award과 후지급형 양도제한조건부주식RSU, Restricted Stock Unit으로 구분된다. 대부분 양도제한조건부주식RSU을 사용된다. 양도제한조건부주식RSU은 계약체결 후 성과 조건이 달성된 후에 주식으로 교부된다.

인재 쟁탈전이 치열한 실리콘밸리에서는 양도제한조건부주식RSU이 오래전부터 보편적 보상시스템으로 도입됐으나 엔비디아와 같이 주가가 급등해 대부분의 직원들이 돈방석에 앉은 경우는 거의 없었다. 하버드 로스쿨 기업지배구조 포럼에 따르면 총급여에서 주식 기반 보상이 차지하는 비율은 미국 대기업 총급여의 50%를 넘었다고 한다. 엔비디아는 모든 직원을 대상으로 일정 요건을 달성하면 자신 급여의 50%까지 양도제한조건부주식RSU을 받을 수 있게 했다. 2019년부터 5년간 주가가 수십 배나 폭등하면서 엔비디아에 5년 이상 근속한 직원들은 모두 로또에 당첨된 것이다. 그리고 주가가 지금보다 더 올라간다면 더 큰 수익을 계속해서 얻게 된다.

이런 상황에서 국내기업들도 잇따라 양도제한조건부주식RSU 제도를 도입하고 있다. 2020년 한화그룹이 가장 먼저 도입한 후 네이버, 두산, 포스코퓨처엠, LS, 쿠팡 등 많은 기업이 줄을 이었다. 공정거래위원회 발표에 따르면 2024년 자산 총액 5조 원 이상 대기업집단 88개 그룹 중 17개가 양도제한조건부주식RSU 제도를 도입했다. 또한 2024년 7월에는 '벤처기업육성에 관한 특별법' 개정으로 스타트업들도 양도제한조건부주식RSU 제도를 활용할 수 있게됐다. 종전에는 배당가능이익이 있어야만 자기주식을 취득할 수 있었기 때문에 벤처기업은 활용할 수 없었다. 하지만 법 개정으로 배당가능이익이 없어도 자사주를 취득하여 양도제한조건부주식RSU을 도입할 수 있게 됐다.

그런데 일각에선 양도제한조건부주식RSU이 오너 일가의 지배력 강화를 목적으로 악용될 수 있다는 우려도 나온다. 스톡옵션과 달리 대주주에게도 줄 수 있고 대주주에게 지급해도 공시할 의무가 없기 때문이다. 그래서 법조계에서는 이런 논란을 잠재우기 위해 상법 등에 해당 제도의 활용 요건, 한계 등의 내용을 규정해야 한다는 목소리가 나온다.

양도제한조건부주식RSU이 아무리 좋은 인재를 확보하기 위한 효율적인 인센티브 제도라 하더라도 무엇보다 중요한 것은 회사가 실적을 내고 성장하지 못하면 아무런 의미가 없다. 당첨을 꿈꾸며 로또를 사는 것 쉽지만 당첨은 극소수에 한정된 행운이기 때문이다.

8장

기업은 어떻게 무너지는가

EMOTIONS

ON

OFF

1
큐텐의 매출 확대 출혈 마케팅에
소비자만 울었다

"무리한 몸집 불리기가 결국 대규모 환불 대란으로 이어졌다."

2024년 7월부터 국내 이커머스 4, 5위 업체인 티몬과 위메프가 동시에 상품 거래대금을 제때 지급하지 못하고 환불을 중단하면서 수천 명의 소비자가 한꺼번에 회사로 몰려가 항의하는 아수라장이 펼쳐졌다. 이번 사태의 피해 규모는 아직 정확히 파악되지 않고 있다. 금융당국은 두 업체의 미정산 대금을 최소 1,700억 원 수준으로 추산했다. 하지만 이는 지난 5월분 미정산액을 추정한 것으로 6, 7월 판매분까지 더하면 피해액은 최소 1조 원을 넘길 것으로 판단하고 있다.

사실 국내 이커머스 시장은 외형적으로는 2010년 이후 13년 만에 10배 이상 폭풍 성장을 하며 오프라인 유통업체들을 패닉에 빠지게 했다. 그러나 치열한 출혈경쟁으로 마이너스 수익률을 기록하며 자금난에 빠지는 기업들이 많아지면서 시장점유율이 낮은 기업들이 무너지는 상황이 벌어지고 있다. 엎친 데 덮친 격으로 국내시장 규모가 기하급수적으로 늘어나면서 알리익스프레스, 테무, 쉬인 등 중국발 이커머스 공세가 거세졌다. 이에 대응하기 위해 기존 이커머스들은 할인쿠폰을 남발하고 각종 이벤트를 통해 경쟁적으로 가격을 낮추며 출혈 마케팅을 감행했다. 특히 티몬과 위메프는 다른 업체에 비해 과도하게 쿠폰을 발급하고 당장 현금이 들어오는 상품권을 파격적인 가격으로 할인해 판매했다. 2024년 6월 결제 대금을 마련하기 위해 7월에 할인율을 높여 매출을 키우는 방식으로 사실상 '돌려막기'로 운영을 한 것이다. 그러다 보니 수익성보다 매출을 위한 출혈경쟁에 목을 맬 수밖에 없었다. 그런 와중에 외형 성장이 한계에 도달하면서 이번 사태가 발생했다.

적자투성이 기업으로 위험한 도박을 벌이다

이들 두 기업은 싱가포르에 본사들 둔 '큐텐Qoo10'의 자회사다. 큐텐은 2010년에 G마켓 대표이사를 지낸 구영배와 이베이가 만든 합작사로 일본, 인도네시아, 말레이시아, 중국, 홍콩 등에서 인터넷 쇼핑몰을 운영한다. 배송을 위한 물류 자회사인 '큐익스프레스'도 설립했다. 아시아를 하나로 묶는 오픈마켓이 목표이며 취급 상품은 대부분 중국제품이다. 그러나 이렇다 할 실적을 거두지 못한 상태에서 2018년 일본 사업을 이베이에 넘기고 합작 관계를 청산했다. 그 후 치열한 경쟁 속에서 독자생존을 해야 하는 큐텐은 한국으로 눈을 돌렸다. 2022년 9월 '티몬'을 비롯하여 2023년에는 '인터파크커머스' '위메프', 2024년에도 'AK몰'을 사들이며 국내 이커머스 시장에 이름이 알려지기 시작했다. 글로벌 쇼핑 플랫폼 '위시Wish'도 사들이며 급격하게 몸집을 키웠다. 2021년 이베이코리아 매각 입찰에도 참여했으나 자금 여력이 없다는 이유로 숏리스트(후보자 명단)에 제외된 것으로 알려졌다.

그러나 문제는 인수한 업체들이 하나같이 재무 상태와 수익성이 좋지 않았다는 점이다. 심지어는 싱가포르 본사인 큐텐도 2019년 이후 누적 적자가 수천억 원에 달하며 자본 잠식 상태로 알려졌다. 티몬과 위메프는 2010년 창사 이래 한 번도 영업이익을 낸 적이 없다. 매년 적자 규모가 1,000억 원대에 달했다. 티몬은 2022년 말 자본 총계가 -6,386억 원으로 완전 자본 잠식 상태다. 심지어 지난해 회계 감사보고서를 아직도 제출하지 않고 있다. 위메프 역시 2022년과 2023년 영업손실이 각각 557억 원, 1,025억 원에 달했다. 2023년 말 자본 총계는 -2,398억 원으로 자본 잠식 상태다. 인터파크에서 쇼핑 사업 및 도서 사업 부문을 물적분할을 한 인터파크커머스는 100억 원 이상 적자가 나고 있고 AK몰은 누적 손실이 1,000억 원에 달했다. 위시는 나스닥에 상장된 미국 기업 '콘텍스트로직ContextLogic'이 운영하는 쇼핑 플랫폼이다. 콘텍스트로직은 15조 원의 기업가치로 2021년 나스닥에 들어갔으나 제품 품질이 나쁘고 가짜 제품이 넘쳐난다는 평가를 받으며 급속히 몰락했다. 이 과정에서 재기를 노리며 수천억 원의 마케팅 비용을 썼지만 결과는 좋지 않았고 상장폐지를 눈앞에 두고 있었다. 이렇게 2년 만에 인수한 5개 회사 모두 심각한 적자와 자본 잠식에 빠진 회사들이다.

그래서 큐텐은 이러한 상황을 이용해 현금 한 푼 주지 않고 주식 교환 방식으로 티몬과 위메프를 인수했으며 인터파크커머스는 2023년에 1,870억 원의 현금을 주고 인수하기로 했다. 하지만 1년

이 지난 시점 매매대금의 대부분이 정산이 안 된 것으로 알려졌다. AK몰은 사업 부문 인수 방식으로 인터파크커머스가 단돈 5억 원을 주고 사들였다. 다만 위시는 자산과 부채 이전 방식으로 2,300억 원 전액 현금으로 인수했다고 했으나 자금력이 전혀 없는 회사가 어떻게 그렇게 큰 거금을 조달했을까 하는 의문을 품게 한다.

우여곡절 끝에 인수한 3개의 오픈마켓 티몬, 위메프, 인터파크커머스의 점유율 다 합쳐도 한국 시장점유율은 7% 정도의 아주 낮은 수준이다. 더욱이 세 곳 모두 계속해서 만성 적자에 시달리고 거래금액은 계속해서 줄어드는 매우 비관적인 상황이다. 이번 사태가 터지기 직전에는 악화된 재무 상태를 타개하겠다며 티몬, 위메프, 큐텐테크놀로지 3사를 합병하겠다는 계획을 발표했다.

불량기업의 머니게임은 이제 안 먹힌다

큐텐이 싱가포르 정부에 제출한 주주 현황을 보면 보통주는 구영배 대표가 42.7%, 과거 티몬 대주주였던 몬스터 홀딩스가 25.6%, 과거 위메프 대주주였던 원더홀딩스가 18.0%를 갖고 있다. 우선주는 대부분 투자회사가 갖고 있다. 그래서 이렇게 무모한 행보는 결국 투자자들과 주식 교환을 했던 주주들의 엑시트를 위해 물류 자회사인 큐익스프레스를 키워 나스닥에 상장하기 위함이라는 주장이 힘을 얻고 있다. 자회사들의 물류를 통합해 큐익스프레스의 매출을 늘리고 비용을 절감시키며 효율성을 높이면 나스닥 상장이 가능할 거란 판단이다.

실제로 큐익스프레스가 2024년 초를 목표로 나스닥 상장을 준비했다가 철회했다는 보도도 있었다. 기업가치 10억 달러 수준으로 나스닥 상장을 추진하려 했으나 실적 부진으로 불가능해지자 글로벌 인지도가 높은 위시를 추가로 붙여서 볼륨을 더 키우면 상장 가능성이 더 커질 것으로 생각해서 무리하게 큰돈을 들여 위시를 인수했을 거란 분석이다. 그러나 2023년 감사보고서에 따르면 큐익스프레스 한국법인은 완전 자본 잠식 상태이며 부채 규모도 2,500억 원이 넘는다. 감사인으로부터 '계속기업 가정의 불확실성' 지적도 받았다. 그런데도 싱가포르 본사에 무려 1,148억 원을 빌려주는 이상한 상황이 연출되고 있다.

이번 사태가 있기 전에 큐텐 관련 기사는 구체적인 기업의 정보나 정확한 자료가 아닌 주로 창업자의 과거 행적에 초점이 맞춰진 찬양 일색이었다. 이미지를 위한 지속적인 여론몰이를 하고 있었음을 보여준다. 그러나 이번 사태가 터지고 그동안 잠재돼 있던 여러 문제까지 동시다발적으로 알려지자 적극적인 해명과 해결책을 내놓기보다는 오히려 기습적으로 맡고 있던 큐익스프레스 대표직을 사임하며 책임회피와 꼬리 자르기 같은 모습을 보였다. 나스닥은 절대 포기를 안 하겠다는 뜻으로 읽히는 대목이다. 결국 회사의 실적이 뒷받침되지 못하는 상황에서 기업의 경쟁력을 키우기보다는 오히려 회사의 상황을 악화시킬 수밖에 없는 무리한 몸집 불리기로 스스로 위기를 자초하면서까지 도박을 감행한 것으로 보인다. 그러나 불량기업의 무자본 인수와 주식 교환을 통한 머니게임이 시장에 먹히던 시절은 지났다.

그러나 큐텐 사태는 발발한 지 8개월이 지난 2025년 2월 말까지 명확하게 원인 규명도 되지 못했을 뿐 아니라 해결도 요원한 현재진행형이다. 무엇보다 자신들로 인해 흘린 많은 사람의 눈물을

닦아주는 것이 선행돼야 한다. '누군가의 지옥으로 만들어진 천국'
은 절대 존재하지 않는다는 사실을 명심해야 할 것이다.

2
성공한 기업을 철저히 따라 한다고 성공하는 게 아니다

"성공하는 기업은 '배운 기업'이 아니라 '깨달은 기업'이다."

　미국 경제가 고도성장을 거듭하며 뉴욕증시 3대 지수가 모두 연일 사상 최고치를 경신하고 있다. 2025년 2월 말 기준 다우존스 30 산업평균지수는 43460을 넘었으며 에스앤피500S&P500 지수는 6000에 근접하고 나스닥지수는 20000만선 돌파를 앞두고 있다. 그러나 국내에서는 고환율, 고물가, 고금리 등으로 대부분 기업이 생존을 고민하는 상황에 놓였다. 특히 외부 투자자에 의존해야 하는 스타트업들은 그야말로 생사의 갈림길에 있다. 극소수만 살아남을 수 있는 오징어게임이 실제 세상에서 벌어지고 있다. 그러나 아무리 위기 상황을 엄중하게 인식한다 해도 긴박감과 고도의 집중력을 장기간에 걸쳐 유지하기 어렵기 때문에 사람들은 가급적 빠르고 쉬운 해결책을 찾으려 한다.
　미국 바이크회사 할리 데이비드슨은 오래전 시장점유율이 떨어지며 위기를 맞게 되자 당시 유행하던 도요타의 품질관리, 비용 절감, 노사관계 경영 기법을 적용했다. 앞서가는 기업의 강점을 배워 시행착오에 따른 기회비용과 리스크를 줄여 단기간에 경쟁력을 강화하려는 벤치마킹 전략을 쓴 것이다. 그러나 결과는 참혹했다. 70%에 육박하던 시장점유율은 28%까지 떨어졌고 주가도 곤두박질치면서 회사가 매각되는 수모를 겪었다. 자사 제품의 특성과 문화를 무시한 채 단순히 1등 기업이라는 이유로 너무나 상이한 일본의 기업문화, 행동 방식, 제품 특성을 따라 했던 것이다. 다행히 천신만고 끝에 할리 데이비드슨은 경영권을 되찾은 뒤 일본의 경영 기법을 버리고 자사의 장점인 마니아를 활용한 새로운 전략으로 시장점유율을 회복했다.

그저 따라 한다고 성공하는 게 아니다

불꽃놀이 축제가 대박이 났다고 하면 금세 유사한 축제가 전국으로 퍼져 나간다. 생성형 인공지능이 새로운 성장동력을 떠오르자 모든 기업이 앞다퉈 뛰어들고 있다. 벤치마킹은 언뜻 보기에 굉장히 단순하고 쉽게 보이기 때문에 기업은 물론 국가나 지자체 등에서도 무분별하게 쓰인다. 그러나 너무 쉽고 단순해 보이기 때문에 조만간 성공할 수 있을 거란 착각에 빠지게 하고 잘못된 처방으로 오히려 더 커다란 함정에 몰아넣는 위험성을 내포하고 있다.

모든 조직은 고유의 문화, 특성, 행동양식이 있다. 자신의 DNA를 어떻게 발현시키는가에 따라 성공하기도 하고 실패하기도 한다. 겉으로 나타난 모습을 단순히 따라 한다고 성공하는 것이 아니다. 오히려 생존을 위해서는 자신들의 문제를 다른 사람들의 관점이나 기준에 맞춰 해결하려는 잘못된 프레임에서 벗어나야 한다.

그래야 경쟁력과 관련 없는 엉뚱한 내용을 모방하고 적용하느라 버려지는 귀중한 시간과 자원의 낭비를 막을 수 있다.

새로운 운동을 하려는 사람이 있다. 골프를 할까? 테니스를 할까? 그러다 우연히 균형 잡힌 우아한 몸을 가진 수영 선수의 사진을 보고 자신도 몇 달 후면 그러한 몸매로 거듭날 수 있을 거라 상상하며 기대에 부풀어 수영을 하기로 결심한다. 엄청나게 열심히 수영을 했지만 좀처럼 몸에는 변화가 없다. 한참이 지난 후에 문득 의문이 들었다. 수영 선수의 몸은 숱한 연습의 결과가 아니라 오히려 좋은 몸을 가진 사람이 수영 선수가 된 게 아닐까?

화장품 광고에 이런 오류가 잘 나타난다. 아름다운 모델이 언제나 화장품 광고를 한다. 고객은 화장품이 모델을 아름답게 만들었다고 생각하기 쉽다. 하지만 대부분 아름다운 용모 때문에 화장품 모델이 될 수 있었던 것이다. 아마추어 골퍼들이 신체 조건, 나이, 근력 등과 상관없이 타이거 우즈의 스윙을 열심히 따라 하면 자신도 타이거 우즈와 같은 스윙을 할 수 있을 것으로 생각하는 것과 같다. 이렇게 타고난 특성을 특정 활동의 결과로 인식하려는 심리적 편향을 '수영 선수 몸매에 대한 환상Swimmer's Body Illusion'이라고 한다. 원인과 결과에 대한 명확한 인과관계를 객관적으로 보지 못하는 인지 편향이다.

성공기업과 실패기업 모두에서 배워야 한다

성공의 비법을 찾기 위해 성공 사례만을 분석하고 실패 사례는 철저하게 무시해서 잘못된 결론에 도달하는 심리적 오류를 '생존자 편향Survivorship bias'이라고 한다. 예를 들어 똑같은 비즈니스 모델과 전략을 구사한 100개 스타트업 중 단 하나의 회사만 성공했다면 그 기업의 성공 전략은 99개의 실패한 기업의 전략이 되는 것이다. 10개 종목을 투자했다가 9개 종목은 완전히 파산하고 1개 종목만 500%의 수익을 냈다면 전체적으로 원금의 반이나 사라졌지만 성공한 종목만 보면 마치 엄청난 수익을 낸 것으로 착각할 수 있다. 이런 경우 펀드매니저는 실패한 9개에 대해서는 언급하지 않고 성공한 1개만 강조하며 자신을 마치 미다스의 손을 가진 뛰어난 투자자로 포장하기도 한다.

전설적인 트레이더 리처드 데니스와 윌리엄 에크하르트는 '트레이더는 타고나는가?'에 대한 논쟁을 벌이다 내기를 했다. 훈련생을 공개 모집한 후 교육을 통해 훌륭한 트레이더로 길러낼 수 있는지 확인해보자는 것이었다. 결과는 대성공이었다. 선발된 14명은 놀랍게도 1985년부터 1989년까지 연평균 최소 38.9%에서 최고 124.1%의 경이로운 수익률을 기록했다. 결과만 놓고 보면 적절한 교육으로 훌륭한 트레이더를 길러낼 수 있는 것처럼 보인다. 그러나 한 가지 중요한 사실은 이들은 모두 어려운 시험과 엄청난 경쟁률을 뚫고 선발된 극소수의 우수 인재라는 것이다. 그렇다면 대다수의 평범한 사람들도 단지 똑같은 교육을 받는다고 모두 뛰어난 트레이더가 될 수 있을까?

실패기업의 잘못된 다양한 교훈을 타산지석으로 삼아야 성공 가능성을 높일 수 있다. 성공기업은 다행히 실패기업에서 일어났던 일들이 안 일어났을 뿐이다. 그래서 실패 사례를 더 자세히 살펴보아야 한다. 성공 사례와 실패 사례는 서로 다른 목적으로 분석해야 한다. 성공 사례는 '거시적 관점에서 따라야 하는 로드맵', 실패 사례는

'미시적 관점에서 피해야 하는 함정'에 집중해서 분석해야 한다.

아무리 혁신적인 기술이나 제품 개발에 성공한다고 하더라도 실제로 시장에서 성공한 확률은 10%가 채 안 되고 90% 이상이 실패했다는 연구결과가 있다. 존 구어빌 하버드대학교 교수가 논문 「혁신의 저주Curse of Innovation」에서 밝힌 내용이다. 성공한 기업을 철저히 연구한다 해도 결국은 생존자 편향에 빠져 실패의 늪에서 벗어나기 힘들 수 있다. 설사 혁신에 성공해도 '혁신의 저주'를 피하기 위한 엄청난 노력이 있어야 한다. 성공에는 절대 쉽고 빠른 길Best Practice이란 없다. 성공 기업에는 자신만의 독특한 스토리가 존재한다는 사실을 명심해야 한다.

3

스톡옵션 신화의 붕괴에서
일의 의미를 다시 묻는다

"주가 하락으로 스톡옵션이 무력화되며 인재 유출이
가속화되고 있다."

개발자를 중심으로 무섭게 올라갔던 '판교밸리'의 평균 급여는 2021년 1억 원을 돌파했다. 그러나 2024년 주식시장 침체와 경제 불황이 맞물리면서 행복했던 '잔치'가 끝나가는 느낌이다. 잔치의 주인공이었던 네이버, 카카오, 크래프톤, 엔씨소프트, 넷마블 등 스타 IT, 게임 회사의 평균 급여가 2023년에 1억 원 밑으로 내려왔다. 네이버가 전년 대비 9.2% 줄었고 카카오는 19.5%나 줄었다. 직접적인 원인은 스톡옵션이다. 평균 급여에는 '스톡옵션 행사 차익'도 포함되는데 작년에는 스톡옵션 행사 수량이 2022년에 비해 43% 가까이 급감한 것이다. 주가가 많이 내려갔기 때문이다.

참고로 네이버가 직원들에게 지급한 스톡옵션 행사가격은 주로 36만~38만 원대, 카카오는 11만 원대로 알려졌다. 그런데 46만 원을 넘었던 네이버의 주가는 2024년 5월 6일 기준 19만 원대, 17만 원에 육박하던 카카오는 4만 원대다. 향후 실적이 반등하면 상황은 달라지겠지만 미래 전망이 그렇게 긍정적이진 않다는 것이 전문가들의 중론이다.

보상시스템의 대명사 스톡옵션도 한계에 다다르다

기업 데이터 연구소 CEO스코어에 따르면 2023년 상장사 스톡옵션 부여 규모는 9,500억 원대를 기록하며 2018년 이후 처음으로 1조 원 아래로 떨어진 것으로 나타났다. 주식시장 침체 여파로 스톡옵션 행사가격이 낮아진 데다 규모 역시 축소됐기 때문이다. 이는 전년 대비 26% 줄어든 것이며 2조 6,779억 원으로 정점을 찍은 2021년과 비교하면 64%가량 급감한 수치다. 2019년 2000 선을 오르내리던 코스피 지수는 2021년에는 3000을 돌파하는 등 주식시장이 호황을 누렸고 IT 관련 기업을 중심으로 우수 인력 유치경쟁이 심화되면서 스톡옵션 부여 규모가 커졌다. 하지만 주식시장 부진 등으로 부여 대상과 규모가 모두 급감하고 말았다. 스톡옵션을 제공한 상장사는 2021년 336개 사, 2022년 333개 사, 2023년 292개 사로 매년 줄고 있으며 대상자 역시 2021년 1만 6,227명, 2022년 1만 4,314명, 2023년 1만 474명으로 빠른 감소세를 보이고 있다.

스톡옵션은 회사 발전에 기여한 소수 핵심 인력에 보상해주는 제도로 1920년대 미국에서 최초로 도입됐다. 회사의 과실을 함께 나누어 주인의식을 갖게 하며 우수 인재를 확보할 수 있다는 장점이 있다. 우리나라에서는 1997년부터 시행되면서 급속히 퍼져 나갔고 오늘날 스타트업 붐을 일으키는 데 적지 않은 영향을 미쳤다. 스타트업 몸값이 치솟던 시절엔 스톡옵션이 보상의 대세였다. 당장 가진 건 없어도 미래의 꿈을 팔 수 있는 스타트업들이 스톡옵션이란 '당근'으로 인재를 확보할 수 있었다. 그러나 2023년 하반기부터 기류가 달라졌다. 철석같이 믿었던 기업공개가 무기한 연기되고 기업가치가 떨어지는 회사들이 속출하면서 몇 년 동안 학수고대하던 스톡옵션이 쓸모가 없게 됐다. 그러다 보니 스톡옵션이라는 희망 고문을 포기하고 다른 회사로 이직하면서 몸값을 높이려는 직원들도 늘어나고 있다.

한편 스톡옵션의 아버지로 불리던 마이클 젠슨 하버드대학교 교수가 2024년 4월 세상을 떠났다. 젠슨 교수는 주인(주주)을 위해 고용된 CEO(대리인)는 주주와 기업의 이익을 위해 일해야 하는데 정작 자신의 안위를 중심으로 경영을 하는 사례가 늘어나자 이러한 문제를 해결하기 위해 효과적인 보상체계를 연구하여 「기업 이론: 경영자 행동, 대리인 비용 그리고 소유 구조」라는 논문을 펴냈다. 경영학계에서 가장 많이 인용된 이 연구논문은 기업들의 보상 시스템을 바꾸는 데 결정적 영향을 끼쳤으며 해답은 스톡옵션이었다. 그러나 시간이 흐른 뒤 젠슨 교수는 스톡옵션에도 부작용이 있다며 자신의 이론에 한계가 있음을 인정했다. 실제로 미국에서 많은 기업이 대대적으로 스톡옵션을 도입했지만 다양한 문제가 발생하고 각종 비리가 터져 나왔다.

예를 들면 단기적으로 눈에 보이는 성과만을 추구해 회사의 장기적인 성장에 역효과를 가져오거나 주가 하락으로 임직원의 노력에 대한 보상이 전혀 이루어지지 않는 경우가 많았다. 또한 주가 등락에 따라 구성원 간에 희비가 엇갈리며 갈등 요소가 되기도 했다. 또한 경영 성과는 좋지 않은데도 불구하고 주가가 폭등하여 스톡옵션으로 인해 회사가 위기에 빠지는 상황도 발생했다. 심지어는 보상을 극대화하기 위해 스톡옵션 부여 시점을 조작하는 일도 일어났다.

보상 제도보다 일 자체를 즐기고 몰입하게 하라

2024년 초에는 스톡옵션 부여에 관한 중대한 절차상의 하자로 이미 지급됐던 스톡옵션을 반환하라는 법원 판결로 테슬라의 일론 머스크가 무려 560억 달러를 물어내야 할 위기에 빠졌다. 과거 스티브 잡스는 이사회의 정당한 승인 없이 대규모 스톡옵션을 스스로에게 부여하고 이익을 높이기 위해 날짜를 조작하는 '백데이팅 backdating'을 해 미국 증권거래위원회의 조사를 받기도 했다. 백데이팅은 스톡옵션 행사 차익을 높이기 위해 의도적으로 옵션 부여 날짜를 주가가 낮은 날로 조작하는 것으로 명백한 불법이다. 미국에선 수백 개의 기업이 백데이팅 스캔들로 조사를 받았으며 100명 이상의 CEO가 이 때문에 해고되거나 사임했다고 알려졌다.

한국에서는 몇 년 전에 카카오페이가 상장한 후 한 달여 만에 경영진들이 스톡옵션을 대거 행사하면서 '먹튀 논란'이 일기도 했다. 이로 인해 경영진들은 사퇴했으나 사회적 비판은 거셌다. 세상을 떠들썩하게 했던 하이브와 자회사 대표 간의 갈등도 스톡옵션에서 비롯된 것으로 알려졌다. 하이브가 자회사를 설립할 때 대표를 대상으로 주식 매각과 스톡옵션을 부여했으나 자격 요건의 문제점으로 스톡옵션은 무산됐고 2023년에 맺은 주주 간 계약 내용 중 풋옵션put option 행사가격에 대한 이견으로 다툼이 이어지고 있다.

스톡옵션은 이렇게 여러 문제점과 부작용이 있음에도 불구하고 아직도 많이 활용되고 있다. 하지만 세계적으로 대세이던 시대는 이미 지나갔다. 그래서 지난 몇 년 동안 전 세계 수많은 기업이 어떻게 하면 핵심 인재를 유치하고 장기간 근무하면서 높은 성과를 낼 수 있을까에 대한 고민을 하면서 다양한 주식 보상 제도를 연구해 왔다. 그 결과 스톡옵션 이외에 스톡그랜드stock grant, 양도제한조건부주식RSU, restricted stock unit, 양도제한조건부주식RS, restricted stock, 성과조건부주식PSU, performance stock unit, 팬텀스톡phantom stock, 주식평가보상권SAR, stock appreciation right 등 이름도 어렵고 이해하기도 쉽지 않은 수많은 주식 연계 보상 제도가 등장했지만 각각 장단점이 있어서 모두를 만족시킬만한 보상체계는 아직 없다.

『보상에 의한 처벌Punished by Rewards』의 저자인 미국 심리학자 알피 콘Alfie Kohn은 보상이 오히려 동기부여를 훼손한다고 강조했다. 애완동물과는 달리 우수 인재를 움직이는 힘은 '당근과 채찍(보상시스템)'이 아니라 스스로 일 자체를 즐기고 몰입할 수 있는 환경이라는 것이다. 치열한 생존경쟁에서 보상 제도가 아니라 인간에 대한 좀 더 진지한 연구가 필요한 이유다.

4
라인야후 사태는 글로벌 합작투자의 한계를 보여준다

"비즈니스는 비즈니스로 풀어야 하며 '한일전'처럼
몰아가선 안 된다."

    네이버가 공들여 키운 모바일 메신저 서비스 '라인'을 통째로 포기해야 할지도 모른다는 뉴스로 온 나라가 떠들썩했다. 정부는 물론 정치권까지 나서 격한 표현도 서슴지 않으며 국가 간 감정싸움으로 번졌다. 대통령실까지 입장을 내놓았다. 시민단체도 나섰다. 지금까지 한 기업의 해외 자회사가 이렇게 뜨거운 관심과 논란의 중심에 선 경우는 없었다.

    사태의 발단은 2023년 11월 네이버와 소프트뱅크의 일본 합작사인 라인야후에서 52만 건의 개인정보가 유출되는 사고에서 시작됐다. 이에 대해 일본 정부가 라인야후에 대해 행정지도에 나섰다. 재발 방지 대책을 내놓을 것과 동시에 개인정보를 관리하는 네이버 클라우드에 대한 의존도를 낮추라고 했다. 그런데 일본 측의 행정지도가 네이버의 지분을 축소하라는 의미로 해석되면서 결국 애써 키운 라인이라는 사업을 소프트뱅크에 뺏기게 되는 것 아니냐는 의혹이 제기된 것이다.

그런데 정작 상황을 악화시킨 건 경영권 이슈다. '경영권을 잃는 다' '경영권을 뺏긴다'라는 자극적인 기사가 연일 언론을 통해 나가면서 국민들은 마치 네이버가 경영권을 갖고 있었는데 그리 크지 않은 사건을 빌미로 소프트뱅크에 강제로 넘겨야 한다는 것으로 해석할 수밖에 없었다. 그러나 2019년 네이버와 소프트뱅크가 일본에 라인 사업을 관장할 A홀딩스라는 합작사를 설립할 당시 지분율은 50대 50이지만 실질적인 경영권은 소프트뱅크가 갖기로 합의했다. 그래서 소프트뱅크 쪽 이사 수가 더 많았다. 또한 네이버는 라인을 자회사에서 제외시키고 지분법이 반영되는 관계회사로 바꿨다. 이와 같은 내용은 금융감독원 전자공시시스템에서 확인할 수 있다. 2021년 4월까지는 라인의 한국법인 라인플러스의 최상위 지배기업을 네이버로 표기했지만 같은 해 7월 소프트뱅크 그룹으로 변경한 것이다.

정말 라인의 경영권을 일본에 뺏긴 걸까

라인야후라는 합작회사가 설립되는 과정은 간단치 않았다. 네이버와 소프트뱅크는 양사의 장점을 결합해 시너지를 극대화하고 글로벌 사업을 공동으로 추진하기 위해 야후재팬과 라인을 통합해 경영하기로 합의했다. 그리고 2019년 11월 A홀딩스라는 합작법인을 일본에 설립했다. 이후 여러 복잡한 과정을 거쳐 소프트뱅크가 소유한 야후재팬과 네이버의 라인을 도쿄증권거래소에 상장된 Z홀딩스라는 회사로 넘겼다. 그리고 Z홀딩스를 A홀딩스의 자회사로 만들었다. 그래서 라인은 A홀딩스의 손자회사가 됐다. 2년이 지난 2023년 10월 Z홀딩스는 자회사였던 야후재팬, Z엔터테인먼트, Z데이터, 라인을 흡수 합병하여 라인야후라는 이름으로 새롭게 출범했다.

일반적으로 합작투자에서 가장 많은 구조는 51대 49다. 합작사 지분율을 50대 50으로 하면 공정하고 합리적인 것 같다. 하지만 회사 운영에 관련된 모든 안건에 대해 만장일치가 아니면 진행을 할 수 없다는 뜻이기도 하다. 사업 방향이나 경영권을 두고 분쟁이 일어날 우려도 크고 사업 부진 또는 실패에 관한 책임소재가 불명확하다는 단점도 있다. 그래서 지분율의 차이가 가장 적으면서 업무 추진의 효율성을 높일 수 있는 51대 49의 구조나 '50%+1주'가 선호되는 것이다.

그럼에도 불구하고 여러 가지 이유로 50대 50 지분율의 합작사도 존재한다. 국가별로 해외투자 요건이나 세금혜택 등의 이유로 반드시 50% 이상의 지분이 확보해야 하는 경우도 있다. 그러나 이런 경우에도 라인야후와 같이 이사회 구성에서 차등을 두거나 어떤 상황이 발생하면 상대방 주식 중 1주나 1% 혹은 일정 지분을 살 수 있는 콜옵션call option 조항을 '주주 간 합의서'에 넣는다. 이렇게 어느 쪽에 실질적인 의사결정권이 있는지를 확실히 한다. 그리고 경영권을 가진 회사가 합작사를 자회사로 등록한다. 결국 어느 기업의 자회사인지 확인하면 경영권 주체를 쉽게 알 수 있다.

일본 정부는 비록 부인했지만 행정지도에서 거버넌스 이의제기는 네이버의 지분율을 낮추라는 뜻으로 읽혔다. 정부가 기업의 법규 위반에 대한 제재를 내리는 일은 어느 나라 어느 기업이나 있을 수 있다. 우리나라에 진출한 외국 기업이나 외국에 진출한 우리

기업도 마찬가지다. 그러나 개인정보관리 소홀 제재로 민간기업의 지분을 매각하라는 권고는 상당히 이례적이다. 사태와 관련하여 소프트뱅크는 "라인야후 자본 관계 재검토를 위해 네이버와 협의 중"이라고 언급했으며 네이버는 "회사에 가장 좋은 결과를 만들어 내기 위해 지분 매각을 포함해 모든 가능성을 열고 소프트뱅크와 성실히 협의해 나가고 있다."라고 했다.

비즈니스는 비즈니스로 풀어야 한다

치열한 경쟁이 펼쳐지는 글로벌 환경에서 조인트 벤처는 시너지를 창출하고 경쟁력을 강화할 수 있다는 이유로 기업들의 중요한 전략으로 자리 잡았다. 다양한 배경과 전문성을 가진 기업들이 협력함으로써 단독으로는 달성하기 어려운 혁신과 효율성을 이룰 수 있기 때문이다. 한 기업은 기술적 전문성이 있고 다른 한 기업은 해당 시장에 강력한 네트워크를 보유하고 있다면 상호 보완적인 성공을 끌어낼 수 있다. 특히 해외시장에서의 사업 확장을 고려할 때 현지 기업과의 합작투자는 문화적, 법적, 경제적 장벽을 극복하는 데 중요한 역할을 한다. 이는 현지 시장에 대한 깊은 이해와 접근성을 제공하며 글로벌 확장 전략의 하나로 활용된다.

그러나 라인야후에서 보듯 예기치 않은 수많은 리스크로 인해 합작투자가 실제 성공으로 이어지는 사례는 많지 않다. 서로 다른 기업문화와 경영 스타일 그리고 빠르게 변화하는 비즈니스 환경으로 인한 이해관계 상충이 발목을 잡기 때문이다. 그래서 합작회사는 한쪽 파트너가 다른 파트너의 지분을 완전히 인수하거나 제삼자에게 매각하면서 끝을 맺는 경우가 대부분이다. 비즈니스 세계에서 공동 경영을 하던 기업들이 협업을 깨고 상황에 따라 자신의 이익을 극대화하기 위해 상대를 공격하는 일은 비일비재하다. 네이버와 소프트뱅크도 공동 경영 과정에서 갈등이 많았던 것으로 전해진다.

향후 네이버의 선택지는 3개다. 전량 매각, 일부 매각, 현상 유지다. 매각은 라인을 포기하고 생성형 인공지능 등 새로운 신규사업이나 기존 사업 강화를 위한 막대한 재원 마련을 위해서 현상 유지는 라인을 통한 해외 사업 확대에 방점을 찍는다는 전략일 것이다. 그러나 매각으로 큰돈을 확보하기는 어려울 것이라는 의견이 지배적이다. 이미 경영권을 행사하는 소프트뱅크가 굳이 거액을 들여 주식을 인수할 필요가 없다고 생각되기 때문이다. 그렇다고 제삼자에게 매각한다는 것도 불가능하다. 현상 유지는 최악으로 치달은 일본 정부와 국내 여론 극복이 숙제다. 그래서 네이버가 장고에 들어갈 수밖에 없을 것이다. 그렇기 때문에 외부의 지나친 간섭이나 개입은 오히려 네이버를 더욱 어렵게 만들 뿐이다.

지금 상황은 월드컵의 한일전이 아니다. 비즈니스는 비즈니스로 풀어야 한다. 네이버도 시가총액 수십조 원에 달하는 한국 10위의 대기업이다. 믿고 응원하자.

5
왜 식음료 프랜차이즈 상장 잔혹사는 계속되고 있는가

"프랜차이즈 업계는 상장을 목적으로 오해하고
제로섬 구조를 반복하고 있다."

'쪼끼쪼끼'로 알려진 태창파로스는 2007년 외식 프랜차이즈 최초로 우회 상장을 통해 코스닥에 진입했으나 경영진의 횡령·배임 사건과 경영권 분쟁 등 각종 논란에 휩싸였다가 2015년 퇴출됐다. 2008년에는 할리스에프앤비가 우회 상장했지만 불과 1년 만에 석연치 않은 이유로 최대 주주를 내주고 주식시장에서 철수했다. 2009년에는 '미스터피자'를 운영한 대산F&B가 반도체 장비업체와의 합병을 통해 코스닥에 우회 상장했으나 경비원 폭행 사건을 비롯해 횡령·배임과 가맹점 갑질 논란 등 각종 오너 리스크가 터지면서 거래정지가 됐으며 상장폐지 상황을 맞고 있다.

2016년에는 '맘스터치'로 알려진 해마로푸드서비스가 스팩합병으로 코스닥에 입성했다가 2019년 사모펀드에 매각됐고 2022년 자진 상장폐지했다. 2017년에는 '연안식당' '마포갈매기' 등을 보유한 디딤이앤에프도 스팩을 통해 코스닥에 우회 상장했으나 지속적인 적자, 경영권 분쟁, 위조 전환사채 유통 사건 등 각종 잡음이 끊이질 않으면서 2023년 한국거래소로부터 불성실공시법인으로 지정됐으며 현재 거래정지 상태. 2020년 11월에는 국내 치킨 1위 기업인 교촌에프앤비가 코스피 시장에 상장했다. 드디어 외식 프랜차이즈 최초로 정상적으로 기업공개를 진행하여 성공한 첫 번째 사례가 나온 것이다.

주식시장의 골칫거리로 전락하다

외식 프랜차이즈는 주식시장에서 '골칫거리'로 평가받고 있다. 최근 15년 동안 시장에 진입한 식음료F&B 프랜차이즈는 총 6개인데 그중 5개가 불량기업이나 스팩 합병을 통해 우회 상장을 했고 단 1개 회사만 기업공개를 했다. 그런데 2024년 8월 19일 기준 우회 상장을 했던 5개 기업 중 3개는 사라지고 2개는 상장폐지 상황에서 거래 정지 중이다. 그나마 정상 거래 중인 교촌에프앤비도 4년 전 상장 초기 3만 8,950원을 기록했던 최고가에 비해 현재 주가는 8,460원으로 무려 78% 이상 하락했으며 공모가 기준으로도 30% 이상 떨어진 상태다. 이 밖에 커피 전문점 1위인 이디야가 2017년과 2021년에 상장을 추진하다가 접었다. 본아이에프(본죽)는 2018년 낮은 기업가치를 이유로 포기했다. 투썸플레이스도 기업공개를 검토했지만 가능성이 낮아 인수합병으로 방향을 바꿨다.

프랜차이즈 비즈니스는 태생적으로 내수시장에 집중하는 B2C 모델이라 성장성이 타 업종에 비해 낮고, 가맹점주들을 통해서 간접적으로 사업을 진행하기 때문에 예측이 어렵고, 유행에 민감하고, 경쟁이 치열한 레드오션이라는 특성이 리스크로 거론된다. 그러나 무엇보다도 상장을 하기에 적합하지 않은 업종이라는 것이 가장 큰 한계로 지적되고 있다. 상장기업은 기본적으로 안정성을 추구하면서 동시에 주주가치 극대화를 위해 노력해야 하는데 그 과정에서 사업구조에 따른 가맹점과의 충돌이 불가피하기 때문이다.

프랜차이즈 본사가 매출을 높이려면 매장을 지속적으로 늘리거나 가맹점의 매출이 늘어나야 한다. 그러나 매장을 많이 열게 되면 개별 가맹점의 영업권이 줄어들어 결국 가맹점 매출은 줄어들게 된다. 아무리 잘나가는 브랜드도 포화상태가 되면 더 이상 매장을 열 수 없기 때문에 성장에 뚜렷한 한계가 존재한다. 또한 매장의 매출이 늘어나려면 방문 고객이 지속적으로 증가해야 하는데 유동인구나 매장 규모의 한계 등으로 각 매장의 매출이 계속 증가한다는 것은 불가능하다.

결국 본사가 매출을 쉽게 늘리는 방법은 가맹점에 공급하는 제품의 단가를 올리는 것이다. 그러나 이런 경우 본사의 매출과 이익은 일시적으로 늘어날 수 있지만 가맹점의 피해가 커지면서 지속되기는 어렵다. 결국 가맹본사와 가맹점은 한쪽이 이익을 거두려면 반드시 상대방이 손해를 봐야만 하는 치열한 제로섬게임을 하게 되는 것이다. 현재 고물가, 고금리, 고임금, 소비위축 등으로 이익을 내는 가맹점이 극히 드문 상황에서 본사가 혼자만 살겠다고 납품가격이나 로열티를 올리면 그 결과는 뻔하다. 공멸이다.

그래서 프랜차이즈가 상장하면 지속적인 성장을 위해 매장을 계속 늘려야 하고 가맹점에 제공하는 납품가도 올려야 한다. 별다른 해결책이 없기 때문이다. 마치 무거운 바위를 밀어서 가파른 언덕을 무한 반복해서 올라가야 하는 시시포스와 같은 감당하기 힘든 상황이 되는 것이다. 교촌에프앤비도 이익을 극대화하라는 주주들의 요구로 가맹점에 제공하는 치킨 가격을 인상하고 가맹 사업자 모집, 품질 유지, 교육, 영업활동 지원 등을 담당하는 지역가맹본부도 폐쇄했다. 그 결과 이익이 늘어나면서 주가가 일시적으로 올라가기는 했으나 지속가능성에 의문이 제기되면서 다시 대폭 하락했다. 2014년부터 2020년 상장할 때까지 계속해서 업계 1위를 지켰으나 2024년 기준 BHC와 BBQ에 밀려 3위까지 내려갔다. 주주들은 계속해서 주가 상승을 위한 방안을 제시하라고 성화다. 그러나 뾰족한 대안이 없다. 상장에 대한 대가를 톡톡히 치르고 있다.

또한 '가맹사업법'에 따르면 가맹본부는 가맹점사업자의 영업 지역을 설정해 가맹계약서에 기재해야 한다. 그래서 치킨 브랜드인 BBQ와 BHC는 5,000세대당 1점포, 빽다방과 메가커피는 각각 기존 점포에서 반경 100미터, 250미터를 영업 지역으로 정한 것이다. 이와 같이 영업 지역 규제 때문에 프랜차이즈는 국내시장에서의 성장은 한계가 있다. 그래서 해외로 진출하거나 가정간편식HMR 등 간편식으로 사업영역을 늘려야 한다. 그러나 식음료F&B 프랜차이즈는 상대적으로 진입장벽이 낮기 때문에 새로운 경쟁자가 끊임없이 진입하면서 싸움은 더욱 치열하게 벌어진다.

상장이 결코 성공의 종착역이 아니다

이런 상황에서 할리스와 더본코리아가 기업공개를 추진했다. 2009년 주식시장에서 철수한 할리스는 2013년 사모펀드에 820억 원에 매각됐다. 그리고 2020년 KG그룹이 사모펀드로부터 1,450억 원에 인수했다. 주인이 바뀐 할리스가 다시 상장을 추진하고 있다. 그러나 시장의 반응은 별로다. 영업이익은 대폭 줄었는데 회사가 기대하는 기업가치는 너무 높고 메가커피(3,038개), 이디야(3,019개), 컴포즈커피(2,500개), 스타벅스(1,893개), 투썸플레이스(1,640개), 빽다방(1,514개) 등 할리스(530개)보다 월등히 많은 가맹점을 보유한 경쟁자가 즐비하기 때문이다.

또한 방송인으로 활동 중인 백종원 대표가 이끄는 외식기업 더본코리아도 2018년 추진했다 포기했던 기업공개를 재추진해 드디어 2024년 12월 코스피 시장에 상장했다. 더본은 다른 프랜차이즈 기업과는 달리 꾸준히 신규 브랜드를 내고 실적이 좋지 않은 기존 브랜드를 없애는 전략을 쓰고 있다. 지금까지 총 50개의 브랜드를 만들어서 현재 25개의 브랜드를 운영하고 있다. 지나치게 많은 브랜드를 거느리고 있다는 비판을 받는 가운데 이런 비즈니스 모델은 비인기 브랜드 가맹점주에게는 엄청난 피해를 줄 수 있다는 문제점도 부각되고 있다.

천신만고 끝에 상장에 성공한 더본코리아는 투자자들의 높은 기대를 받았지만 주가는 하락세를 지속하며 2025년 2월 말 기준으로 상장 당일 가격 대비 50% 이상 떨어졌다. 대표의 높은 인지도가 오히려 '오너 리스크'로 작용하면서 투자자들의 우려가 커지는 가운데 공모가가 지나치게 높게 책정됐다는 지적도 많다. 기업가치를 높이기 위해 통조림 제조에도 뛰어들었다. 대표가 "100% 한돈을 사용했는데 가격이 정말 좋다."며 통조림 햄 제품인 '빽햄'을 직접 홍보했지만 고객은 오히려 가격이 비싸고 품질도 좋지 않다며 불만을 제기했다. 그러자 결국 상품을 철수하는 해프닝도 있었다. 여기에 더해 백 대표가 LPG 바로 옆에서 가스 불을 켜고 튀김

요리를 하는 영상이 공개되면서 논란이 일었다. 결국 관련 법 위반으로 과태료가 부과되면서 이미지에 커다란 손상을 입었다. 지금까지 이어져 온 '프랜차이즈 상장 잔혹사'가 계속되는 양상이다.

상장이 결코 성공의 종착역이 아니다. 가맹본부는 이제라도 제로섬게임에서 벗어나 상생을 고민해야 한다. 일단 수백만 소상공인이 살아야 한다. 그래야 프랜차이즈 회사도 살고 나라도 산다.

9장

기업의 생존을 결정짓는
법칙을 찾아라

1
일류기업들이 몰락하는 데는
5가지 패턴이 있다

"초격차 일류기업들도 자만, 과욕, 현실 부정, 구원 환상,
소멸로 몰락하게 된다."

일본 반도체와 전자 산업을 상징하던 도시바가 2023년 12월 말 상장 폐지됐다. 1875년 설립해 무려 150년 역사를 지닌 도시바는 1949년 도쿄 증시 상장 이후 74년이나 이어오던 상장기업 역사를 끝낸 것이다.

도시바는 한때 일본 기술력의 상징이고 자존심이었다. 한국이 반도체 산업에 본격적으로 뛰어들기 전인 1970년대 후반부터 세계 반도체 시장을 선도했다. 일본 최초 컬러TV, 세계 최초 플래시 메모리 개발, 세계 최초 노트북 출시 등 혁신 기술에 기반한 제품으로 일본의 산업과 경제를 이끌어왔다. 오랜 역사와 방대한 사업을 보유한 기술 기업인 도시바는 양자컴퓨터 관련 양자암호 특허를 세계에서 가장 많이 보유하고 있을 만큼 뛰어난 기술력을 자랑했다. 하지만 2015년 회계 스캔들과 2017년 자회사인 웨스팅하우스의 파산으로 경영난에 빠지자 결국 사모펀드에 경영권을 넘긴

것이다.

또한 일본의 최대 메모리 반도체 기업 엘피다는 전 세계 모바일 D램 표준을 가장 먼저 제안할 만큼 기술력이 앞서 있었지만 원가 경쟁력을 확보하지 못하고 경영난에 빠지면서 미국 마이크론 테크놀로지에 매각됐다. 낸드 플래시의 선두 업체였던 후지쓰는 2010년 전후 PC에서 스마트폰 중심으로 사업전환 기회를 놓치며 위기를 맞이한 상황에서 삼성전자에 주도권을 뺏기며 시장에서 사라졌다.

혁신기업의 딜레마에 빠져 몰락하다

이처럼 초격차 기술을 기반으로 우위를 가지고 있던 일류기업이 혁신을 게을리하다가 한순간에 시장에서 도태되는 사례는 의외로 흔하다. 혁신으로 성장한 기업이 몰락하는 이유는 후발 기업의 혁신 때문이라는 클레이튼 크리스텐슨의 '혁신기업의 딜레마'다.

1990년부터 2000년대까지 휴대전화 시장의 절대 강자는 핀란드 노키아와 미국 모토로라였다. 특히 노키아는 1998년 모토로라를 제치고 세계 1위로 군림하면서 2008년 글로벌 금융위기에도 살아남았다. 노키아는 최초의 스마트폰인 애플 아이폰이 처음 출시된 지 4년 후인 2011년까지 판매 대수 기준으로 세계 1위를 지켰다. 하지만 노키아는 과거의 영광에 취해 애플과 삼성전자 등에 비해 스마트폰 개발에 소극적이었고 결국 2013년 휴대전화 사업을 마이크로소프트에 매각하고 화려한 시절을 마감했다. 휴대전화 시장을 개척한 모토로라 역시 스마트폰으로 급변한 시장에 적응하지 못하고 2011년 구글, 2014년 중국 레노버에 매각되는 등 빠르게 무너졌다.

카메라 시장 역시 비슷한 경로를 걸었다. 코닥은 세계 처음으로 필름 카메라 기술을 개발해 2012년 생산을 중단할 때까지 세계 최고의 카메라와 필름 제조회사였다. 코닥은 호황기였던 1980년대 디지털카메라 기술을 세계 최초로 개발했지만 시장 도입을 주저하며 필름 시장을 고집했다. 그러는 사이 2000년대 들어 필름 시장이 빠르게 축소되면서 코닥은 급속도로 추락했다. 급기야 2011년에는 시가총액이 88%가 사라졌고 2012년 초 파산보호 신청을 했다. 현재 코닥은 패션 브랜드로 재탄생했지만 세계를 주름잡던 혁신기업이라는 모습은 전혀 찾아볼 수 없다.

『좋은 기업을 넘어 위대한 기업으로』의 저자인 짐 콜린스는 자신이 극찬을 아끼지 않았던 위대한 기업들이 줄줄이 몰락하는 것을 보며 큰 충격을 받았다. 그는 뛰어난 기업들이 어떤 이유로 도산하는지를 연구하여 『위대한 기업은 다 어디로 갔을까』를 펴냈다. 콜린스는 오랜 탐구와 치밀한 조사 끝에 위대한 기업들이 크게 5단계를 거치며 서서히 몰락의 길을 걷는다는 것을 밝혀냈다. 위대했던 기업은 성공으로부터 자만심이 생겨나는 단계, 원칙 없이 더 많은 욕심을 부리는 단계, 위험과 위기 가능성을 부정하는 단계, 구원을 찾아 헤매는 단계, 유명무실하거나 생명이 끝나는 단계를 밟으며 망하게 된다는 것이다.

삼성전자는 IBM처럼 부활할 수 있을까

우리나라의 희망인 삼성전자가 대대적인 구조조정설과 직원들의 자발적인 이탈로 술렁이고 있다. 주식시장에서는 외국인 투자자들이 삼성전자를 투매하고 있다. 2024년 10월 28일 기준 삼성전자 주가는 5만 5,900원으로 금년 초에 비해 33% 이상 하락했다. 삼성전자 주가는 '오늘이 제일 비싸다.'라는 개인투자자들의 자조 섞인 푸념이 들리는 가운데 매일 신저가를 기록 중이다. 외국인은 33일 연속 순매도 행진을 이어가며 13조 원 가까이 팔아 치웠다. 외국인 투자자의 이탈과 주가 폭락이 지속되는 상황에서 오랫동안 반도체 1등 기업의 왕좌를 지켰던 삼성전자의 위기론이 거세지고 있다.

삼성전자는 2010년대 중반 반도체, 스마트폰, TV 등 20여 개가 넘는 품목에서 세계 1위를 하는 글로벌 1등 기업이 됐다. D램과 낸드 플래시는 치킨게임에서 승리하며 도시바와 엘피다 등 일본 반도체 기업을 파산시켰다. 스마트폰은 본고장인 미국에서도 애플의 판매량을 넘어서기도 했다. TV와 디스플레이에선 중국기업의 추격이 거셌지만 빠르게 고부가가치 상품인 올레드$_{OLED}$로 주력상품을 바꾸며 판을 뒤집었다.

그러나 지금은 차세대 D램인 인공지능 메모리 시장에선 SK하이닉스와 기술 경쟁에서 밀렸고 파운드리는 TSMC와 점유율 격차가 50% 가까이 벌어졌다. 모바일은 프리미엄 제품에 주력하는 애플에 추월당하고 TV와 디스플레이는 중국기업이 LCD 시장 장악력을 바탕으로 올레드$_{OLED}$에서도 영향력을 확대하며 도전장을 내밀고 있다. 그러는 와중에 삼성전자는 2023년 글로벌 시가총액 22위에서 2025년 2월 말 기준 39위로 떨어졌다.

그중에서도 가장 심각한 위기를 겪는 반도체 분야는 2018년 반도체 슈퍼사이클이 왔을 때 D램 생산능력을 극대화하기 위해 연구개발 라인조차 생산라인으로 돌렸고 시장성이 없어 보이는 고대역폭메모리HBM 연구개발팀을 해체하고 말았다. 이러한 결정이 지금은 천추의 한이 되고 있다. 엄청난 수익을 안겨주는 고대역폭메모리HBM의 선두 자리를 너무 쉽게 포기한 꼴이 됐기 때문이다.

반도체와 IT 분야는 기술 변화가 매우 빠르기 때문에 글로벌 빅테크 기업은 관련 기술을 경쟁사보다 신속하게 확보하기 위해 자체 연구개발은 물론 끊임없이 인수합병을 추진한다. 그래서 전문가를 최고경영자로 내세우고 전권을 부여한다. 그러나 삼성전자는 조직이 비대해서 의사결정이 느리고 기술보다는 비용을 우선한다는 내부의 불만이 표출되고 있다. 더욱이 비전문가가 최종 의사결정권을 갖고 있으며 사외이사 중 반도체 전문가는 한 명도 없는 것으로 알려졌다. TSMC가 사외이사 절반 이상을 반도체 전문가들로 채운 것과 대조된다.

'기술은 두 가지 유형의 사람들, 기술에 대해서는 충분히 잘 아는 전문가지만 권한이 없는 사람과 기술에 대해서는 잘 모르지만 정책을 수립하고 의사결정을 하는 사람에 의해 지배된다.'라는 '퍼트의 법칙Putt's Law'이 있다. 퍼트의 법칙은 기업이나 국가의 중요한 의사결정을 내리는 경우에도 흔히 나타난다.

'사망선고를 받은 거대한 코끼리'라는 오명을 쓰고 몰락하던 PC 시대의 레거시 기업 IBM은 과감한 혁신과 탈권위 의식으로 완벽하게 부활했다. 혁신기업의 딜레마에서 벗어난 대한민국 일등기업 삼성의 화려한 귀환을 기대한다.

2
아베노믹스의 슈퍼 엔저는 '값싼 일본'을 만들었을 뿐이다

"일본의 실패는 한국에도 경고음을 울리고 있는데
반면교사로 삼아야 한다."

2024년 4월 일본 외환시장에서 1달러가 160엔을 돌파했다. 1990년 4월 이후 34년 만이다. 2024년 초 140엔이던 환율이 가파르게 상승한 것이다. 2024년 6월 2일 기준 157.25엔이다. 일본 입장에서 엔저 현상은 수출 경쟁력이 높아지고 해외투자자들이 몰려들면서 주식시장에는 긍정적이다. 하지만 그 정도가 지나쳐 지금과 같이 '슈퍼 엔저低'라 부를 정도로 과도해지면 부작용도 만만치 않다. 2023년까지는 엔화 약세의 마지노선을 1달러당 150엔으로 봤지만 2024년엔 160엔을 넘었다. 170엔도 갈 수 있다는 의견도 나왔다.

슈퍼 엔저가 일본을 망치고 있다

엔화 약세의 가장 직접적인 이유는 미국과 일본의 엄청난 금리 차다. 2008년부터 2021년까지 금리 차는 매우 적었다. 때로는 0

에 근접하기도 했다. 하지만 미국이 2022년 3월 금리 인상을 시작한 이후 양국의 금리 차는 글로벌 금융위기 이래 가장 큰 폭으로 확대됐다. 달러화 강세로 신흥국을 비롯한 세계 각국의 통화 가치가 급락한 가운데 엔화는 2024년 들어 달러 대비 10% 이상 떨어지며 가장 큰 하락 폭을 기록했다.

2024년 3월 일본은 -0.1%였던 기준금리를 17년 만에 소폭 올리면서 8년간 이어오던 마이너스 금리 정책을 끝냈다. 그러나 추가 인상은 여러 이유로 당분간 어려울 것으로 판단된다. 또한 시장의 기대와는 달리 미국의 금리 인하도 이른 시간 내 쉽지 않을 거란 전망이 우세하다. 결국 5% 이상의 미·일의 금리 차가 상당 기간 유지된다는 의미다. 『니혼게이자이신문』은 엔저의 장기화 예상으로 기업들이 수출대금이나 해외투자에 대한 배당금 등 외화 자금을 일본으로 송금하지 않고 해외에 보유하는 사례가 늘어나면서 환율 악화에 일조하고 있다고 보도하기도 했다.

또한 슈퍼 엔저는 금리 차 이외에 플라자 합의에 따른 후유증과 일본 정부의 대규모 금융완화 정책에 따른 부작용이라는 지적도 많다. 지난 1980년대 초 일본은 높은 기술력을 바탕으로 소니의 워크맨을 비롯한 수많은 전자제품을 미국을 비롯한 전 세계에 활발하게 수출했다. 또한 석유파동이 일어나면서 연비가 뛰어난 토요타를 비롯한 일본 자동차의 인기가 높아졌다. 여기에 더해 그 당시 낮은 엔화 가치로 엄청난 대미 무역 흑자를 연이어 기록했다. 그러자 꾸준히 경상수지 적자에 시달리던 미국은 1985년 소위 '플라자 합의'라는 프랑스, 서독, 영국, 미국, 일본 등 G5 재무장관 회의를 통해 인위적으로 달러-엔 환율을 250엔에서 120엔으로 대폭 조정해 일본의 수출 경쟁력을 무력화했다. 엔화 가치가 한순간에 2배 이상 올라가면서 일본은 심각한 경제적 타격을 입을 수밖에 없었다. 이 때문에 플라자 합의를 '일본에 대한 미국의 경제적인 원폭 투하'라고 평가하기도 했다.

그 후 IT, 반도체, 자동차를 포함한 일본 경제의 주축이 붕괴되고 장기 침체기에 들어가면서 심각한 디플레이션 상태에 빠졌다. 그런 상황에서 2000년대 후반부터 생산 거점을 해외로 옮기는 오프쇼어링off-shoring을 본격화하면서 수출은 늘지 않고 무역수지 적자 폭은 확대됐다. 심각한 경제 불황을 타개하고자 2013년부터 일본 정부는 대규모 금융완화 정책인 '아베노믹스'를 시작했다. 아베노믹스는 돈을 무제한 풀어서 금리를 낮추고 엔의 가치를 아주 낮게 만들어서 기업들의 부담을 줄이고 수출을 늘리겠다는 것이다. 그렇게 되면 기업들의 실적이 좋아지고 투자도 늘어나고 임금도 올라가고 소비도 늘어나면서 경제가 다시 살아날 것이라는 기본 프레임을 갖고 있다.

그러나 현실은 그렇게 돌아가지 않았다. 엄청나게 풀린 유동성 때문에 엔화의 가치가 급격히 떨어져서 기업들의 수출 경쟁력이 생기기는 했다. 하지만 장기간 경기침체를 겪은 기업들이 엔저로 발생한 이익을 미래를 위한 투자나 인건비에 쓰는 대신 비상금 상태로 회사에 쌓아두기만 하면서 오히려 회사의 경쟁력과 생산성은 점점 더 떨어지고 민간 소비는 더욱 둔화됐다. 또한 높아진 환율로 천연가스와 농산물 등 수입 물가가 폭등하여 실질소득이 줄어든 국민들은 상당한 경제적 고통에 빠지게 됐다. 심지어는 엔저로 해외에서 몰려드는 관광객으로 인한 갈등과 불편함을 겪는 오버투어

리즘overtourism도 심각한 문제로 대두됐다.

값싼 일본을 반면교사로 삼아야 한다

아베 정권과 기시다 정권이 10여 년간 심혈을 기울인 아베노믹스의 결과는 엔저를 만드는 데는 성공했지만 경제의 선순환과는 거리가 먼 '값싼 일본'이 됐다는 것이다. 국제결제은행BIS에 따르면 2024년 일본 엔의 '실질실효환율Real Effective Exchange Rate'은 73 정도로 54년 전인 1970년 이후 최저치를 기록하며 경제개발협력기구OECD 회원국 중 가장 낮았다. 실질실효환율은 각국의 물가수준과 무역액 등을 고려한 종합적인 통화 가치를 나타내는 수치다. 수치가 낮을수록 해당 국가의 화폐가치가 하락했다는 뜻이다. 1995년에는 무려 200에 가까웠다. 3분의 1 수준으로 떨어진 것이다. 참고로 우리나라 원화는 일본, 튀르키예, 노르웨이, 이스라엘에 이어 다섯 번째로 저평가된 것으로 나타났다. 그래서 우리나라 대미환율도 많이 높아졌지만 상대적으로 일본 물가가 더 싸진 것이다. 일본에 한국 관광객이 늘어나게 된 이유다.

과거엔 일본 기업들의 생산기지가 대부분 국내에 있었기 때문에 엔저는 일본 경제에 긍정적인 역할을 했다. 대외 가격경쟁력 강화로 기업들의 수출이 늘고 벌어들인 외화를 다시 엔화로 환전하는 과정에서 엔저 압력을 막아줬다. 하지만 글로벌 금융위기를 계기로 대다수 기업이 생산기지를 해외로 옮기면서 수출 증대 효과를 기대하기 어려워졌다. 오히려 수입 물가 상승으로 이어져 가계 소비와 기업 투자를 위축시키는 등 경제 부담만 키우고 있다. 저렴해진 엔화보다 달러화나 유로화 등 다른 통화를 선호하게 되면서 핵심 인재 및 자본의 해외 유출도 가속화되고 있다. 결과적으로 엔저로 인한 부정적 효과가 더 커지면서 일본 정부의 엔화 가치에 대한 고민이 커지고 있다.

엔화 가치가 올라가려면 무엇보다 먼저 일본은행이 금리를 대폭 올려야 한다. 또한 미국이 기준금리를 큰 폭으로 내려야 한다. 동시에 일본기업의 경쟁력이 획기적으로 높아지고 산업구조도 바뀌어야 한다. 뭐 하나 만만한 게 없다. 그러나 우에다 일본은행 총재는 금리를 올리는 것에 극히 신중한 태도를 보이고 있다. 아베노믹스로 인한 막대한 국가부채 때문이다. 2023년 일본 국가부채 비율은 252.4%로 경제협력개발기구OECD 국가 중 단연 최고다. 2위인 미국(122.1%)의 2배가 넘는다. 세출의 30% 이상을 이자 등 국채 관련 비용으로 사용하고 있다. 여기서 금리가 인상되면 감당하기가 어렵다. 초저금리로 간신히 힘겹게 버티고 있는 '좀비기업'이 급속히 늘어난 것도 선뜻 금리를 올리지 못하는 이유다.

또한 부진한 다른 국가 경제와는 달리 홀로 잘나가는 소위 '미국경제 예외주의US Exceptionalism' 상황이라 미국이 당분간 금리를 내릴 가능성도 크지 않다. 그렇다고 일본이 짧은 시간에 첨단기업을 육성하고 혁신을 통한 생산성을 향상시킨다는 것도 불가능하다. 슈퍼 엔저가 지속되는 이유다.

일본이 직면한 딜레마는 여러 가지로 우리 경제에도 많은 시사점을 던져 주고 있다. 우리도 크게 다르지 않다. 일본 사례를 반면교사 삼아야 할 것이다.

3
스타트업이라면 활주로가 끝나기 전에 이륙해야 한다

"활주로 런웨이는 스타트업이의 생존 기간으로
적정한 관리가 성패를 좌우한다."

스타트업은 상당 기간 적자가 지속된다. 기술과 제품을 개발하거나 마케팅을 위해서도 자금이 필요하다. 그리고 흑자 전환까지는 오랜 시간이 걸린다. 그래서 스타트업은 시작하는 것보다 생존하고 스케일업을 하는 것이 훨씬 어렵다.

스타트업은 회사를 키우는 데 필요한 모든 자금을 처음부터 한꺼번에 투자받지 않고 여러 번에 걸쳐 나누어 조달한다. 투자자 입장에서는 실패 가능성이 큰 스타트업이 계획대로 잘 진행되는지를 확인하면서 투자 리스크를 최소화하기 위함이고 스타트업 입장에서는 성장에 따른 기업가치를 극대화하려는 이유이다.

런웨이는 활주로라는 뜻이다. 비행기가 활주로가 끝나기 전에 반드시 이륙해야 한다는 점에 착안해 스타트업계에서는 현재 보유한 자금이 소진되기까지의 기간이라는 의미로 사용된다. 즉 런웨이는 스타트업의 생존 가능 기간을 말한다. 예를 들어 런웨이가 6

개월이란 말은 그 후에는 회사에 돈이 하나도 없어서 문을 닫아야 한다는 뜻이다. 그렇기 때문에 런웨이가 끝나기 전에 반드시 자금을 조달해야 한다.

적정 수준의 런웨이 관리가 중요하다

스타트업이 자금을 너무 빨리 소진하면 회사가 문을 닫아야 할 위험에 처할 수 있고, 또 반대로 너무 천천히 사용하면 성장 속도가 더뎌 경쟁에서 뒤처질 위험이 있다. 따라서 적정 수준의 런웨이 관리가 매우 중요하다. 비행기가 안전하게 이착륙하기 위해서는 충분한 활주로가 필요하다.

활주로의 길이는 비행기의 크기와 무게에 따라 달라진다. 마찬가지로 스타트업을 키우고 성공적인 엑시트를 하기 위해서 필요한 금액과 자금의 소진 속도는 스타트업의 비즈니스 모델과 어느 단계인지에 따라 달라진다. 그런데 요즘과 같이 투자시장이 경색되면 목표대로 회사가 잘 성장하고 있더라도 다음 라운드에서 자금을 확보하려던 계획에 차질이 생긴다. 런웨이가 갑자기 사라질 수 있는 것이다. 스타트업은 생존을 위해 어떻게든 런웨이를 최대한 늘리려고 한다. 일단 사람과 비용을 줄이고 연구개발을 중단하고 신규사업을 접는 등 살고 봐야 한다. 버텨야 한다는 전문가들의 조언도 쏟아진다.

런웨이를 늘리기 위해서는 매출과 이익이 증가하거나 비용을 줄여야 한다. 그러나 대부분의 스타트업들은 매출이 미미하기 때문에 비용을 줄일 수밖에 없다. 결국 인건비를 줄이기 위해 구조조정을 하거나 마케팅 비용을 줄이고 신규사업이나 연구개발을 축소하게 된다. 그러면 회사의 미래가치는 급속도로 줄어들고 시장과 투자자들의 관심 대상에서 멀어질 수밖에 없다. 좀비기업으로 전락할 가능성이 커진다.

한편 투자자들은 위험을 최소화하면서 수익을 극대화하려고 한다. 그래서 요즘과 같이 대박을 기대할 만한 엑시트가 어려운 상황에서는 굳이 리스크를 무릅쓰고 적극적으로 투자에 나서기보다는 관망하면서 소극적으로 최소한의 투자만 하려고 한다. 투자하더라도 계약서에 과거에 비해 리스크를 적극적으로 헤지hedge 할 수 있는 조항을 추가하고 있다. 자연스럽게 플라이 투 퀄리티Flight To Quality 전략을 추구하는 것이다. 플라이 투 퀄리티는 주식, 채권, 부동산 등 투자 업계에서 쓰는 표현으로 '위험자산에서 안전자산으로의 투자' 혹은 '안전자산 선호 현상'을 의미한다. 스타트업에 대한 투자를 대폭 줄인다는 의미다.

스타트업은 불확실성에서 기회를 잡는다

글로벌 투자회사 니드햄의 수석 전략가인 로라 마틴은 "시장의 불확실성이 커지면 플라이트 투 퀄리티 현상이 나타난다."고 했다. 그래서 벤처캐피털도 스타트업 투자 비중을 줄이고 하더라도 큰 금액이 필요한 시리즈 C 이상의 후기 투자는 최소화하고 적은 금액이 투입되는 초기 단계 스타트업 비중을 늘린다.

또한 밸류에이션을 최대한 낮추고 신규 투자보다는 기존에 투자했던 기업 중에서 실적이 좋고 위험성이 낮아 보이는 회사에 대한 추가 투자에 집중한다. 그리고 평소보다 훨씬 더 적극적으로 투자 위험을 최소화하기 위해 투자계약서에 회사 청산 시에는 최우선으로 변제받을 수 있는 다운사이드 프로텍션(투자자 보호 조항) 조항을 강화한다. 불확실성이 크고 현금 소진이 빠른 첨단 기술 스타트업보다는 비교적 안정된 유통플랫폼이나 프랜차이즈 비즈니스 투자를 선호하게 된다.

이러한 벤처투자자는 스타트업에 생존전략을 주문한다. 수익성 강화를 위한 비즈니스 모델로의 피벗pivot, 기존 제품의 경쟁력 강화, 효율적 예산 관리, 불확실성 극복을 위한 상황별 시나리오 플래닝, 투명하고 효과적인 커뮤니케이션 체계 구축 등 새로운 시장 변화에 빠르게 대응할 수 있는 민첩성을 강조한다. 그러나 이러한 위험 회피 성향은 단기적으로 예상되는 손실에서는 벗어날 수 있지만 안전자산에 대한 과대평가와 기회비용의 손실 등으로 성장동력을 상실하며 오히려 중장기적으로는 더 큰 어려움에 봉착하게 한다.

투자자와는 달리 스타트업은 오히려 불확실한 경제 상황에서 기회를 포착한다. 그리고 현재의 승자를 뒤로하고 또 다른 영웅으로 태어나게 된다. 테슬라, 애플, 엔비디아 등 세계적인 혁신기업들이 기존 질서를 무너뜨리며 그렇게 등장했다. 어떤 상황이 와도 결국 뛰어난 기업은 성공하고 부족한 기업은 실패한다. 배는 항구에 정박해 있을 때 가장 안전하다. 그러나 그것은 배의 존재 이유가 아니다. 스타트업도 위기의 파도를 헤쳐 나갈 때 비로소 존재의 이유가 있는 것이다. 짧은 활주로에서도 화려하게 비상할 수 있는 위대한 스타트업의 탄생을 기대한다.

4

본전을 찾겠다는 심리로 이어지는 '물타기'는 위험하다

"'지금까지 실패했으니 이제는 성공할 것'은 도박사의 오류일 뿐이다."

미국 증시는 연일 사상 최고치를 경신하고 있고 엔비디아는 2023년 236% 상승에 이어 2024년에도 174% 이상 올랐다. 그러나 한국 증시는 먹구름만 가득하다. 특히 '간판 국민주'로 상승세를 탈 줄 알았던 삼성전자가 고대역폭메모리ʜʙᴍ 실적부진과 '어닝 쇼크'로 1년 7개월 만에 '5만 전자'로 주저앉으며 개인투자자들은 패닉에 빠진 모습이다. 결국 4만 전자로 내려갔다가 다시 5만 원대를 회복했지만 2024년에만 주가가 40% 가까이 떨어졌다. 그럼에도 불구하고 실적부진이 지속될 것이라며 증권가에서 삼성전자의 목표주가를 줄줄이 내리고 있어서 고민은 한층 깊어진다.

2024년 8월에 공개된 삼성전자 반기보고서에 따르면 2022년 말 580만 명이 넘던 소액주주는 2024년 6월 말 기준 424만 명으로 대폭 줄었다. 1년 반 만에 150만 명 이상이 떠난 것이다. 또한 외국인 투자자는 2024년 9월 3일부터 10월 18일까지 28일 연속으로 삼성전자 주식을 순매도했다. 하루 평균 약 4,400억 원이며 전체 금액은 12조 원이나 된다. 그런데 이 엄청난 물량을 거의 대부분 개인투자자들이 사들였다. 개미들이 사들인 금액이 11조 원이 넘는 것으로 분석된다. 저가 매수에 새로 진입한 투자자도 있지만 대부분 높은 금액에 주식을 샀다가 '물린' 사람들이다. 지금까지의 평가 손실을 만회하려고 소위 '물타기'를 하는 것이다.

본전만 찾자는 심리가 더 큰 손실을 부른다

주식시장에서 '물타기'는 자신이 산 주식의 주가가 떨어졌을 때 손실을 줄일 목적으로 추가로 주식을 매입하는 전략scale-in trading을 말한다. 예를 들어 A라는 종목의 주식을 2만 원에 100주를 매입했는데 주가가 1만 원으로 떨어져서 손실이 발생했을 때 주식을 매도하는 대신 1만 원에 추가로 100주를 더 사는 것이다. 그렇게 되면 총 200주를 보유하게 되고 매입 단가는 1만 5,000원이 된다. 추후 주가가 반등해 2만 원을 회복하면 주당 5,000원씩의 이익을 얻게 되고 5,000원만 올라도 원금을 회복할 수 있게 된다. 언뜻 보면 굉장히 단순하고 그럴듯하다. 그러나 주가가 올라가지 않고 추가로 더 하락하게 되면 훨씬 더 심각한 손해를 입을 수도 있기 때문에 매우 신중하게 접근해야 한다. 물타기 전략이 성공하려면 투자 여력이 넉넉해야 하고 시간도 충분해야 한다. 그리고 무엇보다 중요한 것은 주가가 반등할 만한 확실한 모멘텀이 있어야 한다.

불과 2024년 8월까지 삼성전자 주가가 10만 원 이상으로 오를 것으로 전망하던 증권사들이 뒤늦게 목표주가를 내렸지만 투자 의견은 전부 '매수'를 유지해 개미들의 분노를 사고 있다. 금융정보업체 에프앤가이드에 따르면 2024년 10월 18일 기준 국내 증권사 24곳이 제시한 삼성전자의 평균 목표주가는 9만 783원이다. 삼성 전자 종가는 5만 9,200원으로 목표주가와의 괴리율이 53.3%나 된다. 7개월 동안 증권사들은 삼성전자 목표주가를 17% 상향 조정했다. 심지어는 주가가 계속 내려가 7만 원대로 떨어졌지만 아랑곳하지 않고 11만 원대 목표주가를 유지했다. 그러다 6만 원대로 하락하자 그제야 목표주가를 슬그머니 9만 원대로 줄줄이 내렸다. 그런 상황에서도 삼성전자에 대한 매도 리포트는 단 1건도 없었다. 그러는 사이 '반도체 겨울론' '삼성전자의 위기론'이 제기됐고 글로벌 투자은행 맥쿼리가 삼성전자에 대해 투자 의견을 하향 조정하면서 시장에 상당한 충격을 안겼다. 급기야 6만 원이 붕괴되고 5만 원대를 기록하게 됐다. 이런 상황이 전개되자 온라인상에는 국내 증권사의 전망을 믿고 계속해서 물타기를 했는데 손실만 커졌다며 증권사를 비난하는 글들이 가득하다.

대한민국 대표 우량주이자 과도한 낙폭을 기록한 삼성전자라 물타기를 하고 조금만 기다리면 쉽게 손실을 만회할 수 있을 거란 기대가 사라진 것이다. 오히려 시간을 끌면서 손실 금액만 키운 것이다. 물타기의 위험성을 보여준 대표적인 사례가 된 것이다. 그럼에도 불구하고 2024년 8월에 5,000억 원대였던 삼성전자의 신용 융자 잔고가 한 달 반 만에 1조 원으로 치솟았다. 빚을 내서 물타기를 하려는 개인투자자들이 급증하고 있다는 뜻이다. 이 같은 금액은 2021년 주식시장 호황기 때보다도 더 큰 규모로 전문가들은 우려의 목소리를 내고 있다. 아무리 삼성전자라 하더라도 미래 전망이 비관적인데 단지 주가가 떨어졌다는 이유로 빚을 내서 투자하게 되면 더 큰 위험에 빠지게 된다는 것이다.

2024년 3월에는 외식 브랜드를 운영하는 코스닥 상장사의 한 개인투자자가 2년도 안 돼 32억 원의 엄청난 손실을 본 사례가 화제가 되기도 했다. 15억 원어치 주식을 분할 매수했다가 주가가 떨어지자 계속 물타기를 하면서 주식 매수 금액이 50억 원까지 늘어났다. 이 회사의 주식이 거래정지되면서 50억 원의 원금이 18억 원으로 떨어졌으며 그나마 팔 수도 없게 된 것이다. 4,450원이던 주가가 급락하자 지속적으로 물타기를 했지만 결국 381원으로 떨어진 상태에서 거래정지됐다. 이 과정에서 비자발적으로 최대 주주가 되는 해프닝도 있었다. 주식시장에는 '물타기를 하다가 대주주 된다.'라는 우스갯소리가 있는데 현실로 나타난 것이다.

도박사의 오류에 빠져 현실에 눈감지 마라

주식시장의 물타기는 카지노에서 논란이 되는 '마틴게일martingale 전략'과 닮았다. 마틴게일은 돈을 잃으면 잃은 돈의 두 배를 다시 베팅하는 카지노의 베팅 방식 중 하나로 18세기 유명한 스위스 수학자인 니콜라스 베르누이가 제시한 전략이다. 예를 들어 승률이 50%인 '홀짝 게임'을 하는데 1만 원을 베팅했다가 실패하면 다음 베팅에서 2만 원으로 금액을 올린다. 다시 실패하면 4만 원으로 올리는 방식으로 패배할 때마다 베팅 금액을 두 배로 증가시키는 방식의 베팅 전략이다. 이렇게 이길 때까지 반복한다. 결국 한 번이라도 이기면 맨 처음에 베팅한 돈만큼 벌게 된다.

카지노에서 가장 인기 있는 바카라 게임은 플레이어와 뱅커 중 누가 이길지 맞히는 도박인데 확률이 50%라 홀짝 게임과 비슷하다. 바카라와 같이 돈을 딸 확률이 50%인 게임에서 한 번이라도 이길 확률은 시행 수에 따라 50%, 75%, 87.5%로 계속해서 늘어나면서 100%로 수렴하게 된다. 그래서 이론상 베팅할 수 있는 기회와 재산이 무한대라면 확실하게 돈을 벌 수 있다. 그러나 현실에서는 마틴게일 베팅이 손해를 보는 경우도 많다. 개인 재산은 유한하고 시간도 한정돼 있기 때문이다. 마틴게일 베팅은 실패하는 횟수가 늘어날수록 베팅 금액이 기하급수적으로 늘어나는데 한정된 돈 때문에 이길 때까지 끝까지 베팅하기 어렵다.

극단적인 사례지만 20세기 초 몬테카를로의 한 호텔에선 승률 50%의 게임에서 26번 연속으로 같은 것이 나와서 많은 사람을 파산시킨 적도 있었다. 이때도 27번까지 베팅을 했다면 돈을 벌었겠지만 계속 베팅할 정도의 돈을 가진 사람은 없을 것이다. 처음 베팅 금액이 1만 원이었다 하더라도 27번째 베팅해야 할 금액은 무려 1조 3,000억 원이 넘는다. 현재 대부분의 카지노는 베팅 상한액을 정해 놓고 있어서 10회 이상 베팅하기 어렵다. 10회가 되면 처음 베팅 금액의 1,000배가 넘기 때문이다. 참고로 강원랜드 카지노는 최고 베팅 금액은 30만 원에 마틴게일 횟수도 4회로 제한하고 있다.

정보의 비대칭성을 해소시키려는 노력보다는 수수료 이익만 올리면 그만이라는 증권사의 모럴 해저드가 개인들이 빚을 내서 물타기를 하는 데 일조한다. 하지만 개미들은 '본전 찾기 필승법'이라고 여전히 '물타기 전략'을 선호한다. 도박꾼은 마틴게일 전략으로 쉽게 돈을 딸 수 있으리라 생각한다. 그러나 비즈니스 세계에서는 언제나 승자보다 패자의 숫자가 많을 수밖에 없다. 그렇기 때문에 손쉬운 성공 전략은 허상에 불과하다. 단지 지금까지 실패했으니 이제는 성공할 거란 '도박사의 오류'에 빠져 냉정하게 현실을 직시하지 못할 뿐이다. 더 이상 경기침체로 힘든 국민들이 빚투로 더 큰 함정에 빠지지 않기를 간절히 기원한다.

5

왜 한국 증시의 10년 수익률은
미국의 7분의 1인가

"깜깜이 기업과 좀비기업을 과감히 퇴출하고
분석 인프라를 강화해야 한다."

매년 3월이면 상장법인은 반드시 감사보고서를 제출해야 한다. 제출 마감 시점이 한 달여 앞으로 다가오면 어느 때보다 개인투자자들은 투자에 신중을 기해야 한다. 주식시장에서 퇴출될 가능성이 큰 '한계기업'이 급증하기 때문이다. 한계기업은 재무구조가 부실해 영업활동으로 창출된 이익으로는 빌린 돈의 이자조차 감당하지 못하는 기업을 뜻한다. 사실상 경쟁력을 상실해 더 이상 성장을 지속할 수 없는 기업이다. 통상 3년 연속 이자보상비율(영업이익÷이자 비용)이 1보다 작은 기업을 한계기업으로 판단하고 있다. 결국 주식시장에서 퇴출되거나 생존을 위해서는 대규모 구조조정을 해야만 한다.

퇴출 대상 한계기업이 한국 증시를 망친다
2024년 2월 초 공개한 한국경제인협회의 '주요국 상장사의 한계기업 추이 분석'에 따르면 현재 우리나라 전체 상장사 중 무려 19.5%(코스닥 23.7%, 코스피 10.9%)가 한계기업으로 나타났다. 2월 10일 기준 한국거래소에 상장된 기업은 총 2,758개(코스피 849, 코스닥 1787, 코넥스 122)다. 상장기업 중 한계기업이 500개에 달하는 것이다. 이들 기업은 언제든 상장폐지의 위험에 노출돼 있는 것이다. 업종별로는 부동산업(33.3%), 전문·과학·기술 서비스업(24.7%), 도소매업(24.6%), IT업(24.2%) 순으로 비중이 높았다.

2020년부터 최근 5년 동안 코스피와 코스닥에서 상장 폐지된 기업은 총 212개다. 상장 폐지돼 퇴출된 기업을 분석해 보면 대부분 한계기업으로 최대 주주가 자주 변경되거나 신규사업에 필요하다며 수시로 외부 자금을 조달하는 경우가 많았다. 2024년 1년간 최대 주주가 두 차례 이상 변경된 종목이 15개인데 그중 8개가 관리종목에 지정됐다. 임직원의 횡령이나 배임 사건으로 상장폐지가 된 사례도 많다. 2022년 12건에 불과하던 상장사의 횡령이나 배임 공시는 2023년 42건으로 네 배 가까이 급증했다. 2024년에는 51건으로 더 늘었다. 횡령이나 배임액이 자기자본의 3% 또는 10억 원 이상이면 상장 적격성 실질 심사 대상이 된다. 개선이 어렵다고 판단되면 퇴출 수순을 밟게 된다.

2025년 초 거래가 정지된 회사의 경우 초전도체와 양자 배터리 개발, 자원 개발, 건강기능식품 판매, 연예기획, 부동산 컨설팅 등 총 201개 사업 목적을 공시했다. 대주주는 물론 회사명도 몇 차례 바뀌었으며 신규사업을 명목으로 수시로 자금조달을 추진하기도 했다. 이런 상황에서 상장폐지를 모면하기 위해 분식회계를 하는 한계기업들이 지속적으로 늘어나고 있다. 또한 허위 사실이나 작전세력을 동원해 주가조작을 하거나 전혀 관련 없는 업종을 인수합병해 매출을 늘리는 등 상장폐지를 피하기 위한 다양한 꼼수도 증가하고 있다. 상장 실질 심사로 인한 퇴출이 없었던 시절에는 제삼자 배정 유상증자나 감자, 합병, 순환출자, 분식회계, 주가조작 등으로 퇴출을 면하는 경우도 굉장히 많았다.

이러한 현상은 고스란히 국내 증시의 부진으로 이어지고 있다. 이는 지표로 드러난다. 2015년부터 2025년까지 10년 누적 수익률이 코스피는 40%에 불과했지만 나스닥은 300%나 된다. 또한 1993년부터 2023년까지 30년간 미국의 국내총생산GDP이 4배 성장하는 동안 미국 S&P500지수는 10배 뛰었다. 그러나 같은 기간 한국 국내총생산GDP은 7배 성장했으나 코스피지수는 3배 오르는 데 그쳤다. 또한 MSCI 신흥국지수에서도 한국 주식 비중은 2004년 17%에서 현재 13%로 뒷걸음질 쳤다. 그사이 대만과 인도 주식 비중이 각각 12%, 5%에서 19%로 급증했다.

선진시장은 한계기업이 발붙일 수 없다

금융당국은 소액 투자자를 보호하고 시장 건전성을 강화하여 '코리아 디스카운트'를 해소하겠다는 취지로 한계기업 징후가 있는 상장사에 대해 선제적 회계 심사 및 감리를 추진하기로 했다. 상장폐지 위기에 몰리면 회계를 조작해 상장만 유지하려는 '좀비기업'이 늘어나기 때문이다. 아울러 한계기업 퇴출 속도를 획기적으로 높이겠다는 계획도 내놓았다.

구체적으로 살펴보면 2025년 기준 연간 매출 50억 원, 시가총액 50억 원인 코스피 상장 유지 조건을 2029년까지 각각 300억 원과 500억 원으로 높이기로 했다. 코스닥 시장은 매출 100억 원, 시가총액 300억 원이 돼야 상장폐지를 피할 수 있게 된다. 다만 매출액은 적지만 성장 잠재력이 높은 기업의 경우 코스피는 1,000억 원, 코스닥은 600억 원의 시가총액을 넘기면 매출액 요건을 면제하기로 했다. 이 기준으로 시뮬레이션해 보면 2025년 2월 기준으로 코스피 62개, 코스닥 137개 등 199개 회사가 상장폐지 요건에 해당된다.

2005년 도입된 기술 특례제도로 지금까지 상장한 바이오기업은 총 129개지만 상장 폐지된 회사는 하나도 없다. 20년이 흘렀지만 매출도 없고 이미 경쟁력을 잃은 회사들도 시장에 좀비로 남아 있는 것이다. 그러나 이번 조치로 이러한 바이오 상장기업에 비상이 걸렸다. 시가총액이나 매출 기준에 미달돼 퇴출이 예상되는 바이오기업은 30여 개에 이른다. 여러 예외 사항을 적용해도 최소한 20개 정도가 상장폐지 대상이다. 상장을 유지하기 위해서는 매출이나 기업가치를 높여야만 한다. 그렇기 때문에 오히려 바이오 업계에서는 상장폐지 요건 강화가 부실기업의 시장 퇴출을 촉진해 건강한 바이오 생태계를 복원하는 데 도움을 줄 것으로 기대하고 있다. 옥석 가리기가 본격화될 것이라는 관측이다. 또한 상장 적격성 실질 심사 때 부여되는 개선 기간을 대폭 줄여서 퇴출 대상 기업을 빠르게 내보낼 예정이다. 코스피의 개선 기간은 최장 4년에서 2년으로 줄이고 코스닥은 3심제에서 2심제로 하고 개선 기간은 최장 2년에서 1년 6개월로 축소된다. 2025년 하반기부터는 2회 연속 '감사의견 미달'이면 즉시 시장에서 퇴출된다.

그러나 상장폐지 강화 방안으로 침체된 국내 증권시장을 활성화시키기에는 너무나 갈 길이 멀어 보인다. 몇십 개의 좀비기업을 빠르게 퇴출시킨다고 해도 매년 100개 이상의 신규 상장을 시키고 있는 국내 주식시장은 결국 좀비기업이 끊임없이 양산될 수밖에 없다. 이런 상황에서 더욱 심각한 문제는 상장사에 대한 분석보고서의 부재다. 2024년 상반기에 증권사들이 한 번이라도 리포트를 낸 상장사는 총 933곳으로 전체 상장사의 34%에 불과했다. 코스피의 60%, 코스닥의 68%가 단 한 건의 분석보고서도 없었다. 무려 1,500개가 넘는다. 이들 기업은 애널리스트의 분석이 전혀 상태에서 '깜깜이 투자'를 해야 한다는 뜻이다. 결국 이런 종목들은 주가 조작 세력의 타깃이 될 가능성이 크다.

한계기업이 넘쳐나고 회사에 대한 분석보고서도 없는 상황에서 수익률까지 떨어지는 국내 주식시장을 지킨다는 것은 어리석은 일이다. 떠오르는 혁신기업이 없는 한국과는 달리 미국에는 애플, 테슬라, 엔비디아, 브로드컴 등 천문학적인 성과를 보인 혁신기업이 끊임없이 등장하고 있다. 그렇기 때문에 투자자들이 빠르게 해외로 나갈 수밖에 없는 것이다. 선진시장은 이미 한계기업이 발붙일 수 없는 시스템도 굳건한 상태다. 이렇게 한국 자본 시장은 선진국과의 격차를 좁히지 못한 상황에서 급성장한 가상자산 시장의 도전을 받는 '양면 전쟁Two-Front War'을 치르고 있다. 너무나도 힘든 상황이다. 그렇다고 포기할 순 없다. 이럴수록 기본부터 다져야 한다. 한계기업을 하루라도 빨리 시장에서 내보내야 하는 이유다.

경제의 역설
감정에 흔들리다

초판 1쇄 인쇄 2025년 4월 18일
초판 1쇄 발행 2025년 4월 23일

지은이 유효상
펴낸이 안현주

기획 류재운 **편집** 안선영 김재열 **브랜드마케팅** 이민규 **영업** 안현영
디자인 표지 정태성 본문 장덕종

펴낸 곳 클라우드나인   **출판등록** 2013년 12월 12일(제2013 - 101호)
주소 우) 03993 서울시 마포구 월드컵북로 4길 82(동교동) 신흥빌딩 3층
전화 02 - 332 - 8939   **팩스** 02 - 6008 - 8938
이메일 c9book@naver.com

값 22,000원
ISBN 979 - 11 - 94534 - 21 - 1 03320

* 잘못 만들어진 책은 구입하신 곳에서 교환해드립니다.
* 이 책의 전부 또는 일부 내용을 재사용하려면 사전에 저작권자와 클라우드나인의 동의를 받아야 합니다.

* 클라우드나인에서는 독자 여러분의 원고를 기다리고 있습니다.
  출간을 원하시는 분은 원고를 bookmuseum@naver.com으로 보내주세요.

* 클라우드나인은 구름 중 가장 높은 구름인 9번 구름을 뜻합니다. 새들이 깃털로 하늘을 나는 것처럼 인간은
  깃펜으로 쓴 글자에 의해 천상에 오를 것입니다.